Ce que les ados en disent

« L'idée d'adolescents qui écrivent sur leurs expériences pour aider d'autres adolescents est brillante. Il était temps qu'on publie un livre, dans lequel les adolescents sont décrits comme les personnes intelligentes et perspicaces qu'ils sont. »

WILL FRIEDLE
Comédien, *Boy Meets World*

« Les histoires de ce livre sont étonnamment émouvantes. C'est formidable de voir un livre qui peut presque agir comme un ami – mais même s'il s'adresse à l'âme des ados, je pense qu'il s'adresse vraiment à "l'âme humaine". »

SCOTT VICKARYOUS
Comédien, *Breaker High*

« *Bouillon de poulet pour l'âme des ados II* est excellent. Je suis seulement un peu vexée d'avoir dû attendre si longtemps pour qu'il paraisse, et maintenant je dois attendre le prochain. Je l'ai lu d'une traite parce que je ne pouvais pas m'en détacher. Dépêchez-vous de publier le prochain ! »

CARRY, 14 ans

« Ce livre est rempli du genre d'histoires que les ados veulent lire. Elles sont écrites principalement par d'autres ados, et c'est formidable ! Elles parlent de l'amour et de l'amitié. Ces histoires sont excellentes. J'ai pleuré, ri ou les deux à la lecture de chacune d'elles. »

KRISTIN, 15 ans

« Le chapitre que j'ai préféré a été celui sur les relations amoureuses. Ce qui m'intéressait, c'était de lire ce que pensent les filles des relations et ce qu'elles ressentent dans leurs relations. J'ai aussi aimé les histoires écrites par des garçons. En les lisant, j'ai même pensé que je pourrais écrire une histoire pour le prochain livre. »

JASON, 16 ans

« C'est le genre de livre que vous pouvez lire et relire. Je l'ai lu d'une traite, et maintenant je vais relire les histoires que j'ai préférées. Je suppose que je vais aimer des histoires différentes à différents moments, selon ce que je vivrai. »

MITCH, 17 ans

« J'ai adoré ce livre et je ne pensais pas qu'on pourrait en publier un deuxième qui serait aussi réussi que le premier. J'ai été très agréablement surprise, car ce livre n'est pas aussi bon que le premier, il est *meilleur ! Il contient plus d'histoires sur les relations amoureuses des ados et d'autres sujets sur lesquels nous aimons lire. »*

JAMIE, 18 ans

« Ce livre s'adresse directement aux ados. Il nous fait découvrir que nous ressentons tous les mêmes émotions et que nous vivons tous les mêmes choses. Ça fait du bien de savoir que nous ne sommes pas seuls. »

ASHLEY, 14 ans

*« **C'est le livre parfait pour les adolescents.** Chaque histoire est une histoire que j'aurais pu écrire sur ma vie. J'ai adoré lire ce que d'autres ados avaient fait dans les mêmes situations que j'ai vécues, et j'ai adoré les sentiments positifs que je ressentais après avoir lu ces histoires. »*

JIM, 16 ans

PUBLICATIONS DISPONIBLES DE LA SÉRIE « BOUILLON DE POULET POUR L'ÂME »

1er bol	Enfant
2e bol	Femme
3e bol	Femme II
4e bol	Future maman
5e bol	Golfeur
Ados	Golfeur, la 2e ronde
Ados II	Grands-parents
Ados - journal	Infirmières
Aînés	Mère
Amérique	Mère II
Ami des bêtes	Père
Canadienne	Préados (9-13 ans)
Célibataires	Professeurs
Chrétiens	Survivant
Couple	Travail
Cuisine (Livre de)	

DISPONIBLES EN FORMAT DE POCHE

1er bol	Grands-parents
Ados	Mère
Ados II	Mère II
Concentré	Père
Couple	Préados
Femme II	Tasse

PROCHAINES PARUTIONS

Amateurs de sports   Romantique

Jack Canfield
Mark Victor Hansen
Kimberly Kirberger

Bouillon de Poulet pour l'âme des Ados II

D'autres histoires sur la vie,
l'amour et l'apprentissage

Traduit par Claude Herdhuin

SCIENCES ET *CULTURE*

Montréal, Canada

L'édition originale de cet ouvrage a été publiée sous le titre
CHICKEN SOUP FOR THE TEENAGE SOUL II
© 1998 Jack Canfield, Mark Victor Hansen
et Kimberly Kirberger
Health Communications, Inc., Deerfield Beach, Floride (É.-U.)
ISBN 1-55874-616-1

Réalisation de la couverture : Alexandre Béliveau

Tous droits réservés pour l'édition française
en Amérique du Nord
© 2005, *Éditions Sciences et Culture Inc.*

Dépôt légal : 4ᵉ trimestre 2005
Bibliothèque nationale du Québec
Bibliothèque nationale du Canada

ISBN 2-89092-355-X

Éditions Sciences et Culture
5090, rue de Bellechasse
Montréal (Québec) Canada H1T 2A2
(514) 253-0403   Téléc. : (514) 256-5078
Internet : www.sciences-culture.qc.ca
Courriel : admin@sciences-culture.qc.ca

Nous reconnaissons l'aide financière du gouvernement du Canada par l'entremise du Programme d'Aide au Développement de l'Industrie de l'Édition pour nos activités d'édition.

Reproduire une partie quelconque de ce livre sans l'autorisation de la maison d'édition est illégal. Toute reproduction de cette publication, par quelque procédé que ce soit, sera considérée comme une violation du copyright.

IMPRIMÉ AU CANADA

*Nous dédions affectueusement ce livre
à nos enfants qui sont aujourd'hui adolescents,
ou qui le seront bientôt :
Jesse, Christopher, Melanie et Elisabeth.
Nous vous souhaitons de vivre
chaque minute de votre adolescence avec gratitude
pendant ce moment passionnant de votre vie.*

*Nous dédions aussi ce livre
à tous les adolescents qui ont lu le premier livre,
qui ont envoyé des histoires et des poèmes
et ont pris le temps de nous adresser
de merveilleuses lettres de remerciement.*

*Enfin, nous dédions ce livre
à Dieu, de qui originent tous les bienfaits.*

Les citations

Pour chacune des citations contenues dans cet ouvrage, nous avons fait une traduction libre de l'anglais au français. Nous pensons avoir réussi à rendre le plus précisément possible l'idée d'origine de chacun des auteurs cités.

Table des matières

Remerciements 13
Introduction 19

1. Les relations amoureuses
Un vœu sous les étoiles   *Kelly Garnett* 26
Application pratique   *Dan Clark* 30
Une nullité, une pauvre fille, un rat de bibliothèque
   Kimberly Russell. 31
Mon ange   *Amanda Johnson*. 35
Une gorgée d'eau fraîche   *Camden Watts* 38
Un amour non partagé   *Rachel Rosenberg* 41
Perdue   *Anonyme* 47
Recommencer ailleurs   *Jessie Braun*. 48
Une marelle et des larmes   *Becca Woolf* 51
Découverte   *Eugene E. Beasley* 55
Amour perdu   *T. J. Lacey*. 58
Enfouis en moi   *Melissa Collette*. 63
Pourquoi les garçons aiment les filles
   Kimberly Kirberger 64
L'amour n'est jamais perdu   *David J. Murcott* . . 68
Le sourire de David   *Cambra J. Cameron*. 72

2. L'amitié
L'éloignement   *Erica Thoits* 76
Exactement ce qu'il fallait faire   *Kelly Garnett*. . 79
Donna et Claudia   *Carol Gallivan* 84
Sans un mot   *Shawna Singh*. 90
J'ai besoin de toi maintenant   *Becky Tucker* 98
Des choix   *Alicia M. Boxler*. 99
Amies pour toujours   *Phyllis Lin*. 103
Je me souviens de Gilbert   *April Joy Gazmen* . . . 106
La réunion tragique   *Amy Muscato* 111

3. L'amour et la bonté

Bobby, je souris   *E. Keenan* 116
Un A pour madame B   *Karina Snow* 120
Des enfants différents   *Digby Wolfe* 123
Un valentin pour Laura   *Don Caskey* 124
La monnaie   *Bonnie Maloney* 126
Mon ami Charley   *Robin Hyatt* 128
Comment stimuler l'ego de quelqu'un?
   Kirk Hill 130
McDonald's   *Shelly Miller* 133
Perdre un ennemi   *Patty Anne Sluys* 135
Un simple bonjour   *Katie E. Houston* 138
Essayez de poser des gestes de bonté, ici et là!
   Melissa Broeckelman 139

4. Les coups durs

Perdre espoir   *Heather Klassen* 144
Un appel au secours   *Jill Maxbauer* 150
Les lendemains qui chantent   *Ashley Hiser* 154
Ça m'est arrivé   *Joanie Twersky* 156
Dis-moi pourquoi tu pleures
   Nicole Rose Patridge 159
Génie du Nintendo   *Katie Gill* 164
Ma décision la plus difficile   *Kristina Dulcey* .. 166
Déjà parfaits   *Elisa Donovan* 168
Rien à voir avec le bal de finissants de mes rêves
   Stacy Bennett 173
C'est difficile d'être un ado   *Tony Overman* 177
Peu importe ce qui arrivera   *Alison Mary Forbes* 179
La maman que je n'ai jamais eue   *Becka Allen* . 182
Bonne nuit, papa   *Luken Grace* 185

5. La famille

Tu es belle   *Jessica Gardner* 190
Il y a un Oz   *Terri Cecil* 193
Le vœu d'un père   *Kent Nerburn* 197
Imprégné de sens   *Daphna Renan* 200

Le cœur du bois *W. W. Meade*	203
La meneuse de claque *Marsha Arons*	211
Un pont entre moi et mon frère *Shashi Bhat*	217
Les personnes en face de moi *Lia Gay*	220
Renversement de rôle *Adi Amar*	223
Les perce-neige *Sarah McCann*	227
Mon plus beau Noël *Pasteur Robert Schuller*	230
Mon vrai père *Anonyme*	234
La famille parfaite *Marc St. Pierre*	236

6. L'apprentissage

Faire pleurer Sarah *Cheryl L. Costello-Forshey*	242
La bague de mariage *Marsha Arons*	247
Une leçon pour la vie *Medard Laz*	251
Le nouveau départ d'Andrea *Peg Verone*	253
La chauve-souris *Bryony Blackwood*	258
Bien plus qu'une salle de classe *Kate McMahon*	259
Le joueur *Kelly Garnett*	262
La poupée de porcelaine *Marsha Arons*	266
Moi *Peer Counsellor Workbook*	271
Un terrain plus sûr *Diana Chapman*	272
Amour et appartenance *T. J. Lacey*	276
Ce que j'aurais aimé savoir plus tôt… *Meredith Rowe*	282
Le moment le plus gênant de ma vie *Rochelle M. Pennington*	286
Appelle-moi *Cindy Hamond*	292

7. Le pouvoir de changer les choses

Pour toi, papa *Bill Holton*	298
Le pouvoir d'un sourire *Susan Record*	303
Écoutez-moi ! *Dan Clark*	306
Joe Camel *Meladee McCarty*	308
Tout est possible *Jason Dorsey*	311
Un défi que j'ai relevé *Arundel Hartman Bell*	315
Au bout de ses rêves *Christine Ichim*	317

Le guide d'un enfant de la rue
    Jennings Michael Burch 321
Être ado aujourd'hui   *Kimberly Kirberger* 326
Un cœur accueillant   *Sandy Pathe* 328

8. À la poursuite de ses rêves
L'incertitude   *Jill Thieme* 332
Empreintes   *Donna Miesbach*............... 336
Combien cela coûte-t-il ?   *Margaret Hill* 338
Salut, le laid !   *Greg Barker* 343
L'image n'est pas tout   *Jamie Shockley* 345
Je ne resterai pas derrière   *Sara Nachtman*..... 349
Prière d'un athlète   *Sandy Dow Mapula*....... 351

À propos des auteurs........................ 353
Autorisations............................... 356

Remerciements

Tous les chagrins peuvent être supportés si vous racontez une histoire à leur sujet.

Karen Blixen

La préparation de ce livre a nécessité l'amour, le dévouement et le dur travail de nombreuses personnes. C'est avec le plus grand plaisir que nous les remercions et leur manifestons toute notre gratitude.

Tout d'abord, nous remercions nos familles :

John Anderson, le mari de Kimberly, pour son intelligence et sa sagesse, deux qualités qui se complètent à merveille.

Jesse Kirberger, le fils de Kimberly, pour son génie et sa gentillesse, et pour avoir aidé sa mère à poursuivre ce merveilleux projet.

Georgia Noble, la femme de Jack, pour avoir été une mer claire et calme au milieu du tourbillon d'activités nécessaires à la publication de ce livre. Georgia, tu es rafraîchissante.

Christopher Canfield, le fils de Jack, pour son cœur le plus grand au monde et pour l'avoir partagé avec nous.

Oran et Kyle Canfield, les deux enfants aînés de Jack, pour être si uniques et remplis de talent.

Patty Hansen, la femme de Mark, pour son amour immense de tous les enfants et pour avoir partagé avec nous un grand nombre d'idées qui ont servi à la réalisation de ce livre.

Elisabeth et Melanie Hansen, pour être à la fois si pleines de sagesses et si « cool ».

Nos parents, Ellen Taylor et Fred Angelis, Paul et Una Hansen, pour nous avoir élevés, aimés et nous avoir supportés quand nous étions adolescents.

Nous remercions tout particulièrement et du fond du cœur Mitch Claspy, pour avoir fait plus que ce qui est humainement possible, tout en restant si aimable. Mitch, tu ne sauras jamais à quel point nous t'apprécions.

Scott Appel, pour son aide et son soutien.

Jessie Braun, pour son engagement et le soutien infatigable qu'elle a offert à Kimberly. Tout le monde devrait avoir la chance que Jessie fasse partie de son équipe.

Laurie Hanna et Brigette English, pour nous avoir aidés à préparer ce livre et s'être occupées des centaines de lettres que nous recevions chaque jour. Laurie et Brigette, nous vous aimons.

Hana Ivanhoe, Laurie Oberman, Zan Gaudioso, Jan Kirberger, Susie Horowitz et Kelly Harrington, pour toute l'aide et l'amour qu'elles ont donné au *Teen Letter Project*. Merci à toutes.

Heather McNamara, rédactrice en chef de la série *Bouillon de poulet pour l'âme*, pour avoir révisé le manuscrit final avec tant de facilité, de talent et de précision. Heather, tu es vraiment passée maître dans ton travail !

Patty Aubery, pour tout ce qu'elle fait dans le but de faciliter et d'améliorer notre vie au travail – et c'est beaucoup ! Merci aussi pour ton amitié, Patty. Elle est précieuse.

Nancy Mitchell, pour les heures qu'elle a passées à obtenir les autorisations pour toutes les histoires et pour toutes celles qu'elle a trouvées, et ce, jusqu'à la dernière minute. Tu es une véritable championne, Nancy.

Leslie Forbes, qui était toujours là quand nous en avions besoin, le sourire aux lèvres et le cœur rempli d'amour.

Robbin O'Neill, pour son travail créatif dans la conception de la couverture de ce livre.

Theresa Esparza, qui a pris toutes les dispositions pour les conférences de Kimberly et de Jack, et qui a coordonné avec brio toutes les conférences, tous les voyages et toutes les interventions à la télévision et à la radio de Jack, pendant que nous élaborions ce livre. Theresa a aussi dirigé avec succès les services de conférences de *Bouillon de poulet pour l'âme*.

Rosalie Miller, qui a fait en sorte que toutes les communications aient circulé sans problème tout au long du projet. Merci d'être simplement toi, Rosalie. Tu es formidable !

Merci à Veronica Romero, Robin Yerian et Lisa Williams, qui ont veillé à ce que nos bureaux fonctionnent normalement pendant que nous nous concentrions à terminer ce livre.

Merci à John Reiner, qui a nourri nos corps et nos âmes de mets succulents pendant les dernières semaines du projet.

Merci à Larry et Linda Price, qui, en plus de veiller à ce que la *Foundation for Self-Esteem* de Jack fonctionne sans problèmes, continuent à administrer le *Soup Kitchens for the Soul Project*, distribuent gratuitement chaque année des milliers de *Bouillon de poulet pour l'âme* aux prisonniers, maisons de transition, refuges pour sans-abri, foyers pour femmes battues et établissements scolaires des quartiers défavorisés.

Merci à Peter Vegso chez Health Communications, Inc., qui a cru en ce livre et qui a beaucoup travaillé pour que des millions de lecteurs puissent l'avoir entre leurs mains. Merci, Peter !

Merci à Lisa Drucker, Matthew Diener, Christine Belleris et Allison Janse, nos réviseurs chez Health Communications, qui n'ont pas ménagé leurs efforts pour que ce livre atteigne son niveau d'excellence actuel.

Merci à Randee Goldsmith, notre directeur de projet de *Bouillon de poulet pour l'âme* chez Health Communications, Inc., qui coordonne et soutient avec brio tous les projets.

Merci à Terry Burke, Irene Xanthos, Jane Barone, Lori Golden, Kelly Johnson Maragni, Karen Bailiff Ornstein et Yvonne zum Tobel, les personnes chez Health Communications responsables de la vente et du marketing de tous nos livres. Vous êtes une joie !

Merci à Kim Weiss chez Health Communications, qui fait un fantastique travail de relations publiques et avec laquelle il est si agréable de travailler ! Merci à Ronni O'Brien et Larry Getlen chez Health Communications, qui nous ont permis d'obtenir une couverture médiatique exceptionnelle, à la télévision, à la radio et dans la presse écrite.

Merci à Craig Jarvie chez Health Communications, pour son soutien et sa patience de tous les instants.

Merci à Kelly Garnett, Carol Kline, Diana Chapman et Irene Dunlap, qui ont révisé quelques-uns des textes les plus difficiles et les ont transformés en histoires merveilleuses et émouvantes. Merci d'être aussi talentueuses et de travailler avec une telle rapidité ! Vous êtes des écrivaines d'un talent extraordinaire !

Merci à Marci Shimoff, qui a partagé ses merveilleuses idées avec nous.

Merci à Lisa Gumenick, Lisa Rothbard, Lia Gay, Hana Ivanhoe, Bree Abel et Jamie Yellin, pour toute l'expérience et la sagesse qu'elles ont partagées avec nous. Elles nous ont accompagnés dans ce livre et nous les chérirons à jamais.

Merci à Kim Foley, pour être la meilleure amie que Kimberly ait jamais eue.

Merci aux personnes suivantes qui ont lu la première ébauche, nous ont aidés à effectuer la sélection finale et ont émis des commentaires inestimables dans le but d'améliorer ce livre : Fred Angelis, Russell Bredlow, Brian Deol, Peter Doerksen, Vickki Dyakovetsky, Brigette English, Kim Foley, Rachel Friesen, Jessica Gardner, Lia Gay, Manjeet Gill, Laurie Hanna, Stephanie Horner, Hana Ivanhoe, Jan Kirberger, Jared Kuehl, Darcy Kuhn, Katie Leicht, Chad Loewn, Mandy Martens, Katrina Mohr, Prett Pandher, Sat Pandher, Lisa Rothbard, Meredith Rowe, Bindu Sidhu, Ravi Sidhu, Jill Toma, Jen Tredall, Julianna Tyson.

Merci aux élèves des classes Vertes Andersen, de l'école Centerville Junior High, à Centerville, Utah, dont les opinions et les évaluations nous ont été d'une aide capitale pour faire les sélections finales. À la fin du projet, nous avions encore cinquante histoires qui auraient pu être intégrées à ce livre et nous ne disposions que de quelques jours pour prendre les décisions finales. La classe d'Amy Johnson, de Oak Hill High, a gradué les dernières histoires et nous a aidés à faire notre choix final.

Nous sommes très reconnaissants aux élèves qui nous ont aidés, car ce sont leurs commentaires qui ont fait de ce livre ce qu'il est. Merci, mille mercis.

Merci à John et Shannon Tullius, Sam Horn, John Saul, Mike Sacks, Bud Gardner, Dan Poynter, Bryce Courtney, Terry Brooks et tous nos amis de la *Maui Writer's Conference and Retreat,* qui nous inspirent et nous encouragent chaque année.

Merci à tous les coauteurs de la série *Bouillon de poulet pour l'âme*, grâce à qui c'est une joie de faire partie de cette famille de *Bouillon de poulet* : Patty Aubery, Marty Becker, Ron Camacho, Irene Dunlap, Patty Hansen, Tim Clauss, Jennifer Read Hawthorne, Carol Kline, Hanoch McCarty, Meladee McCarty, Nancy Mitchell, Maida Rogerson, Martin Rutte, Marci Shimoff, Barry Spilchuk et Diana von Welanetz Wentworth.

Merci aux plus de 25 000 personnes qui nous ont proposé des histoires, des poèmes et autres textes pour ce projet. Vous savez tous qui vous êtes. Même si tous les textes que vous nous avez envoyés ne sont pas dans ce livre, tous sans exception nous ont inspirés et émus.

Compte tenu de l'envergure de ce projet, nous avons sans doute oublié de remercier quelques personnes qui le méritent. Si c'est le cas, veuillez nous en excuser et sachez que nous sommes très conscients qu'un projet comme celui-ci est le résultat de beaucoup de travail et, sans aucun doute, de la bénédiction de Dieu.

Introduction

Cher ado,

Peu de temps après la publication de *Bouillon de poulet pour l'âme des ados*, nous avons commencé à recevoir des centaines de lettres par jour. Dans ces lettres, des ados comme toi nous proposaient des histoires, des poèmes et nous adressaient de merveilleux remerciements et, plus important encore, réclamaient un deuxième livre «le plus rapidement possible». Nous vous avons entendus et nous vous répondons !

Nous sommes, bien entendu, fiers du succès du premier livre. En fait, il a battu les records de vente des *Bouillon de poulet* avec trois millions d'exemplaires vendus au cours de la première année. Mais notre réel bonheur réside dans l'appréciation et l'admiration que nous avons pour vous, les ados, qui avez acheté ce livre. C'est vous qui avez montré au monde que, si on écrivait un livre qui vous rendait honneur et vous respectait, vous réagiriez de manière positive. Nous pensons que cela en dit beaucoup sur qui vous êtes.

Comme dans le premier livre, nous avons inclus des histoires sur des sujets qui te concernent. Même si nous n'avons pas pu utiliser tous les récits qui nous ont été envoyés, nous avons prêté attention à toutes les questions qu'ils abordaient. Tu nous as écrit à propos de sujets comme les chagrins d'amour et la guérison qui a suivi, sur la peine de voir des amitiés se terminer ou des amis prendre des directions différentes des tiennes. Tu as écrit à propos de la mort d'êtres chers, de la souffrance d'apprendre qu'un ami est atteint d'un cancer et de le voir malade.

Tu nous as parlé de la joie de poser des actes de bonté et du sentiment de merveilleux bien-être qu'ils te procuraient. Tu nous as aussi dit combien tu étais touché par les actes de bonté des autres à ton égard. Et, bien sûr, tu nous as écrit sur ce qu'était grandir – tu grandis et tu apprends si vite qu'il faut que tu l'écrives ou que tu lises le récit de quelqu'un d'autre pour voir qui tu es et où tu t'en vas.

Ce sont les histoires que tu trouveras dans ce livre. Ce sont tes histoires – tes succès et tes tragédies, tes chagrins et tes réussites malgré les obstacles, tes intuitions et tes découvertes, ta conscience que l'adolescence est un voyage. Un voyage qui te permettra de devenir ce que tu peux devenir de mieux.

Nous espérons que tu aimeras autant, sinon plus, ce livre que le premier. C'est ton livre, nous te l'offrons. Alors lis-le quand tu as besoin de réconfort ou quand tu as seulement besoin qu'on te rappelle que tu n'es jamais seul pour entreprendre le voyage de l'adolescence.

Comment lire ce livre

Lis les histoires de ce livre comme il te plaît, dans l'ordre ou dans le désordre. Si un chapitre particulier répond à tes préoccupations ou t'intéresse – comme les relations amoureuses ou la famille – n'hésite pas à le lire en premier.

Nous t'encourageons à retourner encore et encore à ce livre, de la même façon que tu irais rendre visite à un ami. Voici le courriel que nous a écrit *Iwilhelm@aol.com* après avoir lu *Bouillon de poulet pour l'âme des ados* :

Je veux juste vous dire combien je vous suis reconnaissant d'avoir publié cet excellent livre. Je le lis tout le temps et il est vraiment devenu mon meilleur ami.

Même si nous espérons que le livre dans son ensemble te touchera profondément, il se peut que tu y trouves une histoire en particulier qui changera ta vie. Kim Price nous a écrit à propos d'une histoire qui a eu sur elle cet effet :

L'histoire « Je t'aime, papa » a profondément touché mon âme. Rien ne m'avait jamais fait autant réaliser combien mon père est important pour moi.

Après avoir lu cette histoire, Kim a écrit à son père qui lui a répondu par une belle lettre qui, nous dit-elle,

... a renforcé ma confiance en moi et mon amour envers ma famille... Je n'ai pas eu peur de dire aux gens combien j'avais de l'affection pour eux. J'espère que vos histoires ont touché la vie d'autres personnes comme elles ont touché la mienne.

Que ces histoires t'aident à grandir

Plusieurs des lettres que nous avons reçues nous racontaient comment des ados comme toi ont changé quelque chose en eux après avoir lu une histoire. Diana Yarmovich nous a écrit à propos d'un incident dans lequel elle était impliquée à l'école.

Elle nous a raconté comment elle et certaines de ses amies se moquaient d'une camarade de classe et la traitaient de lesbienne. Comme punition, elles ont dû faire le tour de plusieurs classes et parler de mots qui se terminaient en *isme* (le racisme, l'âgisme et le sexisme). Elle dit :

> *Une histoire m'a aidée à comprendre comment l'autre fille se sentait. Maintenant, je réalise combien j'avais tort.*

Dans une autre lettre, Melissa Moy écrit :

> *Chaque jour, le monde me semble différent. Le matin, je me réveille sûre de moi, un sentiment que je ne connaissais pas auparavant. Fait étonnant, ce livre a aussi développé ma compassion pour les autres.*

Fais lire ces histoires aux autres

C'est un livre merveilleux à lire avec d'autres ados. Nous avons entendu dire que des classes le lisaient ensemble, que des groupes de jeunes l'utilisaient pour commencer leurs réunions, et que des adolescents le faisaient circuler et se le lisaient lors des fêtes ou quand ils allaient dormir chez quelqu'un d'autre. Lauren Antonelli nous a écrit au sujet d'un « pyjama party » auquel elle était allée. Toutes les filles s'étaient endormies, sauf Lauren et son amie, Mary Beth. Elles avaient lu le livre ensemble et avaient parlé des histoires qu'elles préféraient. Lauren écrit :

> *Après avoir refermé le livre, nous avons parlé. Nous n'avons pas papoté, nous avons discuté sérieusement, à cœur ouvert... Nous*

avons parlé de la vie, de l'amour et de choses comme ça. Ce samedi soir, nous sommes devenues plus proches et je ne sais pas ce qui s'est passé ni comment c'est arrivé. Mais une chose est sûre, plus jamais nous ne verrons la vie de la même façon et c'est grâce à un livre appelé Bouillon de poulet pour l'âme des ados.

Ce livre est le tien

Une fois encore, ce livre est à toi. Nous sommes ravis qu'il contienne plus d'histoires écrites par des ados que le premier. Nous sommes très impressionnés par les histoires et les poèmes qui nous ont été envoyés. Ils sont remplis d'honnêteté et de sagesse. Mais ce qui nous a le plus touchés, c'est le désir de chacun de vous, qui avez soumis une histoire, d'aider les autres. Nous n'avons cessé de lire :

« *J'espère que mon histoire pourra aider quelqu'un de la même manière que ces histoires m'ont aidé.* »

Même si ton histoire n'est pas dans ce livre, elle a quand même aidé les autres, car chaque lettre, histoire et poème que nous avons reçus nous ont permis de faire de ce livre ce qu'il est.

Nous nous étions engagés à ce que les adolescents décident de ce qui serait dans ce livre. Nous avons très tôt appris que, pour être certains d'avoir un excellent livre, nous devions faire participer les adolescents à toutes les prises de décision. Un grand nombre d'adolescents ont lu nos deux cents histoires finales que nous avions sélectionnées pour ce livre et plusieurs ont lu la version définitive. Des élèves de tous les niveaux du secondaire et des groupes de jeunes nous ont aidés à sélectionner les histoires et les poèmes qui figurent dans ce livre. Ils ont fait un excellent travail!

Voici donc un autre livre que nous t'offrons du fond de notre cœur, spécialement pour toi.

1
LES RELATIONS AMOUREUSES

*L'amour est un fruit
qui se cueille à toutes les saisons
et qui est à la portée de toutes les mains.*

Mère Teresa

Un vœu sous les étoiles

Quand j'avais cinq ans, j'aimais passionnément les jouets de ma sœur. Je me moquais bien d'avoir une malle à moi, remplie à craquer de poupées et de jouets. Ses trésors de « grande fille » étaient plus faciles à casser et beaucoup plus attrayants. Ainsi, quand j'avais dix ans et ma sœur, douze, les boucles d'oreilles et le maquillage qui lui étaient peu à peu autorisés retenaient mon attention, et ma passion pour capturer des insectes n'était plus qu'un souvenir lointain et vague.

Ce penchant a continué année après année et, excepté pour quelques bleus et des menaces terrifiantes (elle allait me couper les cheveux pendant que je dormirais), ma sœur faisait preuve de tolérance. Ma mère ne manquait pas de lui rappeler sans cesse que c'était un compliment pour son bon goût, alors que j'entrais en première année de secondaire avec ses nouvelles barrettes. Le jour où j'entrai en troisième secondaire en portant ses vêtements, ma mère lui dit qu'un jour elle rirait en se souvenant que, de nous deux, c'était toujours elle la plus cool.

J'avais toujours pensé que ma sœur avait bon goût, mais jamais autant que lorsqu'elle a commencé à inviter des garçons à la maison. Des garçons de seize ans défilaient constamment devant moi. Ils traversaient la maison, s'empiffraient de tonnes de nourriture dans la cuisine ou jouaient au basket dans l'allée devant la maison.

Je venais en fait de découvrir que les garçons n'étaient pas aussi « collants » que je le pensais et qu'après tout ce ne serait peut-être pas si grave que ça d'attraper leurs microbes. Les étudiants de mon âge me semblaient tout à coup très jeunes. Mes amies et moi avions assisté pendant des mois à des matchs de football en leur compagnie, où nous avions ri sottement. Mais ils ne conduisaient pas et ne portaient pas de blouson au nom de l'équipe de leur collège. Les amis de ma sœur étaient grands et drôles. Et même si elle s'empressait toujours de se débarrasser de moi rapidement, ils étaient toujours gentils avec moi pendant qu'elle me poussait hors de sa chambre.

De temps en temps j'avais de la chance, ils passaient à la maison quand elle était absente. L'un d'eux avait de longues conversations avec moi avant d'aller faire ce que les garçons de seize ans font (c'était encore un mystère pour moi). Il me parlait comme il parlait aux autres, pas comme à une enfant, pas comme à la petite sœur de son amie... et il me serrait toujours dans ses bras avant de s'en aller.

Pas étonnant que je sois devenue très vite folle de lui. Mes amies me disaient que je n'avais aucune chance avec un gars qui allait au collège. Ma sœur semblait s'inquiéter que je puisse souffrir. Mais l'amour n'écoute pas la raison, que celui que vous aimez soit plus vieux ou plus jeune, plus grand ou plus petit, qu'il soit votre opposé ou qu'il vous ressemble. Quand j'étais avec lui, je ne pouvais plus contenir mes émotions et je savais qu'il était trop tard pour essayer d'être raisonnable. J'étais amoureuse.

Cependant, j'envisageais quand même la possibilité d'être rejetée. Je savais que je prenais un grand risque de voir mes sentiments et ma fierté blessés. Si je ne lui donnais pas mon cœur, il ne pourrait pas le briser… mais il n'y avait aucune chance qu'il puisse ne pas le briser non plus.

Un soir, avant qu'il parte, nous nous sommes assis sur la véranda devant la maison pour parler et regarder les étoiles apparaître dans le ciel. Il m'a regardée d'un air sérieux et m'a demandé si je croyais aux vœux que l'on fait en regardant les étoiles. Sa question m'a surprise, mais je lui ai répondu sur le même ton sérieux que je n'avais jamais essayé.

« Eh bien ! il est temps que tu essaies », m'a-t-il répondu, et il a pointé le doigt vers le ciel. « Choisis une étoile et fais un vœu pour obtenir ce que tu désires le plus. » J'ai regardé le ciel et j'ai choisi l'étoile la plus brillante que j'ai pu trouver. J'ai fermé les yeux très fort. J'avais l'impression qu'une colonie de papillons habitaient mon estomac, et j'ai demandé d'avoir du courage. Quand j'ai ouvert les yeux, il souriait en voyant l'extraordinaire effort que j'avais fait pour que mon vœu se réalise. Il m'a demandé quel était le vœu que j'avais fait. Et il a été stupéfait de ma réponse. « Du courage ? Pourquoi ? » me demanda-t-il.

J'ai respiré une dernière fois profondément avant de répondre. « Pour faire ça. » Et je l'ai embrassé – avec son permis de conduire, ses seize ans et son blouson de collège. C'était de la bravoure. Je ne savais pas que j'avais tant de courage, un courage que je devais totalement à mon cœur qui l'avait emporté sur mon esprit et avait pris la situation en main.

Quand je me suis reculée, j'ai vu son air étonné, un air qui s'est transformé en sourire, puis en rire.

Après avoir cherché pendant ce qui m'a semblé une éternité ce qu'il allait dire, il a pris ma main et a dit :

« Eh bien ! je pense que nous avons de la chance ce soir. Nos vœux à tous les deux se sont réalisés. »

Kelly Garnett

Application pratique

Il lui enseigne les mathématiques,
Il dit que c'est sa mission,
Il l'embrasse une fois, il l'embrasse deux fois et dit :
« Voici une addition. »

Et pendant qu'il additionne baiser après baiser
Dans une satisfaction silencieuse,
Elle lui rend gentiment ses baisers et dit :
« Voici une soustraction. »

Puis, il l'embrasse, elle l'embrasse,
Sans aucune explication,
Ils sourient en même temps et disent :
« Voici une multiplication. »

Le père fait irruption et,
Sans hésiter, prend une décision.
D'un coup de pied, il chasse ce garçon de chez lui
Et dit : « Voici une longue division ! »

Dan Clark

Une nullité, une pauvre fille, un rat de bibliothèque

L'amour, ce n'est pas ce que nous devenons, mais ce que nous sommes déjà.

Stephen Levine

Tiens-toi droite, les épaules en arrière, lève le menton, regarde devant toi, souris. J'avais beau me le répéter en silence. Mais c'était une tâche impossible. Je remis mes lunettes et redevins mon personnage habituel. Je regrettai immédiatement cette décision alors que je me faufilais discrètement jusqu'à mon pupitre. Il n'avait même pas sourcillé en me voyant entrer. Il me semblait désespérément inutile de tousser pour attirer son attention.

Pendant que je sortais mon cartable bien ordonné sur lequel j'avais soigneusement écrit « histoire », je jetai un coup d'œil furtif dans sa direction. Il était assis près de moi. Il était exactement comme dans le rêve que j'avais fait la nuit précédente : parfait. Tout en lui était parfait – son sourire, la mèche de cheveux qui tombait toujours sur ses yeux et... quels yeux !

Il avait dû sentir que je le regardais, car il se tourna et me regarda. Je m'empressai de baisser les yeux sur mon cartable et fis semblant d'être très occupée à trouver une feuille d'exercices. Je n'osai pas jeter un coup d'œil pour voir s'il continuait à m'examiner. Je tournai plutôt les yeux en direction de la fenêtre. La lumière du soleil me fit cligner des yeux.

Ironiquement, je passe mon été à l'école. Je n'ai pas été recalée à ce cours, contrairement à tous les autres élèves ici. Je suis simplement assoiffée d'apprendre et je veux profiter au maximum des possibilités que m'offrent mes études au secondaire. Bref, je suis une nullité. Une pauvre fille. Un rat de bibliothèque.

Du coin de l'œil, j'aperçus sa main prête à me taper sur l'épaule. Tous les muscles de mon corps se tendirent. Son contact fut si léger que c'est à peine si je sentis ses doigts. Je me tournai vers lui, les yeux fixés sur le plancher carrelé. J'étais incapable de le regarder. À cet instant, je ne m'en sentais pas digne.

« Le devoir d'hier soir – tu l'as terminé ? »

Bien sûr que je l'ai terminé ! J'ai aussi terminé celui de ce soir. Tu ne sais donc pas qui je suis ? Je suis la personne la plus intelligente de cette école. Tous les soirs de la semaine, je passe des heures devant l'écran de mon ordinateur. La force derrière moi me pousse toujours plus fort. Un jour, je serai si loin dans le monde des exclus que je voudrai faire la fête avec mon ordinateur portable. Non, je ne suis pas encore entrée dans ce royaume. Pour le moment, je suis satisfaite de savoir qu'il y a quelque chose que je ne sais pas – ce que tu penses à ce moment précis.

Je m'éclaircis la voix. « Oui, j'ai fait le devoir. »

« Parfait. Je n'ai pas trouvé la réponse à la question treize. Est-ce que tu connais la réponse ? » Il mit délicatement son crayon derrière son oreille.

« Moi », dis-je.

« Quoi ? Tu es la réponse ? » demanda-t-il avec étonnement.

« Euh ! non. » Je sentais mes joues brûlantes. *Pouah ! Si je suis si brillante, comment ai-je pu faire une telle erreur ? Des milliers de fois, je me suis entraînée à répéter ce que je lui dirais.* Cette conversation aurait dû déboucher sur une invitation pour un rendez-vous. Mon humour l'aurait fait rire et il penserait que personne ne pouvait être plus intéressant que moi.

Je pris une grande inspiration. « L'état-major de Franklin Roosevelt. »

« Merci », dit-il en prenant le crayon qu'il avait mis derrière son oreille. Je le regardai écrire négligemment la réponse sur sa feuille d'exercice, puis se tourner vers la blonde assise derrière lui. Il essayait de l'impressionner par son humour. C'est à peine si elle laissa échapper un petit gloussement. Moi, j'aurais ri aux éclats. Mais je me suis rappelé que la plaisanterie ne m'était pas adressée. J'examinai les mouvements de son corps alors qu'elle se penchait vers lui, en tortillant une mèche de ses cheveux autour de son doigt. Un geste de plus et leurs nez allaient se toucher. L'air de rien, je fis tomber mon crayon du pupitre.

Cela attira son attention. Il détacha son regard des yeux de la blonde pour regarder par terre. Il se pencha et ramassa le crayon que j'avais rongé sous l'effet de la nervosité. Il se redressa, son nez plus près du mien qu'il l'avait été de celui de l'autre. Ma main frôla la sienne quand je pris le crayon. J'eus la chair de poule sur les bras et mon cœur se mit à battre la chamade. Jamais, il ne m'avait manifesté autant d'intérêt.

Puis, comme si ce moment n'avait été qu'une invention de son imagination, sans un mot, il se retourna vers sa reine de beauté. Déçue, je me penchai en avant et m'appuyai sur ma main pour la regarder avec respect et admiration sortir son baume pour les lèvres. Avec beaucoup d'exagération, elle humecta ses lèvres, puis les serra fermement. Il ne pouvait pas détacher d'elle ses yeux parfaits. Je voulais hurler, le secouer et le réveiller. Cette fille est complètement dingue! Derrière son apparence de reine de beauté, il n'y a rien, que du vide.

Un jour, nous nous sauverons l'un l'autre, en fis-je le vœu. *Même si cela ne semble pas être le cas, nous nous ressemblons beaucoup. Nous avons tous les deux terriblement besoin d'être sauvés d'un monde de fantasme. C'est là une base suffisante pour construire une relation.*

Ce soir, je pourrais aller à la pharmacie et acheter de la teinture pour mes cheveux et du baume pour mes lèvres. Ou, peut-être que je pourrais aller au centre commercial et chercher le corsage bain-de-soleil qu'elle portait. Je devrais profiter de l'été pour me faire bronzer. Au lieu de cela, je finirai dans ma chambre, à faire mes devoirs.

Non, ce soir, je m'entraînerai: me pratiquer à me tenir droite, les épaules en arrière, le menton relevé, et à sourire. Alors, peut-être que demain il me demandera la réponse à la question numéro douze… et mon nom.

Kimberly Russell

Mon ange

Tu as toujours été casse-cou. Tu volais à plus de deux mètres de haut avec ta bicyclette (ta fierté et ta joie), tu te balançais sur une corde dans les airs, ou tu retournais sur toi-même et plongeais tête première dans le lac.

Je pense que c'est ce qui te donne ce merveilleux caractère et cette force intérieure extraordinaire. Ce qui me stupéfait le plus en toi, c'est ta détermination qui chasse toutes tes peurs, peu importe les circonstances. Jamais, tu ne laisses la peur t'empêcher d'atteindre tes buts.

Mais, malgré tous tes exploits dangereux, je n'avais jamais pensé que ce jour arriverait. (Peut-être bien au fond de moi, mais jamais de façon consciente.)

Tu étais parti en voyage sur la côte et j'attendais ton appel avec impatience. Le téléphone sonna le matin du troisième des sept jours que devait durer ton absence. Ta voix était normale, mais tes mots ne l'étaient pas — « Je me suis cassé le cou. »

À ces mots, une peur terrible m'envahit. Ma mère s'empressa de me rappeler que je devais rester forte pour toi. Je n'ai pas beaucoup parlé. Je me suis contentée de pleurer en silence pendant que tu me racontais ton supplice et que tu me parlais de la minerve que tu allais devoir porter pendant deux mois pour maintenir ton cou en place le temps de la guérison.

Tu semblais aller bien, vu la situation, mais tu souffrais et tu n'avais pas le moral. Je raccrochai et pus enfin laisser mes larmes couler librement. À la fin de la journée, je finis par accepter que tu serais dans le plâtre pendant deux longs mois, exception faite de tes bras. Au début, j'ai réagi égoïstement et j'ai pensé aux conséquences que cela aurait pour moi. *Comme il ne peut pas conduire, nous nous verrons moins souvent. Il ne pourra pas m'accompagner à l'école, le jour de la rentrée. Je ne pourrai même pas vraiment le serrer dans mes bras.* Puis, je me suis rappelé et me suis dit : *Amanda, sois heureuse qu'il vive encore et qu'il soit là pour que tu puisses le serrer dans tes bras, peu importe l'état dans lequel il est. Et sois reconnaissante qu'il puisse marcher.*

Ce soir, je suis allée te voir. Tu avais l'air d'aller, mais tu ne souriais pas. Tu n'as pas souri jusqu'à ce que tu regardes une vidéo de tes exploits à bicyclette. J'ai vu la détermination dans tes yeux et cela a fait monter les larmes dans les miens. Je sais que tu as peur, mais je sais aussi que tu vas t'en sortir. Parce que, une fois de plus, cette force qui t'habite va chasser tes peurs et tu vas fonctionner à cent dix pour cent. Tu m'as aidée à avoir moins peur pour toi. J'ai arrêté de penser à ce que tu ne peux pas faire et je me suis concentrée sur ce que tu peux faire, ou ce que tu pourras faire de nouveau. Deux mois, c'est très court en comparaison de toute une vie.

Je veux te remercier. Ce jour-là, tu m'as appris sur la force intérieure et la détermination plus que jamais dans toute ma vie. Je t'aime, Logan. Nous t'aimons tous. Ne perds jamais courage. Contente-toi de laisser ta merveilleuse nature s'exprimer. Tu vas t'en sortir avec brio, tu tiendras jusqu'au bout, parce que c'est ce que tu es : un combattant. Je me sens tellement mieux maintenant que je ne pense plus à ce que je n'aurai pas et à ce que tu ne me donneras pas. Je suis plutôt si reconnaissante et si heureuse que tu sois qui tu es.

Tout ce que je ressens pour toi maintenant, c'est de la foi et de la détermination. J'ai toujours su que tu étais une bénédiction pour moi, mon ange. Pendant deux mois, tu auras une auréole pour le prouver.

Amanda Johnson

Une gorgée d'eau fraîche

Après m'être brossé les dents, je me penchai pour boire l'eau fraîche qui coulait du robinet. Je repensais à cet été inoubliable. C'était l'été où commence la vie – l'été de mes seize ans. J'avais ma propre voiture et un état d'âme tout neuf. Ce n'est pas le souvenir d'un nouveau privilège qui m'est venu en premier, mais son image. Il était devant moi, un large sourire aux lèvres, et il me regardait boire l'eau au robinet. C'est ce souvenir qui me revenait.

Notre relation avait été parfaite, presque comme si le temps que nous avions passé ensemble avait été écrit pour un roman. Nous nous étions rencontrés par l'intermédiaire d'amis, comme c'est souvent le cas au secondaire. Nous sommes devenus de plus en plus proches pendant l'année scolaire. Nous nous voyions les soirs de semaine pour répéter le spectacle musical que nous préparions pour l'école et nous passions la fin de semaine avec des amis. Puis, quand le temps le permettait, et parfois quand il ne le permettait pas, nous allions à la plage avec nos amis et une glacière remplie de bouteilles de coca-cola.

C'est en rentrant de la plage un samedi que j'ai compris que j'étais amoureuse de lui. Tout en moi le prouvait. J'avais de la difficulté à rester assise tranquille en classe tant j'avais hâte de le revoir et que la fin de semaine arrive pour être avec lui. Les instants où j'étais dans ses bras faisaient partie des moments les plus heureux que j'avais vécus jusque-là. Je pouvais le regarder droit dans les yeux et rester sous son charme pour toujours.

Notre relation a transformé mon âme. Je partageais tout avec lui, même des choses que je cachais à ma famille et à ma meilleure amie. Je sentais son amour briser la dure carapace de la timidité qui m'entourait. Sa confiance, son amour et son soutien pour moi me soulevaient de terre et m'envoyaient doucement dans les nuages. Il brisa les chaînes que je m'étais mises. À travers lui, j'ai découvert une nouvelle vision du monde. C'était comme si une immense montagne sombre se dressait devant moi et qu'il me donnait les ailes pour voler au-dessus d'elle.

Malheureusement, toutes les bonnes choses ont une fin. Oui, même mon premier amour. J'ai beaucoup mûri pendant le temps que nous avons passé ensemble. Cela m'a probablement permis de comprendre ce qu'était le véritable amour. Avec le temps, le nuage sur lequel je planais s'est éloigné et un nouveau sentiment a remplacé l'état d'euphorie que j'avais connu jusqu'alors. Le sentiment que je me trompais.

Les yeux qui m'avaient tant enchantée devinrent bientôt ceux d'un ami très cher. Le charme était rompu. Je souhaitais du fond de mon cœur pouvoir revenir en arrière, revivre les longues nuits d'été que nous avions passées ensemble à nous embrasser sous le clair de lune. Mais alors que je mourais d'envie de retrouver ces nuits, je mourais aussi d'envie de retrouver une nouvelle liberté. L'aventure était devenue une routine.

Avec tristesse, nous avons tous les deux admis la séparation. Nous nous sommes serrés très fort dans les bras l'un de l'autre, plus fort que jamais, et nous avons tous les deux accepté la réalité : mieux vaudrait nous dire au revoir. Il a essuyé mes larmes et m'a serrée jusqu'au moment de partir. Mon cœur mourait d'envie de l'embrasser avant de lui dire au revoir, mais ma tête et mes lèvres m'ont dit de ne pas le faire. Il a descendu les escaliers vers sa décapotable noire et est parti. Les yeux remplis de larmes, je l'ai regardé par la fenêtre sortir de l'allée. Quand les phares de sa voiture ont disparu au loin, j'ai éteint la lumière sur mon premier amour.

Comme je n'avais plus soif, je me suis redressée et j'ai essuyé ma bouche et mon menton avec la serviette qui était à portée de ma main. J'ai souri de nouveau, me rappelant comment il se tenait à mes côtés et me protégeait de bien des façons, comme personne d'autre.

Il est impossible de résumer sept mois et demi de pur bonheur et d'apprentissage. Mais s'il existait une façon de le faire, une gorgée d'eau fraîche du robinet serait suffisante.

Camden Watts

Un amour non partagé

Rien ne gâte plus le goût du beurre de cacahuètes que l'amour non partagé.

Charlie Brown
Tiré de *Peanuts*, Charles Schulz

« Devine ! »

Je regarde Sarah, ma meilleure amie depuis le secondaire deux. Nous sommes habituées à cette routine et savons toutes les deux ce qui va se passer. « Quoi ? » lui dis-je. Je déteste vraiment deviner.

Nous rentrons de l'école à pied. Comme d'habitude. Le temps est glacial.

« Devine ! » me répète-t-elle.

J'examine son visage et réfléchis quelques instants. Qu'est-ce qui peut la rendre si heureuse ? « Tu as eu un autre A en biologie ? »

« Non. »

« Ta sœur est morte ? » que je suggère.

« J'aimerais bien », me répond-elle en faisant non de la tête. « Essaie encore ! »

« *Dis-le-moi !* » Ma voix est suppliante.

Un large sourire illumine son visage et je peux voir toutes ses dents recouvertes de broches. « Xander m'a embrassée. »

Je reste bouche bée et je me tourne vers elle. « À d'autres ! » J'en ai le souffle coupé. Je lui donne un coup de poing sur l'épaule. « Ne me raconte pas des histoires pareilles ! » Mais la curiosité l'emporte et je lui demande humblement : « Sur la bouche ? »

« Sur la joue. »

Je lui donne un autre coup de poing sur l'épaule. « Qu'est-ce qui ne va pas ? » crie-t-elle.

Je lui lance un regard furieux. J'aime Xander depuis le secondaire deux. Depuis qu'il s'est tourné vers moi et m'a demandé : « Alyson, c'est bien ton nom ? » Je lui ai répondu avec mon esprit habituel : « Yun-hun ». Depuis, nous nous sommes reparlé une ou deux fois.

Puis, cette année, Sarah est devenue amie avec lui et son groupe. Je ne passais jamais mes récréations ou mes heures de repas avec Sarah, car tous ses amis font partie des élèves qui ont toujours des A. Moi, je fais partie des élèves qui ont du potentiel, mais qui ne s'appliquent pas; alors j'ai presque toujours des C. La plupart du temps, je restais avec mes autres meilleures amies, Darcy et Mara. Mais ni l'une ni l'autre, contrairement à Sarah, n'avaient beaucoup d'amis garçons. Et moi, je voulais être amie avec des gars. Alors, j'essayais de dîner avec eux au moins deux fois par semaine.

« Pourquoi l'appelons-nous encore Xander ? » me demanda-t-elle. Sa voix me tire de mes pensées et je la regarde d'un air surpris. J'avais presque oublié sa présence. « Il n'y a personne que nous connaissons ici. Même si nous disons son vrai nom, personne ne saura de qui nous parlons ! »

Je hausse les épaules. « C'est amusant. »

Xander ne s'appelle pas vraiment Xander. C'est moi qui ai trouvé ce nom de code. Toutes mes amies font ça. Cela leur permet de parler de leur béguin en présence des autres sans que personne ne sache de qui il s'agit. J'ai choisi de l'appeler « Xander » parce que j'ai un grand respect (la plupart des personnes de mon entourage parlent d'obsession, et je ne comprends vraiment pas pourquoi) pour une série télévisée où un des personnages principaux s'appelle Xander. Seulement trois personnes savent qu'il s'agit de mon béguin quand je parle de mon Xander : Sarah, Mara et Darcy. J'ai tellement l'habitude de l'appeler Xander, qu'il m'arrive de croire que c'est son vrai nom. Quand je parle de lui, je dois parfois préciser « Xander – version originale » pour que mes amies sachent que je ne parle pas du Xander de ma série télévisée.

« Est-ce que tu viens avec nous au cinéma samedi ? » me demande Sarah.

Je souris. « Est-ce que Xander va venir ? » Elle me regarde, sans rien dire. « D'accord. Je viens ! » La dernière fois que je suis allée au cinéma avec eux, je me suis retrouvée assise près de Xander. Pendant une heure et quarante-trois minutes, j'ai pensé que j'étais morte et partie au paradis. D'accord, le paradis, c'est peut-être un peu exagéré, mais je me suis sentie très, très heureuse.

Mais voilà qu'une idée me traverse l'esprit et mon sourire disparaît. Je replace nerveusement une mèche de cheveux derrière mon oreille. « Sar ? »

Je commence à faire craquer les articulations de mes doigts, comme chaque fois que je suis nerveuse. De qui est-ce que je me moque ? Je fais toujours craquer mes doigts. Il faut vraiment que j'arrête parce que c'est agaçant et j'aurai de l'arthrite quand je serai plus vieille. « Qu'est-ce qu'il pense de moi ? »

J'entends un déclic, c'est Sarah qui ferme son baladeur. Je sais qu'elle va me dire la vérité. Elle n'est pas ce genre d'amie qui, quand vous lui dites que vous vous êtes mis les pieds dans les plats en parlant en public, vous répond : « Je suis sûre que personne ne s'en est aperçu ! » Au contraire, elle rit. Se moque de vous. À gorge déployée. C'est donc avec nervosité que j'attends la réponse de Sarah.

« Il... Il dit que tu es bizarre. Comme une poétesse déprimée et un peu folle. Mais bien », ajoute-t-elle pour que cela semble moins dur.

« Vraiment ? » Je soupire comme si cinquante nains avaient trouvé un moyen d'entrer dans ma poitrine et avaient décidé de faire simultanément la roue, des sauts avec grand écart et de se tenir en équilibre avec les mains sur mon cœur.

« C'est un peu dur. Mais, écoute, il t'aime bien. Il pense seulement que tu es un peu morbide », ajoute-t-elle.

J'essaie de retenir ce qui est positif et je lui réponds : « Bien, c'est pas si mal. » Elle acquiesce de la tête et remet son baladeur en marche.

Je commence à me sentir de plus en plus mal chaque fois que je pense à ce que Xander a dit. Je me répète avec découragement : « Bien, c'est pas si mal. » Je regarde droit devant moi et cligne des yeux à cause du soleil si éclatant. Jolie mais folle, c'est probablement ce qu'il voulait dire. *Je ne suis pas folle. Je suis déprimée. C'est différent.* Je donne un coup de pied dans la neige.

Maman me dit toujours : « Tu n'es pas déprimée. » Et je ne manque pas de lui répondre : « Je suis simplement profondément malheureuse ! » « C'est différent Alyson », me dit-elle et elle m'expédie en thérapie.

Je pince Sarah comme elle me l'a appris en cinquième année. C'est comme ça qu'il faut pincer parce que c'est vraiment, vraiment douloureux. Elle pousse un cri perçant et me regarde d'un air furieux. « Quoi ? »

« Est-ce que je suis déprimante ? »

« Oui, tu es négative, morbide, cynique… »

Je soupire.

Elle passe son bras autour de mes épaules : « Mais c'est pour ça qu'on t'aime. »

À l'école aussi je passe pour une fille déprimée.

Cela ne veut pas dire que je *suis* déprimée. Je ne le suis pas. Je ne peux pas résister aux fins heureuses. Un film a beau être formidable, si la fin est triste, il ne m'intéresse pas. Mais quand les gens veulent vous connaître, ils vous posent généralement certaines questions et, parfois, mes réponses alimentent l'image de « poétesse dépressive » qu'ils ont de moi. *Ta couleur favorite ?* Le noir. *Ton hobby ?* Écrire de la poésie et des histoires. *Oh, quel genre de poésie ? Triste ?* Oui, généralement.

Bien évidemment, je n'essaie pas de les dissuader de l'idée qu'ils se font de moi d'une écrivaine torturée. Parce que, au moins, je suis connue pour quelque chose. C'est peut-être négatif, mais c'est mieux que rien. Non ? Qu'ils pensent que je suis malheureuse et solitaire. J'ai mes propres amis et je me moque pas mal de ce qu'ils peuvent penser de moi. Mais pas de ce que *lui* pense de moi…

Il y a longtemps, j'ai vraiment été déprimée. Mon premier petit ami venait de me laisser tomber et je me sentais moins que rien. Je pensais beaucoup à la mort et au suicide. Je sais que c'était idiot, mais on ne m'avait jamais laissé tomber auparavant et puis... j'avais mal. C'est le seul mot qui me vient pour décrire ce que je vivais.

Je sais que cela fait vieux cliché et tout, mais j'avais l'impression que mon cœur était en deux morceaux. J'ai fini par en sortir (avec l'aide de mon thérapeute, de mon conseiller d'orientation à l'école, de mes parents et d'une très longue lettre que j'ai écrite à Mara, mais que je ne lui ai jamais donnée et que j'ai collée dans mon journal). Et voilà que maintenant, quand je pense à Xander, je me sens si malheureuse...

Sarah et moi sommes arrivées à la rue où nous nous séparons. Nous nous arrêtons et je me tourne vers elle : « C'est ici que je te laisse. Je t'appellerai plus tard. » Sur ces paroles, je commence à traverser la rue.

Elle poursuit son chemin et me crie : « D'accord ! Bye ! »

Je tourne dans ma rue et regarde par terre. Partout autour de moi, la neige est blanche et belle. Elle me fait penser à du fromage à la crème. Elle n'a rien à voir avec la neige en face de notre école, qui est grise, sale et dégoûtante. La neige de ma rue est bien. Je suis bien. C'est ce qu'il pense de moi. Bien. Il y a aussi peu de chances que Xander m'aime que de chances que je réussisse mes mathématiques. Je le sais !

Je ris. Mais peut-être que cet amour non partagé va me permettre d'écrire quelques poèmes ? Qu'en pensez-vous ?

Rachel Rosenberg

Perdue

Mes genoux se mettent à trembler,
Quand je t'aperçois.
Mon esprit est rempli d'émerveillement,
Mon cœur est rempli de peur.

Quand ce sentiment arrêtera-t-il ?
Quand est-ce que cela a commencé ?
Comment puis-je écouter ma raison,
Sans briser mon cœur ?

Je suis si perdue.
Que devrais-je faire ?
Je ne peux penser à rien d'autre,
Sauf à toi.

Devrais-je t'ignorer,
Ou laisser le temps agir ?
Je n'arrive pas à réfléchir,
Mon cœur contrôle ma raison.

Anonyme

Recommencer ailleurs

« Mais je t'aime, Jessie. » Sa voix est tremblante et hésitante. Nous sommes assis sur le canapé dans mon salon. Il me regarde droit dans les yeux. Son regard suppliant me demande de lui pardonner.

Je ne reconnais pas ces yeux qui, à une époque, me donnaient un sentiment de confort et de sécurité. La chaleur de ses yeux bleus qui m'assurait d'un amour éternel a disparu. Ses yeux sont maintenant d'un gris plus froid. Je tremble et détourne mon regard.

Les larmes envahissent mes yeux alors que je le sens respirer à côté de moi, assis sur le bord du canapé. Je repense à des temps plus heureux, il y a un an, où nous étions assis au même endroit. Nous étions silencieux et je pouvais l'entendre respirer. Ce jour-là, mon cœur battait la chamade tandis que je le regardais nerveusement dans les yeux. J'étais incapable de soutenir son regard, mais je ne parvenais pas à regarder ailleurs.

C'est ce même jour que mon cœur décida de s'abandonner à la magie d'un premier amour. J'étais assise à côté de lui, submergée par la certitude que j'avais de l'aimer. Je luttais pour prononcer pour la première fois ces mots à voix haute. Je voulais hurler au monde que mon cœur se sentait plus gros que mon corps entier, que j'étais amoureuse et que rien ne pourrait jamais faire disparaître ce sentiment, mais je restais muette. Je tripotais nerveusement le bord d'un coussin.

Il posa doucement sa main sur mon bras et me regarda droit dans les yeux. La douceur de son regard calma ma nervosité. « Je t'aime, Jessie », dit-il, ses yeux soutenant mon regard. Un léger sourire se dessina sur mon visage pendant que mon cœur commençait à battre à tout rompre. Ce soir-là, il avait su, comme j'avais su – et il l'avait senti, comme je l'avais senti, le pouvoir de la concrétisation de l'amour.

Mais ce pouvoir a maintenant disparu. Telle une gifle au visage, cette pensée me tire de ce souvenir lointain pour me ramener au moment présent.

« Ça n'a pas d'importance pour toi que je t'aime ? Je t'en prie, je suis si désolé. » Il tend la main vers mon visage pour enlever les cheveux qui me cachent les yeux. Je baisse vivement la tête pour éviter son contact. Je souffre trop depuis que j'ai appris ce qui s'était passé. Il y a deux jours, il m'a dit qu'il a embrassé une autre fille. Je suis restée assise, abasourdie, incapable de bouger ou de parler.

Aujourd'hui, je me tais non pas parce que je ne sais pas quoi dire, mais parce que j'ai peur que ma voix me trahisse et commence à trembler. Je le regarde droit dans les yeux et commence à parler. Mais je m'arrête parce que je me demande si je ne vais pas faire une erreur. *Peut-être que ça pourrait marcher, nous deux.* J'imagine ses bras autour de moi, je le vois serrant ma tête tout contre sa poitrine. Je l'imagine faire en sorte que tout aille bien, comme il l'a fait si souvent dans le passé, quand j'avais besoin de son réconfort. Maintenant, plus que jamais, j'ai mal tellement j'ai besoin du bien-être de ses bras, du réconfort et de la chaleur de ses yeux bleus. Mais ce n'est pas possible, la confiance est partie et notre amour a été blessé. La chaleur de ses yeux bleus a disparu et ses bras ne m'apportent plus de réconfort.

Je lutte pour trouver les mots qui, je sais, doivent sortir de ma bouche. Ce n'est plus comme avant, quand je savais que les mots nous mèneraient à un endroit magique, sur le chemin de notre relation. Je lutte pour trouver les mots qui mettront un terme à ce chemin. Ce n'est pas que mon amour pour lui ait disparu, mais je sais que plus jamais mon cœur ne pourra se sentir plus gros que mon corps quand je serai avec lui.

Il se lève du canapé pour partir, la douleur dans mon cœur est insupportable et je dois me retenir de l'appeler. Je sais que j'ai fait ce que je devais faire. Je sais que je suis forte, même si en ce moment je me sens plus vulnérable que jamais.

Après son départ, je reste longtemps assise sur le canapé, pétrifiée. Rien ne bouge dans la pièce, sauf mes larmes qui coulent le long de mes joues et tombent sur mes cuisses où elles mouillent mon jean.

Je me demande comment je vais pouvoir continuer à fonctionner quand j'ai le sentiment qu'il me manque une moitié de moi. Alors, j'attends. J'attends que le temps guérisse la douleur et me remette sur mes pieds une autre fois, pour que je puisse commencer un autre chemin, mon propre chemin, celui qui me fera me sentir complète à nouveau.

Jessie Braun

Une marelle et des larmes

Je regardai la voiture bleue descendre ma rue à toute allure et écoutai le bruit du moteur diesel diminuer au loin. Les larmes envahirent mes yeux et coulèrent sur mes joues. Je pouvais en sentir le goût salé sur mes lèvres. Je n'arrivais pas à croire ce qui venait d'arriver. Je rentrai dans la maison et montai en courant l'escalier. J'espérais que mon frère ne verrait pas mon regard horrifié. Par chance, il avait les yeux rivés sur le téléviseur.

Je m'écroulai sur mon lit défait et enfouis mon visage dans mon oreiller. Mes légers reniflements devinrent des pleurs qui se transformèrent en crise d'hystérie. C'était insupportable. La douleur était trop forte et j'avais le cœur brisé. Cela faisait trois mois et deux jours que nous sortions ensemble (pourtant, je n'avais pas vraiment compté le temps). Jamais je n'avais été si heureuse. Nous nous étions donné ce que nous avions de meilleur. Mais il venait de tout détruire, de tout jeter par la fenêtre de sa voiture bleue rouillée. Ses paroles résonnaient encore à mes oreilles.

« Je ne pense pas que nous devrions continuer à nous voir… », avait-il dit d'une voix neutre. J'aurais voulu lui demander pourquoi, j'aurais voulu hurler, le retenir, mais je me suis contentée de murmurer : « Comme tu voudras. » J'avais peur de le regarder dans les yeux parce que je savais que j'allais m'effondrer.

Je suis restée couchée là à pleurer tout l'après-midi et une bonne partie de la nuit, me sentant si seule, si triste et si confuse. Pendant des semaines, j'ai pleuré tous les soirs, mais le matin j'arborais un sourire figé pour éviter d'avoir à en parler. Personne n'était dupe. Mes amis s'inquiétaient. Je pense qu'ils ont cru que j'allais m'en remettre plus vite.

Des mois après notre séparation, quand j'entendais une voiture remonter ma rue, je me précipitais à la fenêtre pour voir si c'était lui. Quand le téléphone sonnait, un frisson d'espoir parcourait mon dos. Un soir, j'étais en train de découper les photos d'un magazine et de les coller au mur de ma chambre. Une voiture remonta ma rue, mais j'étais trop occupée pour remarquer que c'était la voiture que je n'avais cessé d'attendre depuis les deux derniers mois.

« Chloé, c'est moi… » C'était lui qui m'appelait pour que je descende ! Mon cœur battait à tout rompre pendant que je descendais. J'imaginais une réconciliation. Il avait compris son erreur. Quand je sortis, il était debout devant moi, aussi beau que d'habitude.

« Chloé, je suis venu te rendre ton chandail. Tu l'avais laissé chez moi… Tu t'en rappelles ? » J'avais complètement oublié le chandail.

« Bien sûr. Merci », mentis-je. Je ne l'avais pas revu depuis notre séparation et j'avais mal – très mal. J'aurais voulu pouvoir l'aimer de nouveau.

« Eh bien… à bientôt », dit-il. Une seconde après, il était parti. Je me retrouvai seule dans le noir, à écouter sa voiture s'en aller au loin. D'un pas lent, je retournai dans ma chambre et continuai à coller des photos sur le mur.

Pendant des semaines, j'ai erré comme un zombie. Je me regardais pendant des heures dans le miroir, essayant de voir ce qui clochait chez moi, de comprendre ce que j'avais fait de mal. Je cherchais les réponses dans le miroir. Je parlais pendant des heures à Rachel. Je lui disais : « Rachel, t'est-il déjà venu à l'idée que, lorsque tu tombes amoureuse, tu finis toujours par te casser la figure…? » Puis, j'éclatais en sanglots. Ses mots de réconfort ne m'aidaient pas beaucoup. Ils me donnaient une raison de m'apitoyer sur moi-même.

Très vite, ma tristesse s'est transformée en colère. J'ai commencé à le haïr. Je le rendais responsable de mes problèmes et je pensais qu'il avait gâché ma vie. Pendant des mois, je n'ai pensé qu'à lui.

Puis un jour, quelque chose changea. Je compris que je devais poursuivre mon chemin; et chaque jour, j'étais un peu plus heureuse. Je commençai même à voir quelqu'un d'autre !

Un jour, en fouillant dans mon portefeuille, j'ai trouvé une photo de lui. Je la regardai pendant quelques minutes. Je lisais sur son visage comme dans un livre. Je sus que j'en avais fini avec lui et qu'il était temps de lâcher prise. Je sortis la photo et la rangeai dans un tiroir.

Je me souris à moi-même en comprenant que je pouvais faire la même chose dans mon cœur. Le ranger dans un endroit spécial et poursuivre mon chemin. J'avais aimé. J'avais perdu et j'avais souffert. Le moment était venu de pardonner et d'oublier. Je me pardonnai aussi, car ma souffrance me donnait l'impression que j'avais fait quelque chose de mal. J'ai compris maintenant.

Ma mère avait l'habitude de me dire : « Chloé, il y a deux types de personnes sur cette terre : celles qui jouent à la marelle et chantent sous la douche, et celles qui passent leurs nuits à pleurer seules dans leur lit. » Ce que j'ai compris, c'est que nous avons le choix d'être qui nous voulons et que nous appartenons tous un peu à ces deux types de personnes.

Ce même jour, je suis sortie et j'ai joué à la marelle avec ma sœur et, ce soir-là, j'ai chanté plus fort que jamais sous la douche.

Becca Woolf

Découverte

Notre groupe était à deux semaines de la première représentation de la pièce de théâtre que nous préparions quand Sherry entra dans ma classe et m'annonça d'une voix hésitante qu'elle devait abandonner.

Des centaines de raisons pour une telle déclaration se bousculèrent dans mon esprit – une maladie grave, un décès dans sa famille, une terrible crise familiale.

Devant l'expression de mon visage, Sherry s'expliqua. Elle dit en bégayant : « Mon petit ami, Dave, veut que j'arrête. Les répétitions prennent trop de temps et nous empêchent de nous voir. Je lui apporte des sandwichs après ses entraînements de football. »

Son petit ami jouait au football et était devenu par la suite un joueur professionnel. Il était tout le contraire de son frère, Dan, qui lui aussi jouait dans l'équipe de l'école. Tandis que Dan était accommodant, avait un extraordinaire sens de l'humour et était aimé de presque tous, Dave avait toujours l'air en colère et en besoin de contrôler quelqu'un.

Je répondis : « Sherry, il ne nous reste plus que deux semaines avant la première. Tu es formidable dans ton rôle. Je ne serai jamais capable de te remplacer. »

« C'est vrai ? » dit-elle avec un large sourire.

« C'est vrai », lui répondis-je. Et je le pensais. « Tout le monde devrait avoir le droit de faire les choses pour lesquelles il est doué. Tu es une bonne comédienne. Dave devrait le comprendre. Je sais que tu comprends à quel point il aime le football.»

Elle acquiesça : «Oui. Mais je dois quand même abandonner.»

«Je parie que tu es sa plus fervente admiratrice.»

Elle réfléchit à ce que je venais de dire. «Oui», dit-elle.

«Est-il déjà venu à une répétition, le samedi matin, pour voir à quel point tu es bonne?»

«Non.»

«Il devrait. Il devrait être ton plus grand admirateur.»

Le jour suivant, après la sixième heure de cours, ma porte s'ouvrit brutalement. Dave se précipita vers moi; il paraissait deux fois plus gros que ses cent vingt kilos. Il balançait ses bras de chaque côté et ses larges poings étaient serrés comme s'il allait m'étrangler.

Il se pencha sur mon bureau, ses veines étaient gonflées et son visage écarlate. Il bégaya : «Vous... vous... vous...»

«Je peux t'aider Dave?» lui demandai-je, espérant que ma voix n'allait pas trembler comme mes genoux sous le bureau.

Il n'alla jamais plus loin que le «vous», avant de faire demi-tour et sortir bruyamment de la pièce. J'ai écouté le bruit de ses pas lourds pendant qu'il se dirigeait vers l'escalier pour descendre au rez-de-chaussée.

Sherry continua les répétitions et joua la pièce. Je peux affirmer, en toute honnêteté, qu'elle a été éblouissante. J'ai aussi remarqué qu'elle souriait davantage, et je l'ai vue interagir de temps à autre avec d'autres étudiants. Elle semblait pleine d'assurance en leur compagnie.

J'ai aussi entendu dire que Dave avait trouvé une autre petite amie.

Eugene E. Beasley

Amour perdu

L'amour est la prise de conscience très difficile que quelque chose d'autre que soi-même est réel.

Iris Murdoch

Je ne sais pas pourquoi je devrais vous raconter mon histoire. Je n'ai rien de spécial, rien qui soit hors de l'ordinaire. Au cours de ma vie, rien ne m'est arrivé qui ne soit pas arrivé à presque tout le monde sur cette planète.

Sauf que j'ai rencontré Rachel.

Nous nous sommes connues à l'école. Nos casiers étaient côte à côte. Nous partagions la même odeur de cahiers neufs et de chaussures de tennis moisies. Nous avions des affiches de nos musiciens préférés collées à l'intérieur de la porte de nos casiers.

Elle était belle et avait cette assurance qui me faisait dire qu'elle devait sortir avec quelqu'un. Quelqu'un d'important à l'école. Moi, je fais des pieds et des mains pour essayer de rester dans l'équipe d'athlétisme et d'avoir d'assez bonnes notes pour aller à l'université où mes parents ont étudié quand ils avaient mon âge.

Le jour où j'ai rencontré Rachel, elle m'a souri et m'a dit bonjour. Après avoir vu ses yeux bruns chaleureux, j'ai dû sortir et aller courir. J'ai couru comme si c'était la première et dernière course de ma vie. J'ai couru seize kilomètres et j'étais à peine essoufflée.

Nous avons passé l'automne à parler et à plaisanter à propos de nos professeurs, de nos parents, de la vie en général et de ce que nous allions faire quand nous aurions notre diplôme. Nous étions toutes deux en dernière année et c'était formidable d'avoir l'impression d'être comme un «chef» pour quelque temps. Elle ne sortait avec personne – ce qui était surprenant. Elle avait rompu pendant l'été avec un gars qui faisait partie de l'équipe de natation et, depuis, elle était seule.

Je ne savais pas qu'il était possible de parler avec quelqu'un – je veux dire une fille – comme je parlais avec elle.

Un jour, ma voiture – une vieille voiture cabossée que mon père m'avait achetée parce qu'il savait que je ne pourrais jamais rouler très vite avec – ne voulait pas démarrer. C'était une de ces journées d'automne grises et froides, et la pluie semblait ne pas devoir tarder. Rachel s'arrêta près de moi dans le stationnement de l'école. Elle était au volant de la décapotable turquoise de son père. Elle me demanda si elle pouvait me conduire quelque part.

Je montai dans la voiture. Elle faisait jouer le nouveau CD de David Byrne et chantait en même temps. Sa voix était belle, beaucoup plus jolie que celle de Byrne. C'était un freluquet qui n'avait rien à voir avec Rachel. «Bon, où veux-tu aller?» me demanda-t-elle. Ses yeux pétillaient comme si elle savait quelque chose sur moi que j'ignorais.

«À la maison, j'imagine», lui dis-je, avant de trouver le courage d'ajouter: «à moins que tu veuilles d'abord t'arrêter chez Sonic.»

Elle ne répondit ni oui ni non, mais conduisit directement jusqu'au restaurant avec service au volant. Je lui achetai quelque chose à manger et nous sommes restées dans la voiture à parler. Elle me regardait avec ses yeux bruns qui semblaient voir tout ce que je ressentais et pensais. Je sentis ses doigts sur mes lèvres et je sus que je ne pourrais plus jamais ressentir pour une fille ce que je ressentais à ce moment-là.

Nous avons parlé. Elle me raconta comment elle en était venue à vivre dans cette ville. Son père avait été diplomate à Washington et avait pris sa retraite. Il avait voulu que, du jour au lendemain, elle grandisse comme une fille d'une petite ville. Mais c'était trop tard. Elle était sophistiquée et pleine d'assurance, et semblait toujours savoir quoi dire. Pas comme moi. Mais elle a ouvert quelque chose en moi.

Elle m'aimait et, tout à coup, je m'aimais.

Elle pointa du doigt le pare-brise. «Regarde. Les fenêtres sont couvertes de buée», dit-elle en riant. Dans la lumière du crépuscule, je me suis brutalement souvenue de la maison, de mes parents et de la voiture.

Elle me raccompagna chez moi en voiture et me laissa avec un «À demain» et un signe de la main. Cela suffit pour que je comprenne que je venais de rencontrer la fille de mes rêves.

À partir de ce jour-là, nous commençâmes à nous voir, mais nous ne sortions pas vraiment ensemble. Nous allions étudier ensemble et terminions toujours en parlant et en riant des mêmes choses.

Notre premier baiser? Je ne dirais pas ça aux copains, parce qu'ils trouveraient ça drôle, mais c'est elle qui m'a embrassée la première. Nous étions chez moi, dans la cuisine. Il n'y avait personne d'autre dans la maison. Tout était silencieux; je n'entendais que le bruit de la pendule de la cuisine et les battements de mon cœur. J'avais l'impression que mon cœur allait exploser.

Ce fut doux et bref. Puis, elle me regarda droit dans les yeux et m'embrassa encore. Cette fois, cela ne fut pas si doux et si bref. Je pus sentir son odeur, caresser ses cheveux. Je sus que je pourrais mourir sur place et être heureuse.

« À demain », dit-elle en se dirigeant vers la porte. J'étais incapable de dire quoi que ce soit. Je me contentai de la regarder et de sourire.

Nous obtînmes notre diplôme et passâmes l'été à nager, à faire des randonnées, à pêcher, à cueillir des baies et à écouter ses disques. Elle avait tout, de R&B au hard rock, et même des disques classiques comme Vivaldi et Rachmaninov. Je me sentais vivante comme jamais auparavant. Tout ce que je voyais, sentais et touchais était nouveau.

Un jour, nous étions allongées sur une couverture dans un parc. Nous regardions les nuages pendant que la radio jouait un vieil air de jazz. « Nous devons nous quitter, dit-elle, nous allons bientôt devoir entrer à l'université. » Elle roula sur le ventre et me regarda. « Est-ce que je vais te manquer ? Tu vas penser à moi, toujours ? » Pendant un fragment de seconde, j'ai cru voir dans ses yeux un doute, quelque chose de différent de son assurance habituelle.

Je l'embrassai et fermai les yeux pour pouvoir m'imprégner d'elle, de son odeur, du goût de sa peau, de la douceur de son corps. La brise de fin d'été fit voler ses cheveux contre ma joue. « Tu fais partie de moi, comment puis-je me manquer à moi-même ? »

Mais en moi, j'avais l'impression qu'on disséquait mes intestins. Elle avait raison. Chaque jour qui passait nous rapprochait du moment où nous devrions nous séparer.

Nous essayâmes de tenir bon et fîmes comme si rien n'allait changer dans notre existence. Elle ne parlait pas d'aller s'acheter de nouveaux vêtements pour la rentrée à l'université. Je ne parlais pas de la nouvelle voiture que mon père m'avait achetée, parce que c'était avec elle que j'allais partir. Nous faisions comme si l'été allait durer éternellement, comme si rien allait nous changer ou changer notre amour. Et je savais qu'elle m'aimait.

Le printemps approche. Bientôt, je serai en deuxième année. Rachel ne m'écrit jamais.

Elle a dit que nous devions laisser les choses où elles en étaient – quoi que cela puisse vouloir dire. Ses parents ont acheté une maison en Virginie, par conséquent, je sais qu'elle ne reviendra pas ici.

J'écoute davantage de musique maintenant et je regarde toujours deux fois quand je vois une décapotable turquoise. Je remarque davantage de choses, comme la couleur du ciel et la brise qui souffle dans les arbres.

Elle fait partie de moi et je fais partie d'elle. Où qu'elle soit, elle le sait. Je respire son souffle et je rêve ses rêves. Et quand je cours maintenant, je cours un kilomètre de plus pour Rachel.

T. J. Lacey

Enfouis en moi

Enfouis en moi
Sont les mots que je n'ai jamais prononcés,
Les sentiments que je cache,
Les lignes que tu ne liras jamais.

Tu peux le voir dans mes yeux,
Le lire sur mon visage :
Enfouis en moi
Sont les mensonges du passé
Que je ne peux remplacer.

Ces souvenirs qui persistent –
Qui ne semblent pas vouloir s'effacer.
Pourquoi ne puis-je être plus heureuse ?
Aujourd'hui est un nouveau jour.

Hier est passé,
Même si la douleur persiste.
Rien ne dure pour toujours,
Je dois chérir ce que j'ai.

Ne tiens pas mon amour pour acquis,
Car bientôt il ne sera plus –
Tout ce que tu as toujours voulu
De l'amour que tu croyais avoir gagné.

La souffrance que je ressens
Ne disparaîtra pas en une nuit,
Mais, d'une manière ou d'une autre,
Tout finira par bien aller.

Plus de regret pour le passé.
Cela ne devait pas être.
Cela n'a pas duré,
Alors je dois le laisser aller.

Melissa Collette

Pourquoi les garçons aiment les filles

Un jour, en regardant mes courriels, je suis tombée sur un de ces messages où vous devez faire défiler le texte pendant une éternité pour arriver à la lettre parce qu'elle est envoyée à des centaines de personnes.

Normalement, je les efface automatiquement. Mais celui-là m'intriguait. Il était intitulé : « Quelques raisons pour lesquelles les garçons aiment les filles ». Les instructions étaient de lire les raisons, d'en ajouter et de faire suivre à au moins vingt-cinq personnes. Si vous ne le faisiez pas suivre, vous n'auriez pas de chance dans vos relations amoureuses, mais si vous l'envoyiez à vingt-cinq personnes ou plus, vous seriez l'heureux gagnant d'un bonheur divin et romantique.

Après avoir lu les raisons pour lesquelles les gars aiment les filles, j'eus une idée. Si je pouvais avoir de la chance en amour en envoyant ce courriel à vingt-cinq personnes, imaginez quelle serait ma chance si je l'envoyais à des millions de personnes. Mon mari et moi attendons désespérément le bonheur parfait dans notre mariage. Merci à vous tous qui lirez ce qui suit.[*]

---

[*] Vous ne devez pas prendre au sérieux les allusions aux résultats des lettres en chaîne.

Quelques raisons pour lesquelles les garçons aiment les filles

1. *Elles sentent toujours bon, même si ce n'est que l'odeur du shampoing.*
2. *La façon dont leur tête trouve toujours le bon endroit sur votre épaule.*
3. *L'aisance avec laquelle elles trouvent leur place dans vos bras.*
4. *La façon dont elles vous embrassent et, tout à coup, tout est merveilleux dans le monde.*
5. *Comment elles sont mignonnes quand elles mangent.*
6. *La manie qu'elles ont de prendre des heures à s'habiller, mais le résultat en vaut la peine.*
7. *Parce qu'elles sont toujours chaudes, même s'il fait moins trente degrés dehors.*
8. *La façon dont elles sont belles, peu importe les vêtements qu'elles portent.*
9. *La façon dont elles cherchent les compliments.*
10. *Combien elles sont adorables quand elles se disputent.*
11. *La façon dont leurs mains trouvent toujours les vôtres.*
12. *La façon dont elles sourient.*
13. *La façon dont vous vous sentez en voyant son nom sur l'afficheur après que vous venez d'avoir une grosse dispute avec elle.*

14. La façon dont elles disent : « Nous ne nous disputerons plus jamais » – même si vous savez qu'une heure plus tard...
15. La façon dont elles vous embrassent quand vous faites quelque chose de gentil pour elles.
16. La façon dont elles vous embrassent quand vous dites : « Je t'aime. »
17. En fait, juste la façon dont elles vous embrassent...
18. La façon dont elles se jettent dans vos bras quand elles pleurent.
19. La façon dont elles s'excusent d'avoir pleuré pour une chose ridicule.
20. La façon dont elles vous frappent en espérant que cela vous fera mal.
21. Puis, la façon dont elles s'excusent quand cela a vraiment fait mal (même si nous ne l'admettons pas).
22. La façon dont elles disent : « Tu me manques. »
23. La façon dont elles vous manquent.
24. La façon dont leurs larmes vous donnent envie de changer le monde pour qu'elles n'aient plus jamais mal.

Peu importe que vous les aimiez, les haïssiez, souhaitiez leur mort ou sachiez que vous mourriez sans elles. Parce qu'une fois qu'elles entrent dans votre vie, quoi qu'elles représentent dans le monde, elles deviennent tout pour vous. Quand vous les regardez dans les yeux, voyageant dans les profondeurs de leur âme, et que vous dites un million de choses sans prononcer un mot, vous savez que votre propre vie se consume au rythme des battements de leur cœur.

Nous les aimons pour des millions de raisons. Une chose qui vient du cœur et non de l'esprit. Il s'agit d'un sentiment. Qu'on ne peut que ressentir.

Kimberly Kirberger

[REMARQUE DES AUTEURS : *Nous pensons qu'il serait intéressant que vous nous envoyiez d'autres raisons que nous ajouterons dans le prochain livre,* Chicken Soup for the Teenage Soul III. *Vous pouvez aussi nous envoyer des raisons pour lesquelles les filles aiment les garçons. Nous les inclurons aussi dans le prochain livre.*]

L'amour n'est jamais perdu

Si notre amour n'est qu'une volonté de posséder, ce n'est pas de l'amour.

Thich Nhat Hanh

On dit qu'il est préférable d'avoir aimé et perdu que de ne jamais avoir aimé du tout.

Cette pensée ne réconfortait pas beaucoup Mike Sanders. Sa petite amie venait de le laisser tomber. Bien sûr, elle n'avait pas dit les choses de cette façon. Elle avait dit : « Je t'aime beaucoup, Mike, et j'espère que nous pourrons rester amis. » *Merveilleux. Rester amis. Toi, moi et ton nouveau petit ami irons au cinéma ensemble,* a pensé Mike.

Mike et Angie sortaient ensemble depuis leur deuxième secondaire. Mais elle avait rencontré quelqu'un d'autre pendant l'été. Maintenant, alors qu'il allait entrer en dernière année, Mike était seul. Pendant trois ans, ils avaient partagé les mêmes amis et les mêmes endroits. À la seule pensée de retourner dans ces lieux sans Angie, Mike se sentait… vide.

Habituellement, les entraînements de football l'aidaient à oublier ses soucis et ses problèmes. Les entraîneurs ont une manière de vous faire faire des exercices jusqu'à ce que vous soyez si fatigués que vous ne pouvez penser à rien d'autre. Mais, ces derniers temps, le cœur de Mike n'y était pas. Un jour, cela fut évident. Il rata des passes qu'il n'aurait jamais manquées normalement et se laissa plaquer par des gars qui n'avaient jamais été capables de le toucher auparavant.

Mike n'avait pas envie que l'entraîneur hurle encore après lui. Alors, il fit davantage d'efforts et s'en tira jusqu'à la fin de l'entraînement. Alors qu'il sortait en courant du terrain, on lui dit qu'il devait se présenter au bureau de l'entraîneur. « Fille, famille ou école ? Quel est ton problème, mon gars ? » demanda l'entraîneur.

« Fille, répondit Mike. Comment avez-vous deviné ? »

« Sanders, je suis entraîneur de football depuis des années. J'ai commencé quand tu n'étais pas encore né, et chaque fois que j'ai vu une étoile jouer comme un débutant, c'était à cause d'une de ces trois raisons. »

Mike acquiesça de la tête : « Désolé, monsieur. Ça n'arrivera plus. »

Son entraîneur lui tapa sur l'épaule. « C'est une année importante pour toi, Mike. Il n'y a pas de raison pour que tu ne sois pas admis à l'université de ton choix. Rappelle-toi que tu dois te concentrer sur ce qui est vraiment important. Le reste s'arrangera tout seul. »

Mike savait que son entraîneur avait raison. Il devait laisser partir Angie et poursuivre sa vie. Mais il avait encore mal, il se sentait même trahi. « Je suis tellement en colère. J'avais confiance en elle. Je me suis ouvert à elle. Je lui ai donné tout ce que j'avais, et qu'est-ce que j'ai eu en retour ? »

Son entraîneur sortit du papier et un stylo du tiroir de son bureau. « C'est une très bonne question. Qu'est-ce que tu as eu en retour ? » Il tendit le stylo et le papier à Mike et ajouta : « Je veux que tu réfléchisses au temps que tu as passé avec cette fille et que tu fasses une liste de toutes les choses, bonnes ou mauvaises, dont tu te rappelles. Je veux que tu écrives ce que tu as appris grâce à cette relation. Je reviens dans une heure. » Sur ces paroles, l'entraîneur laissa Mike tout seul.

Mike s'effondra sur sa chaise. Des souvenirs d'Angie flottaient dans sa tête. Il se souvint de la première fois où il avait trouvé le courage de l'inviter et sa joie quand elle avait dit oui. Sans les encouragements d'Angie, Mike n'aurait pas essayé d'entrer dans l'équipe de football.

Puis, il pensa aux disputes qu'ils avaient eues. Même s'il ne pouvait pas se rappeler toutes les raisons de leurs disputes, il se souvenait du sentiment de satisfaction qu'il éprouvait quand il avait réglé leurs problèmes. Il avait appris à communiquer et à faire des compromis. Il se rappelait aussi leur réconciliation après les disputes. C'était toujours le moment le plus agréable.

Mike se souvint de toutes les fois où elle l'avait fait se sentir fort, nécessaire et spécial. Il remplit le papier de leur histoire, de leurs vacances, des voyages avec leur famille, des danses à l'école et des pique-niques en tête à tête. Ligne après ligne, il écrivit l'expérience qu'ils avaient partagée et il comprit comment elle l'avait aidé à donner une orientation à sa vie. Sans elle, il serait devenu une personne différente.

Quand l'entraîneur revint, Mike était parti. Il avait laissé un mot sur le bureau où étaient inscrites ces quelques lignes :

Entraîneur,

Merci pour la leçon. Je suppose qu'après tout c'est vrai ce qu'on dit au sujet de l'amour. Mieux vaut avoir aimé et perdu que ne jamais avoir aimé. Je vous verrai à l'entraînement.

David J. Murcott

Le sourire de David

David était la seule personne que j'ai connue capable de me rendre folle de bonheur ou de colère, en un clin d'œil. Quand il me souriait, rien d'autre au monde n'avait plus d'importance, et je ne pouvais pas m'empêcher de sourire à mon tour. Il avait un million de sourires, mais il y en avait un en particulier que je pouvais même entendre dans sa voix au téléphone alors qu'il était à des kilomètres de chez moi.

C'était un sourire espiègle et entendu, cynique et sincère, impénétrable et plein d'assurance, et un millier d'autres choses paradoxales tout à la fois. Ce sourire me faisait rire quand je souffrais, le pardonner quand j'étais en colère contre lui et le croire, même quand je savais qu'il mentait. C'est à cause de ce sourire que je suis tombée amoureuse de lui – et pourtant, c'était la dernière chose que je voulais.

Quand il était en colère, ou blessé, ou quand il pensait ou écoutait, son visage était froid. Mais quand il souriait, j'avais l'impression de regarder directement dans son âme. Quand je le faisais sourire, je me sentais belle à l'extérieur et à l'intérieur.

David a été le premier garçon que j'ai vraiment aimé. Parfois, quand il me tenait dans ses bras et que ma tête reposait sur sa large épaule, j'avais l'impression qu'il pouvait entendre mes pensées les plus profondes et les plus sombres. Il savait toujours comment dire exactement ce que j'avais besoin d'entendre. Il touchait mon visage, me regardait dans les yeux et disait qu'il m'aimait, avec une telle chaleur que je ne pouvais pas m'empêcher de le croire.

Dès la première fois qu'il m'a touchée, il a dominé mes pensées. J'essayais de me concentrer sur l'école, l'église, ma famille ou mes autres amis, mais en vain. Je me répétais sans cesse qu'il n'était pas le type de garçon dont j'avais besoin dans ma vie.

Mais, plus les jours passaient, plus je le voulais. J'étais totalement incapable de me contrôler, j'avais très peur et j'étais très excitée. Je m'endormais le soir en pensant à ses baisers et me réveillais le matin en entendant ses mots doux et magiques résonner à mes oreilles. Parfois, quand j'étais près de lui, je tremblais. Il m'entourait alors de ses bras, et je me détendais et me sentais de nouveau en sécurité.

Mon instinct était en conflit permanent. *Fais-lui confiance. Ne lui fais pas confiance. Embrasse-le. Ne l'embrasse pas. Téléphone-lui. Ne lui téléphone pas. Dis-lui ce que tu ressens. Non, tu vas lui faire peur et il va partir.* Je finissais par me demander si c'était vraiment ce qui pouvait m'arriver de mieux.

Il m'est arrivé seulement une fois ou deux de voir qu'il avait peur ou qu'il ne se sentait pas en sécurité. Comme pour le reste de ses émotions, je n'ai jamais su quand il jouait la comédie pour me rassurer et quand il était vraiment sincère. Il me fascinait. Je plongeais mon regard dans ses yeux bruns et je me demandais s'il se doutait du contrôle qu'il exerçait sur moi. Si tel était le cas, il ne l'a jamais montré.

Puis, le jour arriva où tout s'effondra autour de moi. Il était parti et j'avais mal. Je me demandais s'il m'avait jamais vraiment aimée. J'avais tant de questions à lui poser et tant de choses à lui dire. C'était comme si le réveil avait sonné trop tôt et que mon rêve était terminé.

Il était parti, et tout ce qui restait de ce que nous avions partagé, c'étaient quelques lettres et quelques souvenirs dont j'étais trop fière pour m'y attarder. Mon cœur le réclamait, mais ma raison me disait de continuer. Finalement, c'est ce que j'ai fait.

À l'exception de mon père, David est le garçon qui m'a appris le plus. Avec le temps, j'ai repris des forces et j'ai été contrainte d'apprendre ces leçons et de poursuivre mon chemin sans lui. Le temps a passé, la vie continue et je pense de moins en moins à lui. Mais parfois, je repense à ces moments tendres de mon premier amour, et je suis hantée par des images de son sourire. J'adorais son sourire.

Cambra J. Cameron

2

L'AMITIÉ

*Chaque ami représente un monde en nous,
un monde qui ne pouvait naître avant leur arrivée,
et ce n'est que par cette rencontre
qu'un nouveau monde est né.*

Anaïs Nin

L'éloignement

Juchée sur le bord de mon lit, de vagues sourires se dessinant sur mon visage, j'examine minutieusement toutes mes vieilles photographies. Les manches retroussées, je puise dans mes vieux souvenirs. Je regarde brièvement chaque souvenir avant de le poser sur la pile qui est sur mes genoux et de chercher le prochain moment heureux à me remémorer. Chaque photographie évoque des sentiments disparus depuis longtemps, mais enfouis au fond de moi.

Je ne sais pas exactement ce qui a suscité ce voyage soudain dans mon passé, mais j'éprouve le besoin de m'arrêter et de regarder en arrière.

Tout en continuant à revivre mes souvenirs, je ne peux m'empêcher de remarquer une photographie en particulier au fond de la boîte. Je l'extirpe de la multitude de photos et l'examine. Au premier coup d'œil, la photographie est jolie. Le soleil brille, pas un nuage dans le ciel bleu au-dessus de ma tête. Je suis assise à côté d'une fille à l'air radieux. J'avais passé mon bras autour d'elle et son bras reposait nonchalamment sur mes épaules. En examinant attentivement le visage de ma compagne, un froncement de sourcils remplace le sourire chaleureux qui illuminait mon visage jusque-là. C'est Amy Soule, mon ancienne meilleure amie. Un terrible sentiment de regret m'envahit et je sens ce serrement de gorge familier.

Je ne sais plus exactement comment ou quand notre amitié a commencé à décliner, mais je sais que c'est arrivé petit à petit. Une simple brèche et une négligence honteuse. Cela a commencé par de petites différences dans nos centres d'intérêt. Elle voulait aller au centre commercial à la recherche de garçons. Je voulais passer la soirée à regarder de vieux films et à bavarder de choses sans intérêt. Puis, les activités parascolaires ont occupé le temps que nous avions l'habitude de passer ensemble et, pendant les fins de semaine, nous avions d'autres choses à faire.

Bientôt, les seules fois où je la voyais étaient quand nous nous disions bonjour en coup de vent dans les couloirs animés de l'école, entre deux cours. Une grande différence avec les conversations à voix basse que nous avions l'habitude d'avoir derrière la porte à moitié ouverte de mon casier, dès que nous avions un moment libre. Plus de petits mots échangés derrière le dos des professeurs et la facture de téléphone de mes parents a considérablement diminué. Elle a trouvé un nouveau groupe d'amis et moi aussi. Avant que j'aie la chance de combler le fossé qui nous séparait, elle a déménagé; ce faisant, le fossé est devenu une crevasse que nous ne pouvions plus traverser.

J'ai essayé de trouver des excuses pour ne pas rester en contact avec elle. Je ne pouvais pas lui rendre visite, c'était trop loin; et je ne pouvais pas demander à maman de me conduire en voiture pour un tel trajet. J'ai même essayé de convaincre ma mauvaise conscience que les gens changent, que j'avais acquis de la maturité et que c'était la raison de notre éloignement. Je savais que ce n'était pas la vérité, mais j'étais trop nerveuse pour prendre le téléphone et l'appeler. La crevasse est devenue trop large pour construire un pont. Amy était partie, et elle avait emporté un grand morceau de mon cœur avec elle.

Je me lève et étire mes membres endoloris. Revenant dans le présent, j'ouvre la main et laisse tomber la photographie sur mon bureau encombré. Je lève les yeux sur mon calendrier et me rappelle que c'est bientôt l'anniversaire d'Amy. En fait, nous sommes nées dans la même salle, à deux jours d'intervalle. Nous avions l'habitude de plaisanter sur le fait qu'elle était mon aînée de deux jours. Nous avions été si proches et nous sommes devenues deux étrangères. Ce souvenir doux-amer me fait sourire malgré le regret que j'éprouve.

Soudain, il me vient une idée. Je m'agenouille précipitamment et fouille dans les tiroirs de mon bureau. Enfin, je finis par mettre la main sur un vieux cadre que j'ai depuis toujours. Je prends la photographie d'Amy et moi et la glisse dans le cadre. Je rédige rapidement un petit mot et, comme je ne trouve rien de mieux à dire, j'écris simplement :

Bon anniversaire, Amy !

Erica

Je coince le morceau de papier blanc sous le bord du cadre et cherche l'adresse d'Amy. Je serre le cadre contre moi. Je ne vais pas laisser passer cette chance en or. Ce n'est pas grand-chose, mais c'est un début, et la distance qui nous sépare a déjà diminué. Peut-être que, cette fois, je serai assez forte pour construire un pont.

Erica Thoits
Gagnante du concours Teen People

Exactement
ce qu'il fallait faire

Nous avions rendez-vous avec la conseillère et elle était en retard. J'étais assise sur une des chaises en plastique de son bureau. Malgré toutes mes contorsions pour trouver une position, elle était toujours aussi inconfortable. Je jetai un coup d'œil au garçon assis à côté de moi, le complice dans mon crime. Il avait l'air troublé et pas très sûr de lui, blessé par la décision que le désespoir nous avait finalement poussés à prendre. Amis depuis de nombreuses années, aujourd'hui, nous nous offrions bien peu de réconfort l'un pour l'autre alors que nous étions assis, perdus dans nos propres pensées et en proie au doute.

J'avais les nerfs à fleur de peau et mes sens captaient tout ce qui m'entourait. L'odeur des crayons qu'on venait de tailler, la vue du bureau exagérément bien rangé, la pièce baignée de l'aura d'une conseillère disciplinée d'une école secondaire, et je questionnais une fois de plus notre jugement d'avoir choisi une parfaite inconnue pour nous aider à sauver notre amie.

Elle entra, un large sourire aux lèvres et s'excusa de son retard. Assise devant nous, elle nous regardait et attendait que nous parlions. J'avais l'impression qu'elle s'attendait davantage à ce que nous lui annoncions qu'elle avait gagné à la loterie plutôt qu'à ce que nous lui parlions de la souffrance et de la frustration que nous avions gardées pour nous depuis si longtemps.

Pendant un moment, la peur qui se logeait dans mon estomac m'envahit. J'avais du mal à imaginer comment ma meilleure amie, Suzie, allait réagir quand elle découvrirait que les deux personnes au monde en lesquelles elle avait le plus confiance l'avaient trahie. Mais, égoïstement, je m'inquiétais aussi des conséquences qu'aurait cette trahison pour moi. *Allait-elle me détester ? Voudrait-elle même me parler ?* J'étais tout autant préoccupée par la douleur qu'elle ressentirait que par le fait que je ne savais pas si j'aurais encore une meilleure amie le jour suivant.

« Kelly, tu pourrais commencer par me dire pourquoi vous êtes ici », proposa la conseillère. Je jetai un autre coup d'œil à mon ami. Ses yeux tristes me confirmèrent que nous faisions exactement ce qu'il fallait faire.

Alors que je commençais à raconter l'histoire de Suzie, l'incertitude qui m'habitait laissa la place à un sentiment de soulagement. Porter le fardeau émotif d'une amie qui se tuait à petit feu était quelque chose de très pénible pour une adolescente de quatorze ans, et beaucoup plus que je pouvais continuer à supporter. Comme une coureuse épuisée, je passais le bâton à quelqu'un d'autre.

D'une voix remplie d'émotions et hésitante, je racontais peu à peu l'histoire de Suzie. Comment nous nous moquions de son habitude étrange de couper tous ses aliments en minuscules morceaux, sans comprendre qu'en agissant de la sorte elle pouvait prendre plus de temps pour moins manger. Combien nous l'accompagnions dans ses plaisanteries méchantes sur son poids. Elle disait être trop grosse et nous n'avions pas compris que, au fond d'elle-même, elle ne plaisantait pas.

La culpabilité nouait ma gorge pendant que je racontais les faits, un à un, en sachant que nous aurions dû comprendre des mois plus tôt que Suzie avait un très sérieux problème. Nous l'avions nié pendant qu'elle continuait à se détériorer tout doucement. Il était presque trop tard quand nous avons enfin compris la gravité de la situation.

J'expliquai que la dépression qui accompagne l'anorexie avait frappé Suzie quelques semaines plus tôt. J'étais assise à ses côtés, évitant de regarder les cernes noirs qui entouraient ses yeux et son visage émacié, quand elle me dit qu'elle ne mangeait presque plus rien et que, souvent, elle pleurait des heures durant sans aucune raison.

C'est alors que je me suis mise à pleurer à mon tour. Je ne pouvais pas arrêter mes larmes pendant que j'expliquais que je n'avais pas pu arrêter non plus les larmes de mon amie. Elle avait atteint un stade qui me terrifiait et la terreur qu'exprimait ma voix était sincère quand je révélai la dernière chose que je savais, celle qui avait renforcé ma détermination de parler à quelqu'un : elle cherchait un moyen d'échapper à la souffrance, à la tristesse et au sentiment de ne pas être à la hauteur qui l'habitaient maintenant en permanence. Elle pensait que le suicide pourrait être le moyen de s'en sortir.

Une fois que j'eus terminé, je m'enfonçai sur ma chaise et l'incrédulité m'envahit. Je venais de révéler un à un tous les secrets qu'elle m'avait confiés alors que je lui avais promis de ne jamais les révéler. J'avais brisé ce qu'il y avait de plus sacré dans notre amitié : la confiance. Je venais de réduire à néant, en dix minutes, une confiance construite avec le temps, l'amour, les bonnes et les mauvaises expériences.

Tout ça parce que je me sentais impuissante, désespérée, et parce que je ne pouvais plus porter ce fardeau. Je me suis sentie lâche. Je me suis détestée à ce moment-là.

Suzie aussi me détesta. Elle comprit tout de suite quand elle fut appelée au bureau. Elle me regarda, regarda son petit ami assis à côté de moi, et vit l'air préoccupé de la conseillère. Les larmes de rage qui lui montèrent aux yeux disaient qu'elle avait compris. Suzie se mit à pleurer de colère et de soulagement. La conseillère me renvoya gentiment en classe avec Aron et referma doucement la porte derrière nous.

Je ne suis pas retournée tout de suite en classe, mais j'ai plutôt parcouru les couloirs de l'école en essayant de comprendre l'état de confusion dans lequel j'étais. Même si je venais probablement de sauver la vie de mon amie, je ne me sentais pas du tout héroïque.

Je me rappelle encore la tristesse et la peur qui me submergèrent quand je fus certaine que je venais de perdre une des meilleures amies que j'aie jamais eues en agissant comme je l'avais fait. Une heure plus tard, Suzie revint du bureau de la conseillère. Les larmes aux yeux, elle se dirigea tout de suite vers moi et me serra dans ses bras, ce dont j'avais peut-être encore plus besoin qu'elle.

C'est alors que j'ai compris que, malgré toute la colère qu'elle pouvait ressentir à mon égard, elle aurait encore besoin de sa meilleure amie pour l'aider à parcourir un chemin qui allait être très difficile. Je venais d'apprendre une de mes premières leçons sur ce que signifie grandir et être une véritable amie – que cela peut être difficile et même terrifiant de faire ce qu'on sait être la bonne chose.

Une année plus tard, Suzie me tendit une de ses photos d'école. Ses joues étaient de nouveau colorées et je retrouvai sur son visage le sourire qui m'avait manqué pendant si longtemps. Au dos de la photo, elle avait écrit :

Kel,

Tu as toujours été là pour moi, que je l'aie voulu ou non. Merci. Tu ne pourras plus te débarrasser de moi maintenant – je serai toujours là ! Tu vas devoir me supporter !

Je t'aime,

Suzie

Kelly Garnett

Donna et Claudia

Donna est ma sœur et je l'ai toujours trouvée belle. Mon père l'appelait sa princesse. Quand Donna est entrée au secondaire avec ses longs cheveux blonds et ses incroyables yeux bleus, elle attirait l'attention de bien des garçons. Il y eut les béguins habituels, les danses à l'école, les coups de téléphone et les gloussements. Elle passait des heures à se coiffer et à se brosser les cheveux pour les rendre brillants. Elle se mettait de l'ombre à paupières qui s'harmonisait au bleu parfait de ses yeux. Nos parents étaient très protecteurs; mon père surtout surveillait de près les garçons avec lesquels elle sortait.

Un samedi d'avril, trois semaines avant le seizième anniversaire de Donna, un garçon lui demanda de l'accompagner à un parc d'attractions. C'était dans l'État voisin, à une trentaine de kilomètres. Ils devaient y aller avec quatre autres amis. La première réponse de nos parents fut un non catégorique, mais Donna finit par les faire céder. Alors qu'elle allait partir, ils lui dirent d'être de retour à 23 h, pas plus tard.

La nuit était superbe! Les montagnes russes allaient vite, les jeux étaient amusants et la nourriture était bonne. Le temps passa. Puis, l'un d'eux s'aperçut qu'il était près de 22 h 45. Le garçon qui conduisait était jeune et avait un peu peur de notre père. Il décida qu'il pourrait arriver chez nous en quinze minutes. Aucun d'eux ne pensa une minute de téléphoner et de demander s'ils pouvaient arriver en retard.

La voiture fonçait sur l'autoroute et le chauffeur remarqua la sortie trop tard. Il essaya quand même de la prendre. La voiture arracha neuf glissières de sécurité en métal et fit trois tonneaux avant de s'arrêter sur le toit. Quelqu'un tira Donna hors de la voiture et elle rampa à quatre pattes pour voir ce qu'il en était de ses amis. Il y avait du sang partout. En repoussant ses cheveux de ses yeux pour mieux voir, sa main glissa sous son cuir chevelu.

Tout ce sang était le sien. Presque toute la partie supérieure de la tête de Donna avait été découpée et ne tenait plus que par quelques centimètres de cuir chevelu.

Quand la voiture de patrouille arriva pour conduire Donna à l'hôpital, un officier s'assit près d'elle et tint son cuir chevelu en place. Donna lui demanda si elle allait mourir. Il lui répondit qu'il n'en savait rien.

À la maison, j'étais en train de regarder la télévision lorsqu'un drôle de sentiment m'envahit. J'avais la chair de poule et j'ai pensé à Donna. Quelques minutes passèrent et le téléphone sonna. Maman répondit. Elle poussa un gémissement et s'écroula sur le sol en appelant papa. Ils se précipitèrent dehors en disant à Terri et à moi que Donna avait eu un accident de voiture et qu'ils allaient la chercher à l'hôpital. Terri et moi les attendîmes pendant des heures. Nous changeâmes les draps du lit de Donna et attendîmes. Vers 4 h du matin, nous ouvrîmes le sofa-lit et nous endormîmes ensemble.

Maman et papa n'étaient pas préparés à ce qu'ils virent à l'hôpital. Les médecins avaient dû attendre l'arrivée de mes parents pour recoudre la tête de

Donna. Ils ne pensaient pas qu'elle allait passer la nuit.

À 7 h du matin, mes parents rentrèrent à la maison. Terri dormait encore. Maman alla directement dans sa chambre. Papa se rendit dans la cuisine et s'assit à la table. Il avait entre ses jambes un sac de plastique blanc et était en train de l'ouvrir quand je vins m'asseoir à la table avec lui. Je lui demandai comment allait Donna. Il me répondit que les médecins ne savaient pas si elle allait s'en sortir. J'essayais de comprendre la portée des paroles de papa, quand il ouvrit le sac et commença à en sortir les vêtements de Donna. Ils étaient trempés de sang et couverts de cheveux blonds.

Des morceaux de cuir chevelu de Donna étaient attachés aux cheveux. Tous les vêtements qu'elle portait ce soir-là étaient trempés de sang. Je ne me souviens pas d'avoir pensé à quoi que ce soit. Je me contentai de regarder fixement les vêtements. Quand Terri se réveilla, je lui montrai les vêtements. Je suis certaine que c'était une chose horrible à faire, mais j'étais dans un tel état de choc, que c'est tout ce qui me vint à l'idée.

Plus tard dans la matinée, à l'hôpital, Terri et moi dûmes attendre longtemps dehors avant de voir Donna. C'était un vieil hôpital qui sentait le vieux et nous avions peur. On nous permit enfin d'entrer voir notre sœur. Sa tête était recouverte de gaze tachée de sang. Son visage était enflé, ce que je n'arrivais pas à comprendre, car elle avait perdu tant de sang. Je pensais qu'elle aurait dû paraître plus mince. Elle tendit la main, toucha mes longs cheveux bruns et se mit à pleurer.

Le jour suivant, j'appelai une voisine qui était coiffeuse et lui demandai de me couper les cheveux. C'est étrange – j'aimais mes longs cheveux bruns bouclés. Mais ils ne m'ont jamais manqué et je n'ai jamais regretté mon geste. Je ne voulais qu'une chose, que Donna revienne à la maison et dorme dans les draps propres que Terri et moi avions mis dans son lit.

Donna est restée à l'hôpital deux semaines. Plusieurs de ses amis sont venus la voir, surtout Claudia qui a été là très souvent. Papa et maman n'ont jamais aimé Claudia – peut-être parce qu'elle avait l'air d'une dévergondée ou parce qu'elle disait ce qu'elle pensait. Je ne sais pas au juste. Ils n'aimaient pas qu'elle soit autour.

Donna revint à la maison avec la moitié du dessus de la tête rasée. Elle avait des centaines de points de suture, certains en travers de son front, d'autres entre l'œil et le sourcil gauches. Pendant quelque temps, elle porta un bonnet de gaze. Puis, notre voisine lui coupa les cheveux qui lui restaient. Ils étaient tellement imprégnés de sang et emmêlés qu'elle ne pouvait rien en faire. La coiffeuse, si gentille, lui trouva une perruque en cheveux naturels, laquelle ressemblait de très près à sa chevelure.

Donna fêta ses seize ans et retourna à l'école. Je ne sais pas pourquoi il existe des gens qui sont des « salauds », et je ne sais pas non plus d'où ils viennent, mais ils existent. Il y avait une grande gueule, une fille égocentrique dans certains cours de Donna, qui prenait beaucoup de plaisir à tourmenter ma sœur. Elle s'asseyait derrière elle et tirait légèrement sur sa perruque. Elle disait très calmement : « Eh ! la perruque, montre-nous tes cicatrices.» Puis elle riait.

Donna ne parla jamais à personne de sa persécutrice jusqu'au jour où elle se confia à Claudia. Claudia était dans presque tous les cours de Donna et, à partir de ce jour, elle garda un œil sur Donna. Chaque fois que cette fille s'approchait de Donna et que Claudia n'était pas loin, elle la trouvait sur son chemin. Claudia avait quelque chose d'intimidant. Elle intimidait même les plus durs à cuire de l'école. Personne ne se frottait à elle. Malheureusement, elle n'était pas toujours là, et les taquineries et les injures continuèrent.

Un vendredi soir, Claudia téléphona et demanda à Donna de venir dormir chez elle. Mes parents ne voulurent pas que Donna y aille, non seulement parce qu'ils n'aimaient pas Claudia, mais aussi parce qu'ils surprotégeaient Donna. Mais ils savaient bien qu'ils devaient la laisser y aller, même s'ils allaient probablement passer une nuit blanche à s'inquiéter.

Claudia avait une surprise pour ma sœur. Elle savait à quel point Donna se sentait affreuse à cause de ses cheveux, alors elle avait rasé ses beaux cheveux bruns. Le lendemain, elle emmena Donna acheter deux perruques identiques : une blonde et une brune. Quand, le lundi suivant, elles retournèrent à l'école, Claudia attendait de pied ferme les moqueurs. Dans un vocabulaire interdit dans les murs de l'école, elle les mit en garde que, si l'un d'eux voulait se moquer de ma sœur, c'est à elle qu'il aurait à faire. Ce ne fut pas long pour que le message circule.

Donna et Claudia ont porté leur perruque pendant plus d'un an, jusqu'à ce qu'elles trouvent que leurs cheveux avaient suffisamment poussé pour l'enlever. Ce n'est que lorsque Donna fut prête qu'elles allèrent à l'école sans leur perruque. Donna avait maintenant davantage confiance en elle et s'acceptait mieux.

Ma sœur a terminé son secondaire. Elle est mariée et a deux magnifiques enfants. Vingt-huit ans plus tard, elle est toujours amie avec Claudia.

Carol Gallivan

Sans un mot

La véritable amitié multiplie ce qu'il y a de bon dans la vie et divise ce qu'il y a de mauvais. Faites tout pour trouver des amis, car la vie sans amis ressemble à la vie sur une île déserte... Se trouver un véritable ami dans une vie est une chance, le garder est une bénédiction.

Baltasar Gracian

Je jette un coup d'œil en direction de ma cousine Hope. Nous sommes assises sur la colline. Nous nous assoyons exactement au même endroit tous les jours. C'est devenu une tradition. Elle mange son sandwich à la dinde avec du pain blanc pendant que je mordille une croustille. C'est sa dernière année à l'école et je ne cesse de me demander : *Qui va venir avec moi s'asseoir sur la colline l'année prochaine ?* J'aime ça, nous n'avons besoin de rien nous dire. Elle me tend la moitié de son sandwich, elle n'a pas besoin de me demander si j'en veux.

« Est-ce que tu as téléphoné à ta mère ? » Sa question brise le silence. « Est-ce qu'ils savent ce que c'est ? » Elle se mord la lèvre, sans me regarder. Je ne sais pas quoi répondre. Sa mère vient juste d'aller dans un hôpital où ma mère est infirmière. Ma mère entend tout. À la seconde où les docteurs le savent, elle le sait aussi; et dans ce cas-ci, moi aussi je l'ai su. *Est-ce que je lui dis la vérité ? Oui, ils ont dit que ta mère a une tumeur maligne. Ils ont dit qu'elle va mourir.* Ces mots raisonnent dans mon esprit. J'ai la gorge serrée.

Je trouve le courage de dire : « Eh bien... ils ont trouvé quelque chose. Une tumeur aux ovaires. Ils pensent que c'est... une tumeur maligne. »

« Oh... », marmonne-t-elle. Elle est debout et essuie l'arrière de ses jambes. Nous attendons que la cloche sonne. Elle m'aide à me lever et agit comme si ce que je venais de dire ne l'affectait pas. Mais, elle ne peut pas le cacher. Toutes les deux, nous sentons ces paroles s'immiscer entre nous comme une ombre.

J'ajoute alors : « J'ai téléphoné avant la troisième période de cours. » Elle jette un regard autour de moi, elle attend que la cloche sonne. Je vois sa main qui cherche le briquet dans sa poche.

« Un cancer des ovaires, hein ? C'est peut-être pas trop grave », dit-elle en me regardant. Elle me fixe dans les yeux, elle attend que je la rassure. Mais nous savons toutes les deux ce que signifie un « cancer des ovaires » : cela signifie la mort. Nous connaissons les faits – la plupart des femmes en meurent parce que le cancer finit par atteindre des organes vitaux. Et pourtant, elle est debout devant moi, elle attend que je lui réponde, que je lui dise que ce n'est pas si grave.

« Je ne sais pas. Ce n'est pas parce qu'il peut se propager qu'il le fera. Elle est forte, elle s'en sortira. » Je suis incapable de la regarder. La cloche retentit et nous nous joignons à la foule qui nous pousse dans toutes les directions.

❖ ❖ ❖

Nous avons pris la route de Chicago et de l'hôpital. Sa mère a été opérée aujourd'hui. Ils lui ont enlevé la tumeur et ils vont nous dire où en est la maladie.

L'atmosphère est lourde dans la voiture. Un poids invisible oppresse nos poitrines. Nous restons silencieuses pendant que la radio joue de stupides chansons gaies. « YMCA » retentit d'une station de vieux succès et elle appuie sauvagement sur les boutons préréglés de la radio. « Pourquoi ne sont-ils pas fichus de jouer quelque chose de bon ? » murmure-t-elle en laissant la radio à une station de jazz. L'atmosphère est aussi lourde quand nous entrons dans le stationnement.

La chambre de tante Catherine est jolie, pas terne comme dans les autres hôpitaux. Les murs sont peints en vert clair, avec une bordure de papier peint qui vient égayer la pièce. La fenêtre donne sur le stationnement et on peut voir le ciel printanier. Ma mère et mon oncle sont de chaque côté du lit. Ils regardent tante Catherine. Mon oncle tient une de ses mains pendant qu'elle dort. Il dessine des petits cercles avec son pouce sur sa peau lisse. Ils lèvent les yeux dans notre direction quand nous entrons. Ma mère pose un doigt sur ses lèvres pour nous dire de rester tranquilles. Catherine ouvre les yeux et prononce le prénom de Hope. Sa voix est enrouée et pâteuse. Je regarde son appareil d'intraveinothérapie et je lis l'étiquette. Morphine.

Un peu plus tard, le médecin entre dans la chambre et je descends à la cafétéria avec maman. Nous achetons notre repas et trouvons une table blanche dans un coin.

« C'est horrible », dit-elle en me regardant. « Ils l'ont ouverte pour voir l'étendue du cancer et pour l'enlever. Le cancer était partout. Partout. » En répétant ce dernier mot, elle perd son sang-froid. Son visage impassible de professionnelle de la santé a disparu. Ses yeux expriment quelque chose que je n'ai jamais vu auparavant : de l'incertitude et de l'angoisse. Elle murmure : « Il s'est étendu si vite. Ils ont dû tout enlever. Les ovaires, l'utérus, les trompes de Fallope, tout. Le cancer a dépassé de loin le stade deux. Ils n'ont pas pu tout enlever. Même avec la chimiothérapie, ils ne peuvent pas… » Elle s'arrête brutalement de parler et me regarde. Elle sait qu'elle en a probablement trop dit. Ses yeux s'emplissent de larmes et elle les essuie avec une serviette de papier. Je suis abasourdie. Je me demande en silence : *Pourquoi est-ce que tu me l'as dit ?*

À notre retour, la chambre est plongée dans l'obscurité et l'air est à couper au couteau. Nous avons l'impression d'être entourés d'un brouillard. « Allons-y », dit Hope en me prenant par le bras et en me tendant ma veste. Elle glisse l'anneau qui tient ses clés autour de son doigt. Les clés tintent dans le silence de la chambre.

Ma mère la regarde avec inquiétude. « Pourquoi ne descends-tu pas manger quelque chose à la cafétéria ? Tiens. » Elle lui tend un billet de vingt dollars.

« Je n'ai pas faim », marmonne Hope en passant devant moi pour sortir et en me mettant le billet de vingt dollars dans la main.

« Shawna, je pense que je vais rester ici ce soir. Pourquoi ne passes-tu pas la nuit chez Hope ? Fais-lui manger quelque chose, veux-tu ? »

« Bien sûr, maman. À demain. » Je l'embrasse sur la joue.

Hope conduit mécaniquement, les yeux fixés sur la route. Le silence règne dans la voiture. Je règle la radio sur la station locale de musique rock et baisse le volume. J'aperçois un McDonald sur le bord de la route. « Eh, on devrait s'arrêter pour acheter quelque chose à manger ! Tu n'as encore rien mangé. Tu ne peux pas te laisser mourir de faim. Il faut que tu manges. »

D'une voix coupante, elle répond : « Qu'est-ce qui ne va pas ? Arrête donc de t'inquiéter pour moi et occupe-toi de tes affaires. Je vais bien. OK ? Je savais à quoi m'attendre et je vais bien. Pourquoi ne pouvez-vous pas cesser de vous inquiéter et m'embêter tout le temps ? »

« Écoute Hope, j'essayais juste de te… » Elle tend la main et monte le volume de la radio.

« C'est ma chanson préférée », hurle-t-elle par-dessus la musique. Elle déteste Prodigy.

❖ ❖ ❖

Ses mains refusent de lui obéir quand elle essaie de glisser la clé dans la serrure. Je lui prends doucement les clés des mains et tourne la serrure. La porte s'ouvre. Elle va à la salle de bains pendant que je lui prépare un sandwich à la dinde accompagné de quartiers d'orange. J'entends la télévision dans le salon. Elle change de chaîne et s'arrête à Comedy Central au moment où j'arrive.

« Voilà », lui dis-je en posant l'assiette devant elle, sur la table du salon. Elle prend une bouchée et me regarde avec son air de « Es-tu contente maintenant ? » Je ne peux pas m'empêcher de sourire.

L'humoriste qui passe à la télévision est horrible et raconte une mauvaise plaisanterie après l'autre. Hope rit un peu trop fort. Quand le deuxième humoriste fait son apparition, elle s'est assoupie.

« Viens ! Allons nous coucher. Moi aussi, je suis fatiguée. » Je la tire pour qu'elle se mette debout. Elle me prête un pyjama et je prends ma brosse à dents de rechange, rangée sur son petit support dans la pharmacie. Elle a passé la première à la salle de bains et, quand j'ai terminé, elle est déjà blottie sous les couvertures. Je déroule mon sac de couchage par terre, près de son lit. Si je regarde au-dessus de moi, je peux la voir dormir et je vois le réveil sur la coiffeuse. Je vole un oreiller et essaie de dormir. Je regarde l'heure et m'aperçois que Hope ne dort pas. Elle regarde droit devant elle, les yeux grands ouverts.

« Hope ? » J'essaie de trouver une position confortable.

« Quoi ? »

« Bonne nuit. »

« Bonne nuit, Shawna, espèce d'idiote. Dors maintenant et arrête de me réveiller. » Elle ferme les yeux. Au bout de quelques minutes, elle sort de son lit. J'entends une autre mauvaise plaisanterie à la télévision, dans le salon.

❖ ❖ ❖

J'achète un sandwich à la dinde pour Hope et un sac de croustilles pour moi et je descends la colline. Elle attend à notre endroit habituel. Je lui tends le sandwich et m'assois. Les événements des dernières vingt-quatre heures défilent dans mon esprit. Tante Catherine a commencé une chimiothérapie une semaine après son opération. Hier après-midi, elle est entrée de nouveau à l'hôpital. Elle était en rémission. Elle allait bien, à part les nausées qui accompagnent la chimiothérapie. Elle avait amassé toute une collection de perruques et pouvait passer de brunette à blonde en quelques minutes.

Ce matin, ma mère m'a dit que le cancer avait épargné les reins, mais s'attaquait maintenant au foie. Les médecins peuvent enlever un rein, mais ils ne peuvent rien faire quand c'est le foie. Cela nous a tous pris par surprise. J'étais encore sous le choc. Hope faisait de son mieux pour agir comme si elle savait que ça allait arriver et comme si ça ne lui faisait rien. Mais je pouvais voir toute la peine qu'elle avait par son regard vitreux, et par le fait qu'elle ne pouvait pas se souvenir de la combinaison de son casier ou compter sa monnaie pendant que nous faisions la queue pour acheter le sandwich.

Maintenant, elle est assise et mange lentement son sandwich pendant que je croque dans mes croustilles. Le soleil est plus fort maintenant que l'année scolaire tire à sa fin. Les rayons semblent jouer avec les ombres sur ses joues rondes, effleurant ses pupilles couleur chocolat. Elle regarde fixement le ciel. Elle veut paraître froide, mais je sais qu'elle lutte contre ses larmes. Je ne peux que penser que ça ne devrait pas se passer ainsi. Qu'il ne faudrait pas se taire. J'aimerais pouvoir lui dire ce que je ressens, que je l'aime. Au lieu de ça, je m'approche et m'assois près d'elle. Elle ne jette même pas un coup d'œil dans ma direction.

« Hope ? » dis-je en la regardant.

«Quoi?»

«Je… écoute. Hope, c'est…» Je la regarde dans les yeux et vois une larme couler le long de sa joue.

Elle me coupe la parole et me demande: «Alors, penses-tu qu'elle va bien aller?» Ses yeux me supplient de la rassurer. Je ne trouve rien à dire et cette fois je n'ai pas à le faire. Je la serre dans mes bras pendant qu'elle commence à sangloter. Hope se laisse enfin aller.

Shawna Singh

J'ai besoin de toi maintenant

Mon ami, j'ai besoin de toi maintenant –
Je t'en prie, prends-moi par la main.
Reste à mes côtés pendant que j'en ai besoin,
Prends le temps de comprendre.

Prends ma main, ami cher à mon cœur,
Conduis-moi hors de cet endroit.
Chasse mes doutes et mes peurs,
Essuie les larmes sur mon visage.

Ami, je n'y arriverai pas toute seule.
J'ai besoin de tenir ta main,
De la chaleur de ton doux contact
Dans mon monde qui est devenu si froid.

Je t'en prie, sois pour moi un ami
Et tiens-moi, jour après jour.
Je sais qu'avec ta main aimante dans la mienne,
Ensemble nous trouverons le chemin.

Becky Tucker

Des choix

Tenez la main d'une amie qui traverse
  une épreuve,
Serrez-la dans vos bras et souriez-lui;
Mais sachez aussi quand lâcher prise –
Car chacun de nous doit apprendre à grandir.

Sharon A. Heilbrunn

La première fois que j'ai rencontré Molly, elle est immédiatement devenue ma meilleure amie. Nous aimions les mêmes choses, riions des mêmes plaisanteries et avions la même passion pour les tournesols.

C'était comme si nous nous étions connues au bon moment. Nous avions fait partie de groupes d'amis différents avec lesquels nous nous entendions plus ou moins bien et dans lesquels nous ne nous sentions pas à l'aise. Nous étions aux anges de nous être rencontrées.

Mon amitié grandit et devint solide. Nos familles devinrent amies et tout le monde savait que partout où Molly se trouvait, je m'y trouvais aussi, et vice-versa. En cinquième année, nous n'étions pas dans la même classe, mais les places qui nous étaient assignées à l'heure du dîner n'étaient pas loin l'une de l'autre et nous nous tournions pour pouvoir parler ensemble. Les surveillantes n'aimaient pas ça. Nous bloquions l'allée, parlions trop fort et ne mangions pas notre repas. Mais nous nous en moquions. Nos professeurs savaient que Molly était ma meilleure amie et que j'étais sa meilleure amie. Mais ils savaient aussi que nous dérangions. Nous parlions trop et cela nous attira des problèmes. On nous prévint que nous ne serions plus jamais dans la même classe si nous continuions comme ça.

Cet été-là, Molly et son frère vinrent souvent à la maison. Ma mère s'occupait d'eux pendant que leur mère travaillait. Nous allions nous baigner, jouer dehors et nous nous pratiquions à jouer de la flûte. Nous avions acheté des amulettes en signe de notre amitié et avions veillé à les porter le plus souvent possible.

L'été passa très vite et nous entrâmes en sixième année. Comme les professeurs nous avaient averties, nous n'étions pas dans la même classe. Nous continuions à parler au téléphone, nous allions l'une chez l'autre, chantions dans la même chorale et nous entraînions à jouer de la flûte ensemble. Rien ne pouvait détruire cette amitié.

Nous entrâmes en secondaire un. Nous n'étions pas dans la même classe et ne pouvions pas nous asseoir l'une à côté de l'autre à l'heure du dîner. C'était comme si notre amitié était mise à l'épreuve. Chacune de notre côté, nous nous fîmes de nouveaux amis. Molly commença à fréquenter un nouveau groupe et elle devenait très populaire.

Nous passions moins de temps ensemble et nous parlions rarement au téléphone. À l'école, j'essayais de lui parler, mais elle m'ignorait. Quand nous prenions une minute pour parler, une de ses amies les plus populaires ne manquait pas d'arriver et Molly partait avec, me laissant dans mon coin. J'avais mal.

J'étais complètement perdue. Je suis certaine qu'à l'époque elle ne savait pas à quel point je me sentais mal, mais comment aurais-je pu lui parler si elle ne voulait pas m'écouter ? Je commençai à sortir avec mes nouveaux amis. Mais ce n'était pas pareil. Je rencontrai Erin qui était aussi une amie de Molly. Elle était dans la même situation que moi. Elle avait été une amie proche de Molly et, depuis quelque temps, Molly traitait Erin comme elle me traitait. Nous décidâmes de lui parler.

Je trouvai difficile de lui téléphoner, de lui parler et de lui dire ce que je ressentais. J'avais si peur de la blesser et de la mettre en colère. Cependant, ce fut amusant – en parlant toutes les deux au téléphone, nous étions de nouveau des amies. C'était la Molly que je connaissais.

Je lui expliquai comment je me sentais et elle aussi. Je compris que je n'étais pas la seule à souffrir. Elle se sentait seule sans moi à qui parler. Que devait-elle faire ? Ne pas se trouver de nouveaux amis ? Je n'avais jamais pensé avant qu'elle aussi se sentait abandonnée par moi et mes nouveaux amis. Il y avait des fois où je ne remarquais même pas que je l'ignorais. Nous avons dû parler pendant longtemps. Quand nous raccrochâmes, j'avais vidé une boîte de mouchoirs en papier pour sécher mes larmes et j'avais la sensation d'avoir libéré mon cœur d'un grand poids. Nous décidâmes que nous voulions rester avec nos nouveaux amis, mais que nous n'oublierions jamais le plaisir et l'amitié que nous avions partagés.

Aujourd'hui, je souris quand je repense à tout cela. Molly et moi sommes de nouveau dans la même classe. Nous avons toujours des problèmes avec les professeurs parce que nous parlons trop fort. Molly n'est plus ma meilleure amie, mais plutôt comme ma sœur. Nous aimons toujours les mêmes choses, nous rions toujours des mêmes plaisanteries et nous avons toujours le même amour pour les tournesols. Je ne l'oublierai jamais. Molly m'a enseigné quelque chose de très important. Elle m'a enseigné que les choses changent, que les gens changent, et cela ne signifie pas que vous oubliez le passé ou que vous essayez de le cacher. Cela signifie simplement que vous continuez votre chemin et que vous chérissez tous vos souvenirs.

Alicia M. Boxler

Amies pour toujours

C'était comme si Chrissy et moi étions amies depuis toujours. Depuis que nous nous étions rencontrées en quatrième année, le jour de la rentrée des classes, nous étions inséparables. Nous faisions presque tout ensemble. Nous étions si proches que, lorsque venait le moment de choisir un coéquipier, on assumait d'avance que nous nous choisirions l'une l'autre.

En secondaire trois, les choses ont changé. Nous avions été dans la même classe pendant cinq ans, mais maintenant nous allions dans des écoles différentes. Au début, nous sommes restées aussi amies qu'avant; puis, nous avons fini par ne plus avoir de temps pour être ensemble. Doucement mais sûrement, nous nous éloignions l'une de l'autre. Des promesses n'étaient pas tenues et d'importants rendez-vous remis à plus tard. Je pense que nous savions toutes deux que nous étions en train de mettre un terme à notre amitié, mais aucune de nous deux ne voulait l'admettre.

Un jour, j'ai enfin réalisé que Chrissy et moi n'étions plus proches. Nous avions grandi et n'avions plus grand-chose en commun. Cependant, elle me manquait quand même. Nous avions vécu cinq années merveilleuses – des années que je n'oublierai jamais, que je ne *veux pas* oublier.

Un jour, alors que je pensais aux merveilleux moments que nous avions passés ensemble, j'ai écrit un poème sur notre amitié. J'y parlais de lâcher prise et de grandir, mais de ne jamais oublier les amis.

Je parle encore à Chrissy de temps en temps. Mais c'est difficile maintenant, car nous avons toutes les deux des horaires très chargés.

Aujourd'hui encore, je considère Chrissy comme une de mes meilleures amies… même si, selon certaines définitions, nous ne le sommes plus. Quand on me demande de dresser la liste de mes amis, je n'hésite jamais à ajouter le sien. Parce que, comme elle avait toujours l'habitude de dire : « Les vrais amis, c'est pour toujours. » Quand je lui ai donné ce poème, nous avons pleuré toutes les deux. Ce sont des changements comme ceux-là qui font que c'est si difficile de grandir.

Changer

« Amies pour toujours », tu me l'avais promis.
« Ensemble jusqu'à la fin. »
Nous faisions tout ensemble.
Tu étais ma meilleure amie.

Quand j'étais triste, tu étais à mes côtés.
Quand j'avais peur, tu ressentais ma crainte.
Tu étais mon meilleur soutien –
Quand j'avais besoin de toi, tu étais là.

Tu étais la plus merveilleuse des amies,
Tu savais toujours quoi dire :
Avec toi, tout semblait meilleur.
Du moment que nous serions là l'une pour l'autre,
Tout irait bien.

Mais, quelque part, en chemin,
Nous nous sommes éloignées lentement.
J'étais ici, tu étais là-bas,
Ce qui creusait un vide dans mon cœur.

Les choses changeaient,
Notre musique réjouissante devenait triste.
C'était comme avoir du sel sans poivre,
Un soleil sans sa lune.

Brutalement, des années-lumière nous séparaient,
Deux êtres différents, n'ayant rien en commun.
C'était comme si nous n'avions pas été amies.
Mais nous savions au fond de nos cœurs
Que ce n'était la faute ni de l'une ni de l'autre.

Tu t'es fait beaucoup de nouveaux amis,
Et, heureusement, moi aussi.
Mais cela n'a pas empêché la souffrance –
J'ai pleuré la perte de notre amitié.

En vieillissant, les choses doivent changer
Mais elles ne doivent pas toujours se terminer.
Même si c'est différent, aujourd'hui,
Tu resteras toujours mon amie.

Phyllis Lin

Je me souviens de Gilbert

La dernière fois que j'ai vu de la lumière dans la chambre de Gil, c'était il y a sept mois. Madame Blithe m'a fait un signe de la main par la fenêtre de sa chambre, la maison voisine. J'ai souri, mais la douleur m'a laissée muette.

Je n'oublierai jamais le jour où j'ai rencontré Gil et sa mère pour la première fois. J'avais sept ans. Maman et papa m'emmenaient dans notre nouvelle maison, en banlieue. L'employeur de ma mère l'avait transférée, alors nous avions dû déménager et tout quitter.

Ma chambre et mes amis me manquaient. Je ne pouvais pas accepter la torture que m'infligeaient mes parents. L'idée d'aller dans une nouvelle école me terrifiait. Je n'avais aucun ami à qui parler et je ne voulais pas m'en faire de nouveaux non plus.

Mes grands-parents étaient à la nouvelle maison de deux étages pour nous accueillir. J'ai remarqué une femme qui serrait maman dans ses bras. Madame Blithe était la meilleure amie de maman à l'école secondaire et notre nouvelle voisine, juste à côté.

Maman m'a accompagnée en haut, dans ma chambre. Je me suis écroulée sur le lit. J'ai dû m'endormir, car ce dont je me rappelle ensuite était la tombée de la nuit. La grande fenêtre de ma chambre était ouverte et je pouvais entendre de la musique à l'extérieur. J'ai regardé par la fenêtre. Juste en face, il y avait une autre fenêtre. Un garçon vêtu de couleur sombre observait le ciel étoilé avec son télescope. J'ai tout de suite remarqué les lumières de Noël blanches à son plafond.

« Salut, je m'appelle Gilbert Jim Jonathan Blithe. Appelle-moi Gil. » J'ai sursauté.

« Mon nom est Katharine Kennedy – On m'appelle Katie. »

C'est comme ça que notre belle amitié a commencé. J'ai compris par la suite que j'aimais mon étrange voisin. Gil était comme un frère pour moi. Nous passions des heures à parler et à nous raconter des histoires. Mon père avait placé une échelle de secours à ma fenêtre. Gil l'a par la suite utilisée pour entrer dans ma chambre. Il n'est jamais entré par la porte. Il y avait des lumières à son plafond parce qu'il était fasciné par les planètes et les étoiles.

Nous allions à l'école à bicyclette. Il veillait sur moi et m'empêchait de me faire mal. Parfois, c'était moi qui lui évitais d'avoir des ennuis. Après, nous allions au parc et jouions sur les barres parallèles. La plupart du temps, nous jouions dans la cour derrière chez moi. Le grand acacia, sur le tronc duquel étaient clouées des planches, abritait notre cabane. C'était notre maison et personne d'autre que nous n'avait le droit d'y entrer.

Les étés ont passé et j'ai eu treize ans. Gil m'a offert des fleurs d'avril. Un jour, madame Blithe a dit à ma mère et à moi que Gil était malade et qu'il avait besoin d'une transplantation cardiaque. En entendant ses paroles, j'ai été dans un tel état de détresse que j'ai cru que j'allais avoir besoin d'une greffe, moi aussi.

L'hôpital était lugubre. Une prison aux murs blancs où la nourriture était dégoûtante. Gil devait manger tous les jours des repas qui avaient l'air d'une bouillie. Chaque fois que j'y allais, je lui promettais d'apporter le jour suivant une barre de cacahuètes recouverte de chocolat; je savais que je le rendais plus heureux.

Quand Gil sentait que j'étais inquiète ou que j'allais pleurer, il me disait de regarder par la fenêtre de ma chambre. « Laisse la lumière de ma chambre te dire que je suis toujours là », me disait-il d'une voix douce.

Il trouvait toujours un moyen de me faire sourire.

Après un mois à l'hôpital, Gil est revenu chez lui. C'était la première fois que j'allais dans sa chambre et c'était bizarre. À ma grande surprise, tout était bien rangé. Il a sauté sur son lit et a jeté un oreiller sur moi, puis il a dit que sa chambre lui avait manqué. Je lui ai répondu qu'il m'avait encore plus manqué. J'avais peur que ça ne soit plus jamais comme avant. Mais Gil fut sur pied au bout de quelques semaines. J'ai su qu'il allait bien quand il a grimpé dans ma chambre pour manger de la pizza avec moi.

Avant que nous ayons eu le temps de nous en rendre compte, Gil et moi étions à l'école secondaire. L'école et les filles prenaient beaucoup de son temps, mais il était toujours là. L'été, malgré que nous travaillions, nous avions le temps de profiter du soleil ensemble. Comme d'habitude, les jours avec lui passaient à une vitesse folle. Puis, il a été de nouveau malade.

Au cours du premier semestre de notre dernière année de secondaire, Gil a été emmené à l'hôpital pour une deuxième fois. Au début, j'ai pensé que c'était une fausse alerte, mais c'était pire que je le pensais. Je ne pouvais qu'espérer et prier qu'il aille mieux. La chambre obscure en face de la mienne me rappelait constamment qu'il n'était pas là. Je lui rendais visite à l'hôpital aussi souvent que possible, même si je ne savais jamais quoi lui dire. Lui dire que tout irait bien était une illusion, mais cela nous réconfortait.

J'ai passé Noël dans une chambre d'hôpital sans âme. Il était déterminé à ce que nous allions ensemble à notre remise de diplôme. Je lui ai promis que nous le ferions. J'ai tenu sa main et je l'ai regardé dans les yeux jusqu'à ce que les siens cessent de regarder dans les miens. Aucune parole n'a été prononcée. Nous savions tous deux ce que nous ressentions. Il semblait en paix quand il m'a dit son dernier au revoir.

J'ai fixé cette dernière image de son visage dans mes pensées. Mon âme était profondément blessée. Il est parti, malgré mes efforts pour retenir le temps.

Comment un ami, quelqu'un qui était avec moi et me rendait heureuse, pouvait-il maintenant me quitter pour toujours ? Il n'y avait plus personne pour me consoler.

Alors que je regardais la fenêtre de sa chambre et les étoiles et les planètes sur son plafond, j'ai su qu'il serait toujours là – dans ma chambre, dans mon cœur et dans mes souvenirs. J'ai essuyé les larmes sur ma joue et j'ai vu un petit garçon qui me faisait signe de la main. Je me demande encore aujourd'hui pourquoi je n'ai pas été capable de dire « Je t'aime » à Gil, même à la dernière seconde. Peut-être parce que je savais qu'il partageait le même sentiment.

Je vais bientôt entrer à l'université et je suis triste parce qu'il ne sera pas là pour rire de mes plaisanteries et me consoler quand j'aurai le cafard. Mais, grâce à un petit garçon qui regardait le ciel infini de la nuit avec son télescope, je sais aujourd'hui que l'amitié va au-delà du temps. Je me souviendrai toujours de Gilbert, et la lumière de son amour me dit qu'il est toujours là.

April Joy Gazmen

La réunion tragique

J'ai presque échappé le téléphone quand j'ai entendu les mots : « Le père de Julia est mort aujourd'hui. » Après avoir raccroché, je suis allée dans ma chambre. J'étais hébétée. J'ai tripoté mon lecteur de disques compacts en espérant que le son de mes chansons préférées m'apporterait un peu de réconfort.

Même si je savais que ce jour devait bientôt arriver, j'avais l'impression d'être assommée. Je me suis assise sur mon lit et j'ai commencé à pleurer. Ma mère est entrée doucement dans ma chambre et m'a serrée tendrement dans ses bras.

Pendant que j'étais assise, blottie dans les bras de ma mère, je pensais au dernier été. J'étais allée avec Julia et ses parents sur une île, au large de la côte de la Caroline du Sud. Nous avions passé des vacances merveilleuses. Sur la plage, nous avions admiré ensemble des couchers de soleil à nous couper le souffle. Nous avions mangé dans des restaurants chics, fait de la bicyclette le long de la côte accidentée. Le père de Julia avait pris sur lui de satisfaire le moindre de nos désirs.

Aujourd'hui, je sais que, malgré ses rires et sa joie, monsieur Yolanda devait souffrir. Un soir, alors que Julia et moi nous préparions à sortir, madame Yolanda est venue dans notre chambre. Elle semblait troublée. Elle nous a dit que monsieur Yolanda était malade et ne pourrait pas venir avec nous. Julia ne semblait pas inquiète et nous sommes sorties comme prévu, sans son père.

Le lendemain, monsieur Yolanda était redevenu lui-même : il avait sa voix douce, sa générosité et son entrain. Il n'a plus été question de sa maladie et je n'y ai plus repensé jusqu'à la fin de ce merveilleux voyage.

Avec le début de l'année scolaire, mon amitié avec Julia a commencé à changer. Elle était occupée à se faire de nouveaux amis. Elle ne m'incluait pas dans ses nouveaux projets et je me sentais laissée de côté. Très vite, nous n'avons plus été les meilleures amies. En fait, c'est tout juste si nous étions amies.

Un jour, ma mère s'est assise avec moi et m'a dit que monsieur Yolanda souffrait d'un cancer terminal du pancréas. J'étais en état de choc et j'ai pensé à Julia. À l'école, elle semblait être une adolescente insouciante. Sous son extérieur radieux, elle ne montrait aucun signe d'émoi, mais je sais maintenant qu'elle souffrait intérieurement.

Je ne voulais pas la déranger à l'école et je me sentais encore trop loin d'elle, alors je ne lui ai pas parlé de son père. Au fond de moi, j'aurais voulu courir après elle dans le couloir, la serrer dans mes bras et lui dire que j'étais là et que je partageais sa peine.

J'étais nerveuse en entrant dans le salon funéraire, et je me demandais si c'était trop tard. Probablement que les veillées funèbres me mettent mal à l'aise parce que la mort y devient si réelle. Et la pensée de voir Julia dans ces circonstances, sachant combien elle est réservée, venait ajouter à mon malaise.

Pendant que mes amis et moi nous mettions en ligne pour rendre un dernier hommage à monsieur

Yolanda, j'ai remarqué des photographies des Yolanda autour du cercueil. Une d'elles a attiré mon attention. C'était une photo de monsieur Yolanda et Julia pendant nos vacances en Caroline du Sud.

La vue de cette photo a déclenché une immense tristesse en moi et je me suis mise à pleurer. Je ne pouvais pas comprendre pourquoi Dieu enlevait un parent à son enfant. C'est alors que Julia m'a vue. En voyant mes larmes, elle s'est mise à pleurer à son tour.

Même si je lui ai dit combien j'étais désolée pour son père, je savais que je ne pourrais jamais vraiment comprendre ce qu'elle vivait. Comment était-ce de rentrer tous les jours dans une maison où quelqu'un que vous aimez est en train de mourir, ou de partir à l'école chaque matin sans savoir si votre père sera vivant à votre retour ? Je ne pouvais pas l'imaginer. Mais je savais comment offrir du soutien et exprimer de la compassion. Il n'était pas trop tard.

Julia s'est excusée d'avoir négligé notre amitié et nous avons fait le vœu d'être de nouveau amies. Un enterrement est une circonstance étrange pour se réconcilier avec une amie, mais je pense qu'il vaut mieux une réunion tragique que pas de réunion du tout.

Amy Muscato
Soumis par Olive O'Sullivan

3

L'AMOUR ET LA BONTÉ

Un mot gentil peut réchauffer trois mois d'hiver.

Proverbe japonais

Bobby, je souris

> *De petits gestes d'amitié, de petits mots d'amour aident à rendre la Terre heureuse.*
>
> Julia Carney

J'avais dix ans quand mon école primaire a fermé. J'ai été transférée dans une école d'une ville voisine. Dans tous les cours, les professeurs nous faisaient asseoir par ordre alphabétique. J'étais donc toujours assise près du même garçon, jour après jour. Il s'appelait Bobby et il était aussi extraverti que j'étais timide. Je me faisais difficilement des amis, mais Bobby avait réussi à surmonter ma timidité et nous avions fini par devenir amis.

À mesure que les années passaient, Bobby et moi vivions les expériences que vivent tous les étudiants – les premières amours, deux rendez-vous en même temps, les parties de football le vendredi soir, les fêtes et les danses. Il était mon ami. Mon confident. Mon avocat du diable.

Cela n'avait pas d'importance que nous soyons si différents – lui, une étoile de football, le beau et populaire garçon sûr de lui qui avait une belle petite amie; moi, l'adolescente trop grosse, complexée et peu sûre d'elle. Nous étions quand même des amis.

Un matin de printemps, pendant notre dernière année de secondaire, j'ouvris mon casier et je fus surprise de découvrir une belle fleur. Je regardai autour de moi pour voir qui pouvait l'avoir déposée là à mon intention, mais il n'y avait personne.

Je savais que Gerry, un garçon dans mon cours d'histoire, avait le béguin pour moi. *Avait-il laissé cette fleur dans mon casier ?* J'étais là, songeuse, en train de me le demander quand mon amie Tami s'approcha.

« T'as une belle fleur », dit-elle.

« Oui. Quelqu'un l'a mise dans mon casier. Il n'y avait pas de mot, mais je crois savoir qui me l'a offerte. Je n'ai pas envie de sortir avec lui, mais comment le lui dire sans le blesser ? »

« Eh bien, si tu n'es pas intéressée à sortir avec lui, dis-lui que *moi*, je veux bien. Il est super ! » me dit Tami.

« Mais, Tami, tu sais que Gerry et moi n'avons rien en commun. Ça ne marcherait jamais. »

En m'entendant, Tami se mit à rire et dit : « Ce n'est pas Gerry qui t'a donné cette fleur. C'est Bobby. »

« Bobby ? Bobby Matthews ? »

Tami m'expliqua que, en arrivant le matin, elle avait croisé Bobby dans le stationnement de l'école. Elle avait vu la fleur et elle n'avait pas pu s'empêcher de lui demander pour qui elle était. Il lui avait seulement répondu que c'était pour quelqu'un de spécial, pour embellir sa journée.

L'histoire de Tami m'émut, mais j'étais certaine qu'il avait voulu me donner cette fleur anonymement.

Un peu plus tard dans la matinée, j'emportai la fleur en classe et la posai sur mon bureau. Bobby la remarqua et dit avec nonchalance :

« T'as une belle fleur. »

Je souris et répondis : « Oui, elle est belle. »

Quelques minutes plus tard, alors que nous étions debout pour prononcer le Serment d'allégeance, je me penchai vers Bobby et chuchotai : « Merci », puis je terminai de réciter le serment.

Alors que nous reprenions nos sièges, Bobby demanda : « Pourquoi ? »

« La fleur », dis-je en souriant.

Au début, Bobby feignit l'ignorance, puis il comprit que j'avais découvert son secret. « Comment l'as-tu su ? »

Je me contentai de sourire et lui demandai pourquoi il me l'avait donnée.

Il hésita un peu avant de répondre : « Je te l'ai donnée parce que je voulais que tu saches que tu es spéciale. »

Rétrospectivement, quand je repense à nos dix-sept ans d'amitié, je ne crois pas avoir jamais autant aimé Bobby qu'à ce moment-là. La fleur elle-même perdait de son importance en comparaison de son geste gentil inattendu et purement gratuit. Cette gentillesse était tout pour moi à cet instant précis – et elle l'est toujours.

Comme Bobby l'avait souhaité, je me suis sentie spéciale – pas seulement ce jour-là mais pendant beaucoup d'autres par la suite. Pour paraphraser Mark Twain, une personne peut vivre un mois avec un compliment. C'est vrai. Je l'ai fait.

Quand ma belle fleur a fini par flétrir et mourir, je l'ai mise dans un livre.

Pendant les années qui suivirent, Bobby et moi sommes restés amis, et même si nos vies avaient pris des chemins différents, nous sommes restés en contact.

Bobby avait vingt-cinq ans quand le médecin a diagnostiqué un cancer en phase terminale. Bobby mourut peu de temps avant son vingt-septième anniversaire.

Depuis, je ne sais pas combien de fois j'ai repensé à cette journée de printemps, si lointaine. Je conserve toujours précieusement ma jolie fleur séchée et quand j'entends le vieux cliché «Souviens-toi avec un sourire», je suis certaine qu'il a été inventé par quelqu'un qui comprenait la signification de l'amour d'un ami et l'impression inoubliable que laisse un geste gentil.

Bobby, je souris.

E. Keenan

Un A pour madame B

En secondaire trois, j'étais assise à côté de Missy pendant les cours d'histoire universelle. Madame Bartlett nous présenta un nouveau projet. Il s'agissait de créer, en plusieurs groupes, un journal qui traiterait de la culture que nous étudiions.

Nous écrivîmes sur un morceau de papier les noms de trois amis que nous voulions dans notre groupe. Après avoir ramassé toutes les demandes, madame B nous informa qu'elle tiendrait compte des noms que nous avions choisis et qu'elle nous ferait part des résultats le jour suivant. Je ne doutais pas une minute que je serais dans le groupe de mon choix. La classe ne comptait qu'une poignée de personnes dignes d'intérêt, et Missy en faisait partie. Je savais qu'elle aussi m'avait choisie.

Le jour suivant, j'attendis avec impatience le cours d'histoire. La cloche avait sonné. Missy et moi arrêtâmes de parler quand madame B demanda notre attention. Elle commença à dire les noms à voix haute. Quand elle arriva au groupe trois, elle dit en premier le nom de Missy. *Alors, je suis dans le groupe trois*, pensais-je. Puis elle donna le nom du deuxième, du troisième et du quatrième membre du groupe. Mon nom n'en faisait pas partie. Il devait y avoir une erreur!

Puis, j'entendis mon nom. Le dernier groupe: «Mauro, Juliette, Rachel, Karina». Je sentis mes yeux s'emplir de larmes. Jamais je ne pourrais travailler dans ce groupe – le garçon qui parlait à peine français, la fille qui portait toujours des jupes qui lui tombaient sur les chevilles, et l'autre fille qui portait des vêtements bizarres. Comme j'aurais voulu être avec mes amis!

Je luttais contre mes larmes pendant que je me dirigeais vers madame B. Elle me regarda et sut immédiatement pourquoi je venais la voir. J'étais bien déterminée à la convaincre que je devais être dans le «bon» groupe. «Pourquoi…?» commençai-je.

Elle posa doucement une main sur mon épaule. «Je sais ce que tu veux, Karina. Mais ton groupe a besoin de toi. J'ai besoin que tu les aides à obtenir la note de passage pour ce travail. Tu es la seule à pouvoir les aider.»

J'étais stupéfaite. J'étais à la fois remplie d'humilité et ébahie. Elle avait vu quelque chose en moi que j'ignorais.

«Veux-tu les aider?» me demanda-t-elle.

Je me redressai. «Oui», lui dis-je. Je n'arrivais pas à croire que ce mot était sorti de ma bouche, mais je l'avais bien prononcé. Je m'étais engagée.

Pendant que je me dirigeais courageusement vers l'endroit où étaient assis les autres membres de mon groupe, j'entendis les rires de mes amis. Je m'assis et nous commençâmes. Chaque membre du groupe se vit attribuer une rubrique en fonction de ses intérêts. Nous fîmes des recherches. Dès le milieu de la semaine, je découvris que je prenais du plaisir à la compagnie de ces trois «inadaptés». Je n'avais pas besoin de faire semblant, apprendre qui ils étaient m'intéressait de plus en plus.

Je découvris que Mauro avait beaucoup de difficulté avec la langue française et trouvait pénible de ne pas avoir d'amis. Juliette aussi était seule parce que les gens ne comprenaient pas que, en raison de sa religion, elle ne pouvait porter que des jupes ou des robes longues. Rachel, qui avait demandé de s'occuper de la rubrique sur la mode, voulait être dessinatrice de mode. Elle avait un nombre incroyable d'idées originales. J'ai eu l'occasion de me mettre à leur place et d'apprendre beaucoup de choses.

Ils n'étaient pas des « inadaptés », mais seulement des êtres que personne ne prenait la peine d'essayer de comprendre – personne, sauf madame B. Sa perspicacité, sa vision et son jugement ont permis à quatre de ses étudiants d'exprimer leur potentiel.

Je ne me souviens pas quel était le titre du journal ou de la culture sur laquelle nous avions écrit, mais cette semaine-là, j'ai appris quelque chose. J'ai eu la chance de voir les gens sous un autre jour. J'ai eu l'occasion de découvrir en moi un potentiel qui a inspiré mes actions par la suite. J'ai appris que *qui* nous sommes est plus important que *ce que* nous sommes ou *ce que* nous semblons être.

Une fois ce semestre terminé, mon groupe m'a toujours saluée amicalement. J'étais toujours sincèrement heureuse de les voir.

Madame B nous donna un A pour ce travail. Nous aurions dû le lui remettre aussitôt, car c'est elle qui le méritait vraiment.

Karina Snow

Des enfants différents

Voici pour les enfants différents,
Les enfants qui n'ont pas toujours des A,
Les enfants qui ont des oreilles
Deux fois plus grandes que celles de leurs amis,
Et un nez long comme un jour sans fin.

Voici pour les enfants différents,
Les enfants qu'on traite de fous ou d'idiots,
Les enfants marginaux,
Avec du cran et du courage,
Qui dansent sur un rythme différent.

Voici pour les enfants différents,
Les enfants espiègles.
Car une fois grands,
Comme l'histoire l'a démontré,
C'est leur différence qui les rend uniques.

Digby Wolfe
Soumis par Vania Macias

Un valentin pour Laura

Ann, une amie à moi, n'aimait pas la Saint-Valentin quand elle était adolescente. Elle était ordinaire – ni laide ni belle. La Saint-Valentin n'est pas pour les filles ordinaires. Ce n'était pas trop grave à l'école élémentaire quand les trente valentins arrivaient obligatoirement : un valentin de la part de chaque camarade de classe. Elle fermait les yeux sur le fait que les cartes qu'elle recevait n'étaient pas grand format et ne contenaient pas des mots d'amour comme celles adressées aux jolies filles de la classe.

Mais, au secondaire, l'échange de valentins n'était plus obligatoire. À l'âge où le besoin d'amour se fait sentir, où l'admiration et le flirt deviennent indispensables et où on a le plus besoin d'un valentin, Ann ne recevait aucune carte pour la Saint-Valentin. Pas de carte pour les filles ordinaires. Seulement pour les filles jolies et populaires auprès des garçons. Dans de tels moments, l'histoire du vilain petit canard qui deviendra un jour un magnifique cygne ne parvenait pas à apaiser la souffrance et le sentiment de rejet.

Comme le voulut le destin (et tel est souvent le cas), au cours des années qui suivirent, Ann devint jolie et fit tourner la tête de plus d'un garçon. En recevant plus d'attention et en attirant plus de flirts, elle se sentit très belle, et par conséquent le devint. Cependant, même des années après, alors qu'elle était adulte et avait fondé sa propre famille, Ann n'oublia jamais ces jours lointains où elle se sentait rejetée et découragée.

Aujourd'hui, Ann a deux garçons qui vont à l'école secondaire. Pour un dollar, leur comité étudiant livre un œillet à la personne de leur choix pour la Saint-Valentin. Ann donne un dollar à chacun de ses fils pour qu'ils achètent une fleur à leur petite amie. Puis, elle ajoute à chacun un dollar en leur demandant : « Choisissez une autre fille, une fille gentille mais ordinaire – quelqu'un qui ne recevra probablement pas de fleur. Envoyez-lui une fleur anonymement. Comme ça, elle saura que quelqu'un s'intéresse à elle et elle aura l'impression d'être spéciale. »

Ann agit de la sorte depuis plusieurs années, propageant la St-Valentin un peu plus loin que son propre monde.

Une année, Laura, qui était ordinaire à regarder mais belle à connaître, reçut un œillet. Le fils d'Ann lui raconta que Laura avait été si heureuse et surprise qu'elle avait pleuré. Toute la journée, elle avait transporté la fleur sur ses livres et bavardé inlassablement avec les autres filles à propos de l'identité de son admirateur. En entendant son fils, Ann dut, elle aussi, sécher ses larmes – car elle n'avait pas oublié.

Don Caskey

La monnaie

Faites le bonheur de quelqu'un. Un sourire gentil ou un compliment pourrait sauver quelqu'un du désespoir.

Carmelia Elliot

Il voulait seulement un jus. Dans la cafétéria B2, les tables étaient remplies d'étudiants du secondaire. C'était un après-midi nuageux, et il avait soif. Nous étions assises près de lui, et pourtant loin de lui. Nous nous coiffions tout en nous inquiétant pour le test que nous allions faire à la période suivante et que nous n'avions pas préparé. Il était loin de notre monde, mais pourtant obligé d'en faire partie.

Il se tenait devant le distributeur de boissons, cherchant maladroitement de la monnaie dans son portefeuille en faux cuir. Il en sortit un billet chiffonné et regarda nerveusement en direction de sa table où étaient assis d'autres élèves de sa classe d'éducation spécialisée. Avec des gestes d'un enfant de six ans, il essaya de faire accepter son argent par la machine.

Après quelques vaines tentatives, les ricanements et les commentaires commencèrent. Les autres élèves riaient. Il y en avait même qui lui jetaient des objets. Il se mit à trembler et les larmes lui montèrent aux yeux. Je le vis faire demi-tour pour aller s'asseoir, vaincu. Mais, pour quelque raison, il résista. Il ne partirait pas avant d'avoir quelque chose à boire.

Avec une expression déterminée, il continua d'enfoncer en vain le billet de banque dans la machine. C'est alors que quelque chose de formidable se produisit. Une élève finissante, très populaire, se leva et, avec un air sincère de compassion, alla rejoindre le garçon. Elle lui expliqua pourquoi la machine n'arrivait pas à accepter les dollars, lui donna de la monnaie et lui montra où l'insérer. Le garçon lui donna son billet et choisit son jus de fruits. Puis, tous deux partirent dans des directions différentes.

Bien qu'il fût évident qu'ils appartenaient à deux mondes très différents, ils avaient pendant un moment partagé une véritable compréhension.

En quittant ma table ce jour-là, je regardai le garçon. Je me rappelle avoir pensé que lui et son billet se ressemblaient beaucoup. Ni l'un ni l'autre n'était accepté dans le monde où il se trouvait. Mais, exactement comme le billet de banque avait trouvé sa place dans la poche d'une fille attentionnée, j'étais certaine que le garçon finirait par trouver sa place, lui aussi.

Bonnie Maloney

Mon ami Charley

Au cours de ma première année à l'université, j'étais craintif et manquais d'assurance. Cette année fut remplie d'expériences nouvelles et étranges. Je ne tardai pas à apprendre que les choses ne sont pas toujours ce qu'elles semblent être et que l'on peut trouver l'amour dans les endroits les plus inattendus.

Mon premier contact avec le « vrai monde » eut lieu à Camp Virginia Jaycee, un camp pour des personnes souffrant d'un retard ou d'un handicap mental. Deux fois par an, mon université donnait l'occasion aux étudiants qui le souhaitaient d'être bénévoles en offrant leur temps pendant une fin de semaine. Au dernier moment, et après avoir beaucoup tergiversé, je pris une décision qui allait bientôt changer ma vie. Je me proposai comme bénévole pour le camp.

Je n'avais aucune idée de ce qui m'attendait. C'était cet inconnu total qui m'effrayait le plus. À mesure que les campeurs arrivaient, des bruits et des sons étrangers emplissaient l'air. Mon regard parcourut la pièce et je vis des visages impassibles, qui ne laissaient transparaître aucun indice sur la manière dont ces personnes étaient vraiment différentes.

Chaque étudiant bénévole se vit confier un campeur pour la fin de semaine. En tant que conseiller, je devais aider « mon » campeur à manger, à se baigner et à marcher. Je devais être son ami.

Mon campeur s'appelait Charley. Il avait quarante ans, était atteint d'autisme grave et était visiblement incapable de communiquer. J'avais peur.

Mes mains tremblaient pendant que j'essayais de me présenter. Son attention se portait partout, sauf vers moi. Il semblait complètement indifférent à tout ce que je pouvais lui dire. Nous attendions dehors avant d'entrer dans notre bungalow, quand il urina devant tout le monde. Je découvris qu'il avait aussi peur que moi, mais nous avions seulement une manière très différente de le montrer.

Charley ne pouvait pas parler, mais il pouvait manger et marcher. Ce soir-là, je lui montrai comment prendre une douche. Je me tenais debout devant la douche et lui disais quoi faire, et il faisait tout ce que je lui demandais. Je pense qu'il me comprenait, mais d'une façon nouvelle et étrange. Le soir suivant, quand arriva le moment pour Charley de prendre sa douche, il riait et souriait comme un jeune écolier. J'étais fier de lui quand je le bordai. Alors que je m'apprêtais à m'éloigner de son lit de camp, il saisit mon bras. Il plaça ma main sur sa tête, il voulait seulement que je le réconforte. J'étais profondément ému de voir que ce parfait étranger pouvait avoir besoin de mon amour. À cet instant précis, Charley me donna l'impression que le monde était très simple.

Alors que la fin de semaine se terminait et que le moment de partir approchait, Charley me prit la main. Nous étions deux êtres humains qui expérimentaient quelque chose de si nouveau que cela en était effrayant. J'oubliai les apparences et les sourires forcés et je ressentis un amour authentique pour un autre être humain, un amour qui venait du plus profond de mon âme.

Robin Hyatt

Comment stimuler l'ego de quelqu'un ?

Si vous traitez un individu tel qu'il est, il le restera. Mais si vous le traitez tel qu'il devrait et pourrait être, il le deviendra.

Goethe

Monsieur Rickman, notre professeur de psychologie, ne donne pas le même genre de devoirs que les autres professeurs, par exemple, lire mille pages, ou répondre aux questions à la fin du chapitre, ou résoudre les problèmes 47 à 856. Il est plus créatif que ça.

Monsieur Rickman nous avait préparés au devoir de jeudi dernier en disant que le comportement est un moyen de communiquer. « "Les actes parlent davantage que les paroles" n'est pas qu'une phrase vide de sens », nous a-t-il dit. « Ce que font les gens vous renseigne sur ce qu'ils ressentent. »

Il s'est arrêté une minute pour que nous comprenions la portée de ses paroles avant de nous donner le devoir.

« Maintenant, voyons si vous pouvez aider quelqu'un à se construire, à stimuler suffisamment son ego pour remarquer un changement dans la manière dont cette personne agit. Nous parlerons des résultats pendant le cours de la semaine prochaine. »

En rentrant de l'école cet après-midi-là, ma mère n'avait vraiment pas le moral. Je m'en suis rendu compte dès que j'ai mis les pieds dans la maison. Elle n'était pas coiffée, sa voix était plaintive et elle n'a pas cessé de soupirer pendant tout le repas.

Elle ne m'a même pas adressé la parole quand je suis rentré. Comme elle ne me parlait pas, je ne lui ai pas parlé non plus.

Le souper n'a pas été très gai. Papa n'était guère plus bavard. J'ai décidé de faire le devoir que nous avait donné monsieur Rickman.

« Maman, tu sais cette pièce que joue le club de théâtre de l'université ? Pourquoi n'y vas-tu pas avec papa ce soir ? Il paraît que c'est très bon. »

« Je ne peux pas ce soir. J'ai une réunion importante », s'est empressé de répondre papa.

« Bien sûr », a rétorqué maman. J'ai su tout de suite ce qui la tourmentait.

« Bon alors, pourquoi ne viendrais-tu pas avec moi ? » J'avais à peine prononcé ces paroles que je l'ai regretté. Imaginez un garçon du secondaire vu par ses camarades en compagnie de sa mère... le soir !

Mais l'invitation était lancée et maman m'a dit d'une voix excitée : « Tu veux vraiment, Kirk ? »

J'ai avalé ma salive à plusieurs reprises. « Bien sûr. Pourquoi pas ? »

« Mais les garçons ne sortent pas avec leur mère ! » Sa voix était de plus en plus enjouée et elle a rejeté en arrière les mèches de cheveux qui lui tombaient sur le visage.

« Il n'y a aucune loi mentionnant qu'elles ne le peuvent pas », lui ai-je répondu. « Allez, va te préparer ! Nous sortons. »

Maman s'est dirigée vers l'évier avec des assiettes. Sa démarche était de nouveau alerte.

«Kirk et moi allons nous occuper de la vaisselle», a proposé papa, et maman lui a même souri.

Maman est sortie de la cuisine et papa m'a dit : «C'est gentil ce que tu as fait. Tu es un fils attentionné.»

Grâce au cours de psychologie, ai-je alors pensé avec une pointe d'amertume.

De retour dans la cuisine, maman paraissait cinq ans plus jeune qu'une heure auparavant. Elle m'a demandé, comme si elle ne pouvait pas encore y croire : «Tu es certain que tu n'as pas un rendez-vous?»

«Maintenant, j'en ai un!» lui ai-je dit. «On y va!»

Cette soirée ne s'est pas mal passée du tout. La plupart de mes amis avaient des choses plus passionnantes à faire qu'assister à une pièce de théâtre. Ceux qui étaient là n'ont pas du tout été surpris de me voir avec ma mère. À la fin de la soirée, elle était vraiment heureuse; et je me sentais moi-même plutôt bien.

Non seulement avais-je fait avec brio mon devoir de psychologie, mais j'avais aussi beaucoup appris sur la manière de stimuler l'ego de quelqu'un.

Kirk Hill

McDonald's

La plupart de mes amis sont ce que la société appellerait des «punks». Ces adolescents qui traînent dans les cafés ou les cinémas parce qu'ils n'ont rien de mieux à faire. Mais être punk ne veut pas dire grand-chose.

Un soir, après une journée que nous avions passée à flâner, nous étions assis dans un McDonald's quand un garçon de notre groupe entra. Je l'avais rencontré pour la première fois ce jour-là. Brian était l'adolescent punk type, vêtu de noir et cheveux teints. Juste avant de franchir la porte, il cria quelque chose à un homme qui descendait la rue. J'espérais seulement que Brian ne cherchait pas la bagarre. Il s'assit et une minute plus tard, un sans-abri à la carrure impressionnante passa la tête par la porte et regarda Brian.

«Tu m'as parlé?» demanda l'homme. Il me sembla voir une lueur menaçante dans ses yeux. Je me fis toute petite sur mon siège et pensai que, si Brian cherchait la bagarre, il avait choisi la mauvaise personne. J'avais vu trop de personnes et d'endroits où on chassait des ados comme nous pour avoir cherché la bagarre.

Tandis que nous cherchions un endroit où nous mettre en retrait, Brian se leva et se dirigea vers lui. «Ouais... est-ce que tu voudrais manger quelque chose?»

Notre soulagement fut presque audible. L'homme sourit et entra. Après avoir mangé des hamburgers, des frites et un dessert, l'homme partit, et même le personnel lui fit au revoir de la main.

Quand nous demandâmes à Brian de s'expliquer, il nous dit qu'il avait de l'argent dont il n'avait pas besoin. Cet homme n'en avait pas, alors c'était simplement équitable.

Shelly Miller

Perdre un ennemi

*Si ton ennemi a faim, donne-lui à manger;
s'il a soif, donne-lui à boire.*

Romains 12, 20

L'année dernière, mes frères étaient inscrits au Pioneer Clubs, un programme hebdomadaire de notre église destiné aux enfants. Daniel avait neuf ans et Timothy sept ans. Ma sœur, mon père et moi étions professeurs dans le cadre de ce programme. En cours d'année, mes frères se plaignirent qu'un garçon du nom de John les harcelait.

John, un garçon de onze ans vivant dans une famille d'accueil, était dans la classe de mon père. C'était le genre d'enfant qui semblait toujours avoir des problèmes. Mais, pire encore, il ne pensait pas que les problèmes venaient de son comportement, et il avait plutôt décidé que c'était mon père qui le harcelait.

Il se vengeait souvent sur mes frères en leur ôtant leur chapeau, en les insultant, en leur donnant des coups de pied avant de se sauver en courant. Moi-même, j'avais de temps à autre reçu des remarques déplaisantes de John. Nous pensions tous qu'il était un casse-pieds.

Quand ma mère fut mise au courant du problème, quelques jours plus tard, elle revint à la maison avec un sac de bonbons au caramel écossais.

« C'est pour John », dit-elle à Daniel et Timothy.

« Pour *qui* ? »

«Pour John.» Maman expliqua comment un ennemi peut être conquis par la gentillesse.

Chacun de nous trouvait difficile de s'imaginer un seul instant être gentil avec John; il était si embêtant. Mais la semaine suivante, les garçons allèrent au Pioneer Clubs avec des bonbons au caramel écossais dans leurs poches – un bonbon pour eux et un bonbon pour John.

Je me dirigeais vers ma classe quand j'entendis par hasard Timothy dire : «Tiens, John, c'est pour toi.» De retour à la maison, je demandai à Timothy quelle avait été la réaction de John.

Timothy haussa les épaules. «Il a eu l'air surpris, puis il a dit merci et il a mangé le bonbon.»

La semaine suivante, quand John arriva en courant, Tim mit sa main sur son chapeau et se prépara en prévision d'une attaque. Mais John ne le toucha pas. Il demanda seulement : «Hé! Tim, est-ce que tu as encore un bonbon?»

«Ouais.» Avec soulagement, Timothy plongea sa main dans sa poche et tendit un bonbon à John. Par la suite, toutes les semaines, John cherchait Timothy et lui demandait un bonbon. La plupart du temps, Timothy pensait à en apporter – un pour lui et un pour John.

Pendant ce temps, «je fis moi aussi la conquête de mon ennemi, mais d'une façon différente». Un jour, je croisai John dans le hall et je vis un sourire sarcastique se dessiner sur son visage. Il s'apprêtait à ouvrir la bouche, mais je le devançai :

«Bonjour, John!» et je lui adressai un grand sourire avant qu'il n'ait l'occasion de parler.

Surpris, il se tut et poursuivit son chemin. À partir de ce jour, chaque fois que je le voyais, je le saluais avec un sourire et un «Bonjour, John!» avant qu'il n'ait la chance de dire quelque chose d'impoli. Au contraire, il commença à me répondre par un bonjour.

Cela fait quelque temps que John ne s'en est pas pris à mes frères et il n'est plus grossier avec moi non plus. Même mon père est impressionné par le changement qui s'est produit en lui. Aujourd'hui, nous avons affaire à un John plus gentil qu'il y a un an. Je pense que c'est parce que quelqu'un lui en a enfin donné la chance.

Il n'a pas été le seul à changer. Toute ma famille a appris ce que signifie aimer un ennemi. Ce qui est étrange dans ce processus, c'est que nous avons perdu cet ennemi – il a été «conquis» par l'amour.

L'amour n'échoue jamais.

Patty Anne Sluys

Un simple bonjour

J'ai toujours eu de la sympathie et de la compassion pour les enfants que je vois marcher tout seuls à l'école, pour ceux qui s'assoient au fond de la classe pendant que tout le monde ricane et se moque d'eux.

Mais je n'ai jamais rien fait pour y changer quoi que ce soit. Je suppose que je m'imaginais que quelqu'un d'autre allait le faire. Je n'ai pas pris le temps de vraiment penser à la profondeur de leur souffrance.

Puis un jour, je me suis demandé ce qui se passerait si je prenais un moment dans mon emploi du temps surchargé pour simplement dire bonjour à quelqu'un qui n'a pas d'amis, ou pour m'arrêter et bavarder avec une fille qui mange toute seule.

Je l'ai fait. Cela m'a fait du bien d'apporter un peu de joie dans la vie de quelqu'un d'autre. Comment l'ai-je su ? Parce que je me suis souvenue du jour où un simple bonjour gentil a changé ma vie pour toujours.

Katie E. Houston

Essayez de poser des gestes de bonté, ici et là !

Un soir maussade, il y a quelques mois de cela,
Alors que le ciel était sombre et les rues couvertes de neige,
Je n'avais rien de précis à l'esprit et ne savais pas vraiment quoi faire.
Comme c'était une de ces soirées froides qui vous donnent le cafard,
Je rangeai quelques papiers et pris un livre.
Sans trop y réfléchir, je décidai d'y jeter un coup d'œil.
C'était un de ces livres remplis de dizaines d'histoires
Qui relatent des victoires, des échecs et des moments de gloire.
Il y avait l'histoire d'un garçon qui était allé à l'école et avait appris,
Et celle d'une fillette qui avait reçu le jouet de ses rêves.
Puis, je suis tombée sur l'histoire de quelqu'un comme nous
Qui avait décidé de passer une journée à poser des gestes de bonté, ici et là.
Chaque geste délicat et chaque mot gentil exprimé avec grâce
Illuminait la journée de quelqu'un et laissait un sourire sur son visage.
Je restai assise à réfléchir à cette histoire et une pensée me vint à l'esprit –

Si chacun essayait de partager un peu de bonheur et de gentillesse,

Notre monde ne serait-il pas beaucoup plus agréable qu'il ne l'est aujourd'hui

Si nous adressions davantage de sourires et consacrions plus de temps aux autres ?

Aujourd'hui, j'ai fait des biscuits, et je connais une dame qui habite dans ma rue,

Qui, j'en suis certaine, aimerait quelques moments de compagnie et une petite douceur faite maison.

Et sa voisine qui vit seule et semble toujours un peu triste –

Je pense que la visite de quelqu'un illuminerait sa journée.

Il se faisait tard et je décidai d'aller dormir

Après avoir fait une liste des choses à faire le lendemain et des rendez-vous à respecter.

Le matin, je me levai et me rendis à l'école avec une idée en tête –

J'essaierai de réconforter quelques personnes et de trouver des façons d'être gentille.

J'ai dit « bonjour » et j'ai souri à toutes les personnes que je rencontrai.

Quelques-unes me rendirent mon salut, puis nous avons poursuivi chacune notre chemin.

Quelqu'un a échappé ses livres et je l'ai volontiers aidé à les ramasser.

Et j'ai remarqué que plus j'aidais les autres, plus ils m'aidaient !

De retour à la maison, j'ai emballé des biscuits pour les partager,

Et j'ai joint un mot : « Simplement parce que je pense à vous. »

Quand elles ont ouvert leur porte, vous auriez dû voir leur visage s'illuminer de joie

Et regarder leur sourire quand elles se sont exclamées : « Tu veux dire que tu es venue me voir, une vieille dame seule comme moi ! »

Plus tard, dans la soirée, je me suis assise et j'ai écrit quelques mots.

Je souhaitai aux destinataires une merveilleuse semaine, avant de sceller ces mots dans des enveloppes.

Ensuite, j'ai pris quelques instants pour réfléchir à ma journée

Et j'ai découvert que j'avais reçu plus de joie que j'en avais donné ;

Parce que, chaque fois que vous souriez ou partagez un mot gentil,

La chaleur de cette gentillesse pénètre dans votre propre cœur.

Nous ne disposons que de peu de temps pour répandre un peu de joie avant de mourir,

Alors, pourquoi ne pas essayer de poser des gestes de bonté, ici et là ?

Melissa Broeckelman

4

LES COUPS DURS

*L'âme de l'être humain est plus forte
que tout ce qui peut lui arriver.*

C. C. Scott

Perdre espoir

Où que vous alliez, c'est là que vous vous trouvez.

Buckaroo Bonzai

«L'espoir, c'est le portemanteau auquel j'accroche mes rêves…» Oh! Non! Je froisse la feuille et la lance à travers ma chambre. Je n'arrive pas à comprendre pourquoi j'ai conservé les poèmes que j'ai écrits en secondaire un. Cette année-là, je pensais que j'étais une poétesse. De toute évidence, je ne l'étais pas et ne le serais jamais.

«Les voilà.» J'extrais une pile d'albums du fond du tiroir. Ils sont tous là, depuis le début de l'école primaire. *Lauren les aimera. C'était ma meilleure amie au primaire, depuis la première année. Elle ne me parle pas pour le moment, mais je suis sûre qu'elle les voudra… après…*

Vendredi soir, elle m'a hurlé au téléphone: «T'es désespérante, Carrie.» Simplement parce que je ne suis pas toujours d'accord avec elle, parce que je lui dis des choses qu'elle ne veut pas entendre. Comme je pense que doivent le faire les meilleures amies. Maintenant, je n'ai même plus de meilleure amie et je ne peux pas supporter de perdre son amitié.

Je jette un coup d'œil dans le tiroir. Les albums n'y sont plus, mais le tiroir contient encore des fragments de ma vie. Maintenant, voyons ce que Josh aimerait que je lui donne? D'après lui, rien. C'était la fin de semaine, il y a deux semaines de cela, il m'a dit : « Il n'y a pas d'espoir, Carrie. » Il a rompu avec moi ce soir-là et m'a littéralement repoussée quand je l'ai supplié de me donner une autre chance. Non, et il secouait la tête. Non, c'est fini. Il n'y a plus d'espoir pour nous. Depuis, il ne m'a pas parlé. Je ne peux pas non plus supporter de le perdre, lui aussi.

Je glisse ma main dans la poche de ma robe de chambre et je tripote la boîte de pilules. Mon beau-père les prend pour son dos et je l'ai entendu à plusieurs reprises interdire à mes petits frères d'y toucher, leur dire à quel point ces pilules sont dangereuses. Il ne m'a jamais mise en garde, car il sait qu'à mon âge je comprends que les pilules sont dangereuses.

Quelqu'un frappe à la porte et je me dépêche d'enlever ma main de la poche. Bien sûr, ma mère rentre dans ma chambre sans attendre ma réponse.

« Carrie », dit-elle d'une voix exaspérée, « nous sommes tous devant l'arbre de Noël. Nous n'attendons plus que toi. Tu sais bien que nous ne pouvons pas ouvrir les cadeaux si nous ne sommes pas tous là ! » L'air d'une mélodie de Noël et l'odeur du cacao chaud pénètrent dans ma chambre par la porte ouverte.

« Carrie, ne pourrais-tu pas t'habiller un peu pour le réveillon de Noël. Tu pourrais au moins enlever ces cheveux qui te tombent dans les yeux. » Elle ajoute : « Parfois, je pense qu'il n'y a rien à tirer de toi. » Elle soupire – fort, dramatiquement, pour bien me faire comprendre l'étendue de ma nullité. « Eh bien, dépêche-toi. »

Sur ces paroles, elle ferme la porte et me laisse lui crier, en silence : *Oui, maman, je sais que je suis nulle, comme tu me le dis toujours. Chaque fois que j'oublie de vider le lave-vaisselle, de plier le linge, d'enlever les cheveux qui me tombent dans les yeux, par exemple.*

Ils sont tous là à m'attendre. Maman, mon beau-père, Dave, et Aaron et Mark. Ils attendent que je me joigne à eux pour les chants de Noël et le déballage des cadeaux. Bien sûr, je vais y aller. Je vais déballer quelques cadeaux. Même si je m'en fiche complètement. Mais c'est Noël. Je suis censée être heureuse. Je peux faire semblant. Après tout, j'ai suivi des cours de théâtre la session dernière.

Ah, l'école! Une autre de mes arènes victorieuses dans ma vie.

«Je suis désolée, Carrie, mais c'est sans espoir», m'a dit mademoiselle Boggio, le dernier jour avant les vacances de Noël. «Il faudrait que tu aies des A à tous tes examens jusqu'à la fin de l'année pour transformer ce D en un C.» Sur ces paroles, elle m'a laissée toute seule dans le laboratoire de biologie, regardant d'un air hébété mon dernier examen, le dernier témoignage de mes échecs.

J'ai jeté ma copie à la poubelle. *Je n'aurai même pas à le montrer à maman. Je n'aurai pas à entendre une fois de plus ses sermons. De l'entendre me répéter que je suis en train de gâcher mes chances pour l'université. Que je n'ai aucun espoir d'avenir si je continue dans cette voie. En fait, je n'aurai plus jamais à écouter un autre sermon. Le problème sera résolu avant la rentrée des classes au mois de janvier.*

Est-ce que je dois laisser une note? Est-ce qu'ils voudraient que je laisse un mot? Avant, je pensais que j'étais une excellente écrivaine. Je passais des heures à remplir un cahier après l'autre. J'y écrivais mes histoires, mes poèmes, parfois juste mes pensées et mes idées. C'est à ces moments-là que je me sentais le plus vivante – quand j'écrivais et que je rêvais d'être une bonne écrivaine, que les autres liraient mes œuvres. Et que ce que j'aurais à leur dire signifierait quelque chose pour eux. Mais c'était avant que le désespoir d'être Carrie Brock, la nulle, ne fasse qu'une bouchée de moi.

Juste un mot, aussi nul que moi. C'est tout ce qu'il me reste à écrire. Le dernier. J'ai tout perdu : ma meilleure amie et mon petit ami. Ou j'ai tout gâché : mes notes, même mes cheveux. Je ne peux rien faire de bien et je ne peux plus supporter tout ce qui me rappelle mes échecs.

« Viens, Carrie. » La voix d'Aaron retentit à travers la porte. « Je veux ouvrir mes cadeaux. »

Bon, d'accord. J'écrirai la note plus tard. Je me relève péniblement et serre la ceinture de ma robe de chambre. Alors que je traverse le hall d'entrée, les pilules font un cliquetis réconfortant dans ma poche.

Je me laisse tomber sur le sofa et regarde Mark, mon plus jeune frère, déchirer l'emballage de ses cadeaux, lançant des morceaux de papier partout. Puis, c'est le tour d'Aaron. C'est la tradition dans notre famille. Du plus jeune au plus âgé. Tout le monde s'exclame devant les cadeaux d'Aaron.

« À toi, Carrie », m'avise Mark.

« Est-ce que tu peux me les apporter ? Je suis fatiguée. »

Mark apporte une boîte rectangulaire. Des vêtements, bien sûr. De la part de maman. Je marmonne les remerciements appropriés. Je n'ai pas beaucoup de cadeau cette année. Rien de la part de Lauren ou Josh, évidemment. Des babioles de la part d'Aaron et Mark.

« Voilà, j'ai terminé. »

« Non, attends, il y en a un autre », me dit Mark en me tendant un petit paquet.

« C'est de qui ? »

« Moi. » C'est la voix de mon beau-père. Dave, l'homme qui occupe une place à l'arrière-plan dans ma vie. Un bon gars, il me traite bien. Je n'ai jamais regretté que ma mère se soit mariée avec lui.

Je déchire le papier et découvre un livre. Mais en l'ouvrant, je m'aperçois que les pages sont blanches.

« Il n'y a rien d'écrit », dis-je en levant les yeux dans la direction de Dave.

« Pas tout à fait. Il y a quelque chose d'écrit sur la première page. Mais c'est un journal, Carrie. Pour tes mots à toi. »

Je retourne aux pages du début. Sur la première, dans un coin, je découvre l'écriture de Dave. Je lis en silence.

À Carrie,

Poursuis tes rêves. Je crois en toi.

Dave

Je regarde de nouveau Dave. Il hausse légèrement les épaules, comme s'il était gêné. « Eh bien, je sais que tu veux être une écrivaine, Carrie », explique-t-il. « Et je sais que tu en es capable. »

Ses dernières paroles sont presque perdues dans le bruit que font mes frères. Ils fouillent sous l'arbre et reviennent avec les cadeaux de maman. Mais elles ne sont pas perdues pour moi, je les ai entendues.

Quelqu'un croit en moi et en mes rêves, même si, moi-même, j'ai arrêté d'y croire. Quand je pense que je n'avais plus d'espoir. Je serre le journal contre ma poitrine et je redécouvre un sentiment que je n'avais pas ressenti depuis longtemps. Je veux vraiment être une écrivaine. Mais, plus important encore, je veux simplement être.

Je regarde ma mère et mon beau-père ouvrir le reste des cadeaux en pensant que j'ai quelque chose à faire, mais je n'arrive pas à me rappeler ce que c'est. Je peux remettre les pilules à leur place dans l'armoire à pharmacie, plus tard, donc ce n'est pas ça. Tout à coup, je me rappelle.

Je saisis un stylo sur la table du salon et ouvre mon journal. Sur cette première page blanche, j'écris:

« L'espoir, c'est le portemanteau auquel j'accroche mes rêves... »

Hum ! Ça ressemble à une chanson country. Ce n'est peut-être pas si mauvais que ça, après tout. Je lève les yeux et souris à Dave, même s'il ne regarde pas dans ma direction. Il vient de me faire le plus beau cadeau de Noël qui soit. J'ai retrouvé mes rêves. Il y a peut-être de l'espoir pour moi, après tout.

Heather Klassen
Proposé par Jordan Breal

Un appel au secours

Ma grande amie Lindsay faisait partie de ma vie depuis la maternelle. Nous nous sommes rencontrées devant sa boîte de Crayolas, quatre-vingt-seize crayons de couleur. Impressionnant pour une fillette de cinq ans. Elle avait toujours occupé une place importante dans ma vie. C'était une comédienne-née. Elle avait plus de talent, d'originalité et d'expression que nécessaire. Sa chevelure rousse et bouclée venait ajouter à sa personnalité.

Ce qu'il y avait de formidable dans notre amitié, c'était que nous nous comprenions totalement. Chacune de nous avait toujours un sourire, une plaisanterie, une épaule ou une oreille pour l'autre. Ce que nous préférions, c'était que nos parents nous déposent à un restaurant où nous parlions des heures et des heures devant un soda, un coca-cola et le dessert le plus cher que nous pouvions nous offrir avec l'argent que nous gagnions en gardant des enfants.

C'est au cours d'une de ces conversations, en secondaire un, que le thème du suicide a surgi. Je ne me doutais pas que cette conversation changerait notre relation pour toujours. Nous avons parlé du sentiment étrange que nous ressentirions si une de nos amies se suicidait. Nous nous sommes demandé comment les familles pouvaient surmonter une telle tragédie. Nous avons parlé de la manière dont nous imaginions nos funérailles. Cette conversation était la plus morbide que nous ayons jamais eue, mais je n'y ai pas trop réfléchi. Je supposais qu'un jour ou l'autre nous en venons tous à nous demander qui pleurera et ce que les gens se diront à nos funérailles.

Il ne m'est pas venu à l'esprit un seul instant que ma meilleure amie m'adressait un appel au secours. Chaque fois que ce sujet était abordé, je réagissais comme ma mère – jamais nous ne pourrions comprendre comment quelqu'un peut arriver à un tel état de désespoir que la mort puisse apparaître comme la seule solution. Nous avons terminé notre conversation en riant et en affirmant que nous étions trop «proches» pour jamais commettre un geste aussi dramatique. Nous nous sommes embrassées et nous sommes quittées en disant: «Si tu as besoin de quelque chose, appelle-moi.»

Je n'ai pas repensé à notre conversation pendant les trois semaines qui ont suivi, jusqu'au jour où Lindsay m'a téléphoné et où j'ai tout de suite compris que quelque chose n'allait pas.

Contrairement à son habitude, elle n'a pas commencé la conversation par un bonjour plein d'entrain et une bonne histoire. Ce jour-là, elle m'a demandé de but en blanc si elle était importante dans ma vie et si sa présence signifiait quelque chose dans ce monde. Je lui ai répondu d'un ton catégorique: «Bien sûr! Je ne sais pas ce que je ferais sans toi!»

Lindsay m'a ensuite dit quelque chose qui m'a fait frissonner des pieds à la tête. Elle m'a dit qu'elle se sentait perdue, confuse, inutile et qu'elle avait un flacon de pilules dans la main. Elle a ajouté qu'elle était prête à toutes les prendre, à mettre fin à sa vie.

Était-ce bien la fille à côté de laquelle j'étais assise au cours d'anglais et avec laquelle j'aimais faire des bêtises? Était-ce la fille qui adorait les couleurs éclatantes, les rires et les conversations avec quiconque croisait son chemin? Était-ce ma merveilleuse amie, mon amie très drôle, si pétillante et si légère qu'elle traversait la vie sur un nuage ?

Ma réalité m'est apparue brutalement. J'ai réalisé que c'était mon amie et que, pour cette raison, je devais continuer à la faire parler au téléphone. J'ai eu la plus longue conversation téléphonique de ma vie. Pendant les trois heures et demie suivantes, Lindsay m'a parlé de ses problèmes. Et pendant trois heures et demie, j'ai écouté. Elle m'a dit comment elle se sentait perdue dans son immense famille (elle était la plus jeune de quinze enfants), comment elle manquait de confiance en elle à cause de son apparence (que je considérais belle et unique), comment elle avait été anorexique l'été précédent (j'étais trop occupée à jouer à la balle molle pour m'en rendre compte), comment elle était confuse face à son avenir – elle ne savait plus si elle devait poursuivre ses rêves ou suivre le désir de ses parents, et comment elle se sentait complètement seule.

Je n'ai pas cessé de lui répéter combien elle était originale et belle, et combien ses rêves et sa personnalité occupaient une place importante dans nos vies. Nous avons fini par pleurer toutes les deux : elle était frustrée et je la suppliais de vivre.

Puis, j'ai eu l'idée de lui dire ce qui me semblait être ma dernière chance de lui venir en aide. Je lui ai dit trois choses simples. J'ai commencé par lui affirmer que tout le monde a des problèmes, que cela fait partie de la vie. Que la vie, c'est justement de surmonter ces problèmes pour atteindre de plus hauts sommets.

J'ai ajouté que si sa vie allait aussi mal qu'elle le disait, cela ne pourrait pas être pire. Il n'y avait plus de place pour l'échec – les choses ne pourraient que s'améliorer.

Puis, j'ai terminé par une chose très simple. Il y aurait toujours quelqu'un près d'elle, moi ou une autre personne, quand elle devrait traverser des épreuves dans sa vie. Je lui ai dit que le fait que nous ayons cette conversation, qu'elle veuille me parler de ce qui se passait, prouvait qu'elle voulait vraiment vivre. Si elle avait voulu mettre fin à sa vie, elle l'aurait simplement fait. Au lieu de cela, elle m'avait téléphoné. Son âme criait : « Au secours ! Je veux continuer à vivre ! »

Quand j'ai terminé cette dernière phrase, j'ai entendu le plus beau son au monde – Lindsay qui jetait les pilules dans les toilettes et tirait la chasse d'eau.

Ensuite, je suis allée chez elle et nous avons parlé de ce qu'elle pourrait faire pour reconstruire sa vie. Nous lui avons trouvé de l'aide et elle a surmonté ses problèmes. Je suis heureuse et fière de dire que Lindsay et moi allons entrer ensemble en secondaire cinq cet automne. Elle obtient d'excellentes notes et elle est une ado heureuse.

Le chemin pour y arriver n'a pas été facile et nous avons glissé quelques fois toutes les deux. Mais l'important, c'est que nous nous soyons relevées et que nous y soyons arrivées.

Jill Maxbauer

Les lendemains qui chantent

Ma sœur avait douze ans. Mes parents étaient séparés. Quant à moi, j'avais huit ans. Je n'avais pas la moindre idée de ce qui se passait dans ma famille jusqu'à cette horrible nuit glaciale de janvier. Comment aurais-je pu m'en douter ? Je n'avais que huit ans. Tout ce qui m'intéressait, c'était ma collation en revenant de l'école, les dessins animés à la télévision et essayer de me coucher après 20 h 30 quand il y avait de l'école le lendemain.

Je me rappelle cette soirée comme si c'était arrivé il y a une seconde. Ma mère m'avait demandé d'aller ranger les serviettes dans l'armoire à linge, au premier étage. J'ai rouspété, grogné pendant dix minutes, puis je me suis décidée à le faire. Je me revois en train de tendre le cou par-dessus la pile de serviettes pour voir devant moi en montant l'escalier.

En arrivant devant l'armoire, qui se trouve juste à côté de la chambre de ma sœur, je l'ai entendue pleurer. J'étais aussi inquiète que pouvait l'être une petite fille de troisième année. J'ai ouvert la porte un peu plus grand et lui ai demandé : « Shelley, qu'est-ce qui ne va pas ? »

Elle m'a regardée, a vu mon air perplexe et m'a demandé de la serrer dans mes bras. J'étais à l'âge où on fait tout pour montrer qu'on hait sa sœur, alors j'ai refusé. Elle a insisté et me l'a demandé une nouvelle fois. Je lui ai demandé pourquoi, d'une voix tremblante.

Shelley m'a expliqué qu'elle venait d'avaler un flacon entier de pilules en vente libre. Je ne savais pas à ce moment-là si elle avait fait quelque chose de vraiment dangereux, mais j'ai compris que c'était grave. J'ai descendu les marches en courant pour aller rejoindre ma mère. Je pleurais. J'ai répété à ma mère, mot pour mot, ce que Shelley venait de me dire.

Ma mère s'est précipitée dans l'escalier, montant plusieurs marches à la fois. Elle a supplié Shelley de sortir de son lit et de lui dire ce qui était arrivé. Ma sœur a refusé de dire quoi que ce soit à ma mère. Ma mère l'a obligée à se lever, lui a dit de s'habiller et s'est dépêchée de l'emmener à l'hôpital. Ma voisine est venue me garder et j'ai pleuré toutes les larmes de mon corps jusqu'à ce que je m'endorme d'épuisement. Tout ce dont je me rappelle ensuite, c'est que je me suis réveillée et que ma voisine était toujours là.

Puis, j'ai appris que Shelley s'en remettrait bien, les médecins lui ayant fait un lavage d'estomac. Elle alla encore mieux après avoir passé trois mois dans un centre de réhabilitation pour ados.

Je n'ai jamais su exactement pourquoi elle avait essayé de se suicider et je n'ai jamais voulu le lui demander. Par contre, je sais que la vie est le cadeau le plus précieux que nous avons et que plus jamais je ferai semblant de ne pas aimer ma sœur.

Ashley Hiser

Ça m'est arrivé

Cancer. Un mot étrange. Il a deux significations. L'une des significations est cette maladie extrêmement grave dont nous avons tous entendu parler. L'autre signification est plus précise. C'est quelque chose qui arrive à quelqu'un d'autre, à l'amie de votre tante, ou à quelqu'un dans le journal. Ce n'est pas quelque chose qui nous arrive à nous, et encore moins à notre propre sœur. Pourtant, c'est arrivé à la mienne.

Quand j'avais environ huit ans, de temps à autre ma vision devenait voilée. Je clignais des yeux à plusieurs reprises et tout redevenait normal. Je suis allée chez l'ophtalmologue, puis j'ai passé un tomodensitogramme et subi plusieurs examens, mais on n'a rien trouvé d'anormal. Cela a fini par disparaître.

Quand ma sœur Naomi avait environ huit ans, un jour que je venais de lui donner un coup avec une vieille chemise de nuit, elle hurla que je l'avais rendue aveugle. Je passai un mauvais quart d'heure. Mais quand mes parents l'emmenèrent chez le docteur pour les yeux, il ne trouva rien non plus. Elle finit par arrêter de se plaindre.

Quand ma sœur Tali eut huit ans, elle commença à se plaindre à son tour qu'elle avait de plus en plus de difficulté à voir avec un œil. Mes parents prirent un rendez-vous chez l'ophtalmologue pour un mois plus tard, mais ils n'étaient pas très inquiets.

Tali commença à se plaindre de plus en plus. Inquiets, mes parents avancèrent le rendez-vous. Après avoir examiné ma sœur, le médecin les informa qu'il était possible que Tali souffre d'une forme de cancer appelé mélanome. L'œil fait partie des endroits où il peut se développer. Les raisons pour lesquelles il se développe chez une personne sont inconnues. La seule solution est d'enlever toute la partie du corps atteinte si l'on veut être sûr qu'il ne reste aucune cellule cancéreuse. Dans ce cas, il faudrait enlever son œil. Si les examens prouvaient que ma sœur était atteinte de mélanome, les médecins devraient agir vite, sinon la maladie pourrait s'étendre au cerveau.

Inutile cependant de s'inquiéter pour le moment, car c'était le pire scénario et le mélanome est très rare chez les enfants. Pourtant, je me rappelle qu'à son retour de chez le médecin ma mère pleurait. Ma grand-mère et ma tante aussi, tout en essayant de faire en sorte que ma sœur ne les voit pas. Je me rappelle avoir pensé : *C'est pas vrai, je rêve. Elle ne peut pas mourir. Je vais me réveiller.*

J'étais peut-être sous le choc, mais je n'avais pas cette impression. C'était plutôt comme si je n'avais rien entendu de tout ça, comme si je refusais d'admettre la réalité. C'était peut-être idiot de ma part, mais c'était peut-être mieux comme ça. Moi, l'imperturbable, j'étais l'épaule sur laquelle tous les autres pouvaient pleurer. On pourrait croire que j'étais la plus courageuse, mais, souvent, c'est celle ou celui qui ne montre pas ses émotions extérieurement qui a le plus peur intérieurement.

Tali est allée subir des examens et faire des radiographies et le médecin a confirmé qu'elle avait un cancer. Il fallait enlever son œil immédiatement. Nous savions qu'il suffisait que le médecin laisse une seule cellule cancéreuse pour que la maladie réapparaisse en force.

L'opération a eu lieu peu de temps après. Ma mère a attendu à l'hôpital pendant que je suis restée à la maison pour répondre au téléphone. «Non, on n'a pas encore de nouvelles», «Oui, elle est en salle d'opération», «Oui, je vous préviendrai tout de suite.» Je ne pouvais toujours pas croire ce qui arrivait. Ma sœur se faisait opérer... et j'avais encore l'impression de rêver.

Un peu plus tard, le téléphone sonna pour nous annoncer qu'elle était sortie de la salle d'opération et qu'elle commençait à se réveiller. Tout s'était bien passé et les examens indiquaient que toute la partie atteinte semblait avoir été enlevée. Elle allait guérir.

À aucun moment, au cours de cette expérience, j'ai réalisé ce qui se passait. Les gens s'arrêtaient pour me réconforter et, une fois sur deux, il me fallait quelques secondes pour que je comprenne pourquoi. Presque chaque jour, quelqu'un m'arrêtait dans les couloirs pour me demander : «Salut, comment va Tali?» Et je répondais : «Elle va bien, pourquoi?»

Encore maintenant, alors que j'écris ces lignes, elle saute sur le lit, de l'autre côté du couloir en criant : «Hé! Joanie, est-ce que t'as fini d'écrire la merveilleuse histoire de ma vie?» Et même si c'est un miracle, cela semble plutôt normal que tout aille bien.

Joanie Twersky

Dis-moi pourquoi tu pleures

*C'est un endroit si secret,
le pays des larmes.*

Antoine de Saint-Exupéry

On dit que tout le monde a une histoire qui ne manquera pas de vous briser le cœur. Mon petit frère Nicholas a eu un cancer. Il avait perdu ses cheveux et il était si faible qu'il avait de la difficulté à marcher. Je ne pouvais plus supporter de voir dans ses yeux la souffrance qu'il endurait. Ses souvenirs d'enfance n'avaient rien à voir avec des Noëls, des séjours en camping et des jouets. Ses souvenirs étaient les séjours à l'hôpital, les intraveineuses et les transfusions de sang.

Je me rappelle quand cela a commencé, il n'avait que trois ans. Au début, il a commencé à avoir sans cesse d'horribles hématomes. Nous ne nous en sommes pas préoccupés jusqu'à ce qu'ils apparaissent à des endroits où ils n'avaient pas leur place, comme sous les aisselles ou sur le cuir chevelu. Puis, il y a eu ces saignements de nez à répétition. Ma mère devait sans cesse nous rappeler: «Ne chahutez pas avec Nicholas, il va saigner du nez.»

La forme de cancer dont il souffrait s'appelait leucémie lymphatique aiguë, qui se soigne très bien. Soixante-dix pour cent des enfants sont en rémission au bout d'un an et 50 pour cent de ces enfants en rémission n'ont jamais de rechutes. Les chances de Nicholas étaient très bonnes.

Il commença immédiatement une chimiothérapie pour enrayer le cancer. Cela s'est bien passé, mais c'était pénible. Il était à l'hôpital les lundi, mardi et mercredi pour recevoir son traitement, puis il revenait passer le reste de la semaine à la maison, complètement malade et épuisé. Cette année-là, il n'a pas pu aller à l'école maternelle. Au bout de neuf mois, il était en rémission et nous étions tous heureux.

La vie a repris son cours normal pendant quelque temps, jusqu'au jour où, alors que j'étais en première année d'université, je rentrai à la maison et trouvai mes parents assis sur le canapé. C'était bizarre, car mes parents n'étaient jamais à la maison quand je rentrais de mes cours. Quand j'ai vu les larmes sur leur visage, j'ai su que ce que je craignais le plus venait d'arriver. Le cancer était revenu.

Il avait cinq ans et avait été en rémission pendant deux ans. Nous pensions tous qu'il avait vaincu la maladie, mais les médecins avaient trouvé une tumeur cancéreuse dans sa poitrine. Ils n'étaient pas certains de la taille de la tumeur et ils allaient faire une petite incision sur sa poitrine pour procéder à une évaluation. Il était possible qu'ils enlèvent la tumeur le même jour.

Le jour de l'opération, nous nous sommes tous réveillés de bonne heure pour accompagner Nicholas à l'hôpital. Nous avons pris place dans la salle d'attente blanche et austère du B-3, « la partie réservée aux cancéreux ». J'avais été là plus souvent que je ne pouvais le supporter. Au cours des deux dernières années, j'avais trop vu les petits lits occupés par des bébés que les mères venaient voir de moins en moins souvent, d'enfants qui savaient qu'ils ne s'en sortiraient pas. L'odeur écœurante de la mort planait dans toutes les chambres, nous racontant l'histoire d'enfants dont la vie avait été fauchée brutalement par un tueur silencieux.

Nous sommes restés assis à attendre pendant ce qui nous sembla une éternité. Enfin, au bout de quatre heures, le docteur McGuiness, cancérologue de Nicholas, est sorti par la porte sur laquelle étaient inscrits les mots CHIRURGIE. Il portait encore sa tenue d'opération et nous a fait signe de le suivre, ce qui signifiait que nous devions parler. En nous asseyant dans son bureau, nous étions submergés par la peur.

« Nicholas est sorti de la salle d'opération et les médicaments vont bientôt cesser leur effet. » Il poursuivit. « Je suis désolé, la tumeur est trop importante. Elle a envahi tout un poumon et un côté de son cœur. Nous ne pouvons rien faire. »

En entendant ces mots, les larmes noyèrent mes yeux. Cela signifiait que le moment était venu de cesser de lutter parce que nous avions perdu. Je regardai autour de moi. Je voulais partir, courir loin, très loin. Mais je savais que je ne pouvais pas le faire. Cela ne règlerait pas mes problèmes et ne ferait pas vivre Nicholas.

Le docteur nous a laissés une dizaine de minutes pour que nous puissions nous ressaisir. À son retour, il nous a demandé où nous voulions que Nicholas passe le temps qui lui restait à vivre. Nous répondîmes que nous voulions qu'il vienne à la maison.

Les mois qui suivirent furent une véritable torture. Nous vîmes Nicholas devenir de plus en plus malade et de plus en plus faible. À mesure que la tumeur grossissait, son cœur battait de moins en moins régulièrement et il avait de la difficulté à respirer.

L'été passa beaucoup plus vite qu'il aurait dû. L'état de santé de Nicholas resta stable mais très précaire. Nous pûmes aller à Disneyland, le dernier souhait de Nicholas. Mais c'était très pénible d'essayer d'être heureux pour lui en sachant que c'étaient nos dernières vacances tous ensemble.

L'année se poursuivit avec sa succession de fêtes. Nous étions tous très occupés. Le repas de l'Action de grâces fut délicieux et l'Halloween, agréable. Puis, alors que nous commencions les préparatifs pour Noël, la santé de Nicholas commença à se détériorer.

Un jour, alors que nous étions tous en train de décorer l'arbre, j'allai voir Nicholas, assis dans un fauteuil. Les lumières de Noël éclairaient joliment son visage et faisaient ressortir un air d'innocence que nous n'avions pas vu depuis longtemps.

En m'approchant, je m'aperçus qu'il pleurait. Je m'assis avec lui dans le fauteuil et le pris dans mes bras, comme je le faisais quand il était plus jeune.

«Nicholas, dis-moi pourquoi tu pleures», dis-je.

«Sissy, c'est pas juste», sanglota-t-il.

«Qu'est-ce qui n'est pas juste?»

«Pourquoi je vais mourir?»

«Eh bien, tu sais que tout le monde meurt», lui répondis-je en cherchant à éviter d'aborder ce sujet. Je ne voulais pas qu'il sache et, au fond de moi, je ne voulais pas savoir non plus.

« Mais, pas comme moi. Pourquoi je dois mourir ? Pourquoi si tôt ? »

Puis, il recommença à pleurer. Il enfouit sa tête contre ma poitrine et je me mis à pleurer à mon tour. Nous restâmes longtemps assis comme ça. Très longtemps. Nous étions seuls tous les deux et nous avions peur. Puis, quelque chose s'est produit. Nous nous sommes compris sans avoir à parler. Il était prêt et moi aussi, quoi qu'il arrive.

Au mois de janvier, il tomba dans le coma et nous sûmes que nous allions le perdre. Un jour, nous nous assîmes dans sa chambre. Nous lui tenions la main, car nous savions que c'étaient ses derniers instants avec nous. Soudain, une certaine paix envahit la pièce, et je sus que Nicholas avait respiré pour la dernière fois.

Je regardai dehors. La neige qui venait de tomber semblait plus blanche. Je me détestai pour cela, mais je me sentis mieux tout à coup. Toute la souffrance et tout le chagrin des dernières années avaient disparu, et je savais que Nicholas était en sécurité. Il n'avait plus peur ou mal, et c'était mieux comme ça.

Nicole Rose Patridge

Génie du Nintendo

Lorsque je t'ai aperçu pour la première fois, j'ai pensé : *génie du Nintendo*. Il y avait cette intensité en toi. Tes yeux bleus perçants, l'agilité avec laquelle tes doigts se déplaçaient sur les commandes, autant de détails qui me révélèrent tes talents d'expert.

Tu n'avais pas l'air très différent de tous ces autres jeunes de dix ans, fous des jeux vidéo, mais tu l'étais. Je pense que le fait que ce soit l'été, et que nous soyons tous les deux bloqués dans la section oncologie de l'hôpital trahissait cruellement l'air naturel que tu essayais de te donner. Ou peut-être était-ce le fait que nous soyons tous les deux prématurément privés de l'innocence de notre enfance, et que cela me réconfortait de savoir qu'il y avait quelqu'un d'autre ici qui était comme moi. Je ne peux qu'émettre des hypothèses, mais ce dont je suis certaine, c'est que j'étais attirée par ton énergie et ton goût de vivre.

C'était l'été de mes premières chirurgies post-cancéreuses. Les médecins essayaient de remettre en état l'articulation de ma hanche gauche, qui avait volé en éclats sous les bombardements intenses des traitements de chimiothérapie. Ce n'était pas la seule chose qui avait été détruite. J'avais aussi perdu mon attitude optimiste habituelle face à la vie, et j'étais étonnée de voir à quel point je pouvais être agressive. Ce qui n'a pas du tout aidé à me faire aimer de qui que ce soit.

Mon opération se déroula « très bien », dirent les médecins, mais moi je souffrais horriblement.

(L'écart qui existe entre la vision du médecin et celle du patient est une chose tout à fait incroyable.)

Ce n'est que lorsque je t'ai revu en physiothérapie que je réalisai à quel point le cancer avait ravagé ton organisme. J'aurais voulu m'écrier : « Laissez-le donc retourner dans sa chambre pour qu'il puisse jouer à ses jeux vidéo, bande d'idiots ! » Mais je restai assise dans un silence consterné. Je t'ai regardé te lever et commencer à marcher en t'aidant avec les barres parallèles. Avant que tu ne rentres dans la chambre, j'étais assise dans mon fauteuil roulant à m'apitoyer sur mon sort. « Le cancer n'est-il donc pas suffisant ? Maintenant ma hanche est pleine de vis et je m'en fiche complètement. Je vais mourir si jamais j'essaie de me lever. »

Tu ne sauras jamais qui je suis, mais tu es mon héros, génie du Nintendo. Avec quel courage et quelle prestance tu t'es levé sur ton unique jambe. Il y en aura sûrement qui auront l'audace de te traiter d'infirme ou d'estropié, mais tu es plus entier que beaucoup ne pourront jamais espérer l'être. Après ta promenade quotidienne – une promenade que tu avais exécutée à merveille – alors que tu étais en sécurité, bien installé dans ton lit à t'amuser de nouveau avec tes jeux vidéo, je décidai qu'il était temps de me lever, moi aussi, et d'aller me promener.

Tu vois, génie du Nintendo, je me suis alors rendu compte que, tout naturellement, tu savais une chose qui peut prendre aux autres presque toute une vie à comprendre – la vie est comme un jeu, on ne gagne pas à tous les coups, mais le jeu ne s'arrête pas, obligeant ainsi tout le monde à y jouer. Génie du Nintendo, c'est toi le meilleur !

Katie Gill

*Ma décision
la plus difficile*

Des erreurs, des erreurs, des erreurs. Tout le monde en commet. Personne n'a vu la mienne arriver.

Dans l'ensemble, j'étais vraiment une bonne fille. À quinze ans, j'étais étudiante dans une école secondaire catholique et j'étais membre de la National Honor Society. Je jouais à la balle molle et participais à des courses de cross-country. Je voulais, et je veux toujours, être médecin.

Si quelqu'un m'avait dit qu'à quinze ans je serais enceinte, je l'aurais traité de fou. Pourquoi quelqu'un ferait-il quelque chose d'aussi stupide ? J'ai encore de la difficulté à le croire, mais c'est arrivé.

Le 11 octobre 1997, ma fille est née. Je l'ai regardée et je l'ai tout de suite aimée. C'était si bouleversant – un flot d'émotions que je n'avais jamais vécues. Je l'aimais d'un amour inconditionnel. Je l'ai regardée et j'ai su, au fond de mon cœur, que je ne pouvais pas lui donner tout ce dont elle avait besoin et tout ce qu'elle méritait, même si je le voulais désespérément.

Physiquement, émotivement et de bien d'autres manières, j'étais incapable d'être mère. J'ai su ce que je devais faire. J'ai mis de côté toutes mes émotions et j'ai fait ce que je croyais être le mieux pour ma fille, j'ai décidé de la donner en adoption.

Mettre mon bébé dans les bras de celle qui allait être sa mère a été ce que j'ai dû faire de plus difficile de toute ma vie. Tout mon être était déchiré. Même si je peux encore voir ma fille, car j'ai la chance d'avoir une adoption ouverte, la douleur est toujours là. Je ressens cette douleur au fond de moi, chaque jour, quand je pense à Katelyn. Je n'ai qu'un souhait, c'est qu'elle comprenne, quand elle sera plus grande, combien je l'aime. Je l'aime plus que tout au monde.

Aujourd'hui, c'est le premier Noël de ma fille. Je ne serai pas là pour partager avec elle les joies de cette période des Fêtes, ou pour jouer au père Noël et ouvrir ses cadeaux pour elle (elle n'a que deux mois). Je ne serai pas là non plus pour voir ses premiers pas ou entendre son premier mot. Je ne serai pas là pour prendre des photos le jour où elle entrera à l'école maternelle. Quand elle pleurera pour que sa maman vienne, ce ne sera pas moi qu'elle voudra.

Je sais, au fond de mon cœur, que j'ai fait le bon choix. Mais j'aurais souhaité de tout mon cœur ne jamais avoir eu à faire ce choix.

Kristina Dulcey

Déjà parfaits

Les autres peuvent être là pour nous aider, nous enseigner, nous guider sur notre chemin. Mais il nous revient toujours d'apprendre la leçon qui doit être la nôtre.

Melody Beattie

Tout le monde a besoin d'être accepté. Nous luttons tous, à un degré ou à un autre, pour avoir cette estime de soi qui fait que nous nous sentons importants. J'ai passé beaucoup de mon temps à lutter pour parvenir à la perfection, dans tous les domaines de ma vie. Mais je n'ai pas compris que, dans mon besoin désespéré d'être parfaite, je sacrifiais le corps et l'âme qui me permettaient de vivre.

J'ai été une enfant heureuse, j'avais beaucoup d'amis et une famille qui me soutenait. Mais il était difficile et parfois effrayant de grandir.

Pendant mon enfance, j'ai toujours pratiqué des activités pour lesquelles la réussite ou l'échec étaient sanctionnés en public. À sept ans, je jouais au théâtre; ensuite je me suis entraînée et j'ai participé à des compétitions en gymnastique, en équitation et en danse – tous ces sports exigeaient beaucoup de travail, de discipline et de force.

Mon caractère se formait à partir de l'énorme énergie dont j'avais besoin pour continuer. Je voulais que tout le monde soit fier de moi et m'accepte, mais j'étais ma critique la plus sévère.

Après avoir obtenu mon diplôme d'études secondaires et avoir déménagé pour vivre seule, j'ai eu de plus en plus de difficultés avec mon estime de soi et ma capacité à être heureuse. Je devais réussir dans le monde adulte et j'étais de plus en plus exigeante avec moi-même. En même temps, je ne me sentais pas à la hauteur et j'avais l'impression d'échouer.

J'attribuais mes difficultés et mes «échecs» dans la vie à mon poids. J'avais toujours été mince ou dans la moyenne; tout à coup, j'étais convaincue que j'avais un surplus de poids. Dans mon esprit, j'étais GROSSE!

Peu à peu, mon incapacité d'être «mince» a commencé à me torturer. J'étais de nouveau en compétition. Mais cette fois, c'était avec moi-même. J'ai commencé à surveiller mon alimentation et à suivre un régime, mais rien ne semblait fonctionner. Je suis devenue obsédée: mon esprit voulait avoir le dessus sur mon corps, gagner cette partie. Petit à petit, j'ai réduit chaque jour ma nourriture. Chaque fois que je ne terminais pas une portion ou que je sautais un repas, je me disais que je réussissais, et je me sentais fière de moi.

C'est ainsi que j'ai commencé à descendre dans la spirale de l'anorexie. Le dictionnaire définit l'anorexie comme une «perte ou diminution de l'appétit conduisant à un état d'anorexie». Poussée à l'extrême, l'anorexie peut engendrer la malnutrition et priver le corps des vitamines et des minéraux dont il a besoin pour être en bonne santé.

Au début, je me sentais en pleine forme – belle, forte, brillante, presque superhumaine. Je pouvais faire quelque chose que les autres n'arrivaient pas à faire: me passer de nourriture. Je me sentais spéciale, j'étais meilleure que tout le monde. Je ne voyais pas que j'étais en train de me tuer à petit feu.

Autour de moi, les gens ont commencé à remarquer que je maigrissais. Au début, cela ne les a pas inquiétés, peut-être même que certains m'enviaient. Puis, leurs commentaires ont commencé à laisser paraître leur inquiétude. «Tu maigris trop.» «Elisa, tu es trop maigre.» «Tu as l'air malade.» «Tu vas mourir si tu continues comme ça.» Toutes ces paroles ne faisaient que me confirmer que j'étais sur la bonne voie, j'approchais de la «perfection».

Malheureusement, j'ai fait de mon apparence physique la principale priorité dans ma vie. Je pensais que c'était le moyen d'avoir du succès et d'être acceptée. Comme une actrice, je suis constamment jugée sur mon apparence. La caméra fait toujours paraître les gens plus gros qu'ils ne sont. Alors, on m'adressait des messages à double sens, comme: «Elisa, tu es si maigre, mais tu es superbe à la caméra.»

J'ai réduit de plus en plus ma nourriture, jusqu'à ne plus manger qu'une demi-cuillère à thé de yogourt sans matières grasses le matin, accompagnée de café, et une tasse de raisins le soir. Si je mangeais ne serait-ce qu'une bouchée de plus que les «miettes» auxquelles j'avais droit, je me haïssais et je prenais des laxatifs pour nettoyer mon corps de ce que j'avais mangé.

J'en vins au point où je ne sortais plus avec mes amis. Je ne pouvais pas – si j'allais souper avec eux, qu'est-ce que je pourrais bien manger? J'évitais leurs appels téléphoniques. S'ils voulaient aller au cinéma ou passer chez moi, je ne pouvais pas accepter – Et s'ils voulaient manger? Je devais rester seule chez moi pour manger ma petite tasse de raisins. Sinon, j'avais l'impression d'échouer.

Tout tournait autour de l'horaire strict que je m'étais imposé pour manger. J'étais gênée de manger devant quelqu'un, car j'avais peur qu'on me trouve gloutonne et affreuse.

Puis, ma mauvaise alimentation a causé chez moi des troubles du sommeil. J'avais de la difficulté à me concentrer sur mon travail ou sur n'importe quoi d'autre. Au gymnase, je devenais de plus en plus exigeante avec moi-même. Je luttais pour brûler les calories que je n'avais même pas mangées. Mes amis essayaient de m'aider, mais je niais avoir un problème. Plus un seul de mes vêtements ne m'allait, et c'était difficile d'en acheter de nouveaux, car j'avais tant maigri que même une taille zéro était trop grande !

Une nuit, comme bien d'autres auparavant, je n'arrivais pas à dormir et mon cœur battait si vite que j'avais l'impression qu'il allait me sortir de la poitrine. J'ai essayé de me détendre, mais je n'y suis pas arrivée.

Les battements de mon cœur sont devenus si rapides et si forts que je n'arrivais plus à respirer. À cause de la privation de nourriture combinée aux pilules que je prenais pour me débarrasser du peu que je mangeais, j'ai failli avoir une crise cardiaque. Je me suis levée et me suis écroulée près de mon lit. J'ai eu très peur et j'ai compris que j'avais besoin d'aide. Ma colocataire s'est empressée de m'emmener à l'hôpital.

Ce fut la première étape d'un long cheminement vers la guérison. Il a fallu des médecins, des infirmières, des nutritionnistes, des thérapeutes, des médicaments, des suppléments alimentaires… et, le plus important, une nouvelle conscience de qui j'étais véritablement pour reprendre contact avec la réalité.

Ce fut un processus très lent et extrêmement douloureux pour que mon corps guérisse de tout ce que je lui avais fait et pour que je reprogramme ma façon de penser face à moi-même. Je lutte encore tous les jours contre les effets de l'anorexie. Même si deux années se sont écoulées depuis ma première visite à l'hôpital, je ne suis pas encore guérie. Je dois rester honnête avec moi-même et faire tout ce qui est en mon pouvoir pour rester en bonne santé.

J'ai utilisé mon anorexie comme moyen d'expression et de contrôle. Je m'en suis servie pour mesurer l'estime que je me portais et la valeur que je me reconnaissais. C'était mon identité. Aujourd'hui, je comprends que ma réussite se situe dans mon cœur, mon âme et mon esprit plutôt que dans mon apparence physique.

J'utilise maintenant mon intelligence, mes talents et mes gestes de bonté pour m'exprimer. C'est ça la vraie beauté et cela n'a rien à voir avec mon apparence physique et mon poids. En essayant d'être « parfaite » à l'extérieur, j'avais sacrifié qui j'étais à l'intérieur. Je sais aujourd'hui que nous sommes – chacun d'entre nous – déjà parfaits.

Elisa Donovan

Rien à voir avec le bal de finissants de mes rêves

C'est supposément la nuit la plus heureuse dans la vie d'une fille (mis à part son seizième anniversaire). La nuit où toutes les filles du monde se coiffent beaucoup trop longtemps, passent plus d'heures à se maquiller qu'elles ne le feront pour le reste de leurs jours, et attendent que le garçon parfait les emmène vivre une nuit pleine d'animation, de musique, d'amis et de plaisir. Ah! le bal de finissants.

C'est bizarre comme tout semble toujours beau en théorie, mais jamais dans la réalité. Quand je repense à mon bal de finissants, je revois toutes ces merveilleuses choses que les autres filles ont vues – la belle robe, le petit ami, la voiture. Cependant, cette nuit-là, j'ai aussi vu quelque chose qu'une adolescente ne devrait jamais voir – un frère qui se meurt lentement d'un cancer.

Ce n'est pas aussi morbide que cela peut paraître. Mon frère n'a jamais été du genre morbide. Tout allait toujours « bien », même si, alors que le bal de finissants approchait, il ne pouvait pas voir à plus de dix centimètres devant lui et qu'il avait un usage limité de ses bras et de ses jambes parce que le cancer exerçait une pression sur presque tous les nerfs de son corps. Dès qu'on le touchait – ou le serrait dans nos bras – il ressentait des douleurs atroces.

C'est dans cet état que je l'ai trouvé le soir de mon bal de finissants. Quand je suis entrée dans la chambre, mon père y était déjà. En bon papa, il regardait avec mon frère je ne sais plus quel événement sportif à la télévision. Mon frère tentait vaguement de regarder et il pouvait même essayer de se convaincre qu'il pouvait voir ce qui se passait. En y repensant, je m'aperçois qu'il nous avait tous convaincus qu'il allait s'en sortir. Tous, sauf ma mère qui passait vingt-quatre heures sur vingt-quatre avec lui. Ce soir-là, j'ai vraiment cru qu'il me voyait quand je suis entrée dans la pièce.

« Salut, Dacy », a-t-il dit de sa voix de bébé qu'il utilisait toujours pour me parler. Je lui ai adressé un sourire que, aujourd'hui encore, je ne suis pas certaine qu'il ait vu. J'aurais voulu le serrer dans mes bras, mais la douleur qu'il aurait ressentie aurait été trop grande. Je me suis donc contentée de me pencher vers lui et de déposer un léger baiser sur sa joue. Il a entendu le bruissement de ma robe quand je l'ai embrassé et j'ai vu qu'il s'efforçait de la voir. Il essayait toujours de nous cacher ses efforts pour voir, mais on ne pouvait s'empêcher de le remarquer. Il avait cette drôle de façon d'incliner la tête vers le bas parce que, comme il disait, « c'est comme si la partie inférieure de mes yeux était coupée, je ne peux voir que ce qui est au-dessus de cette ligne ». Il levait sa large main et divisait son œil en deux horizontalement pour essayer de nous montrer.

En le voyant incliner la tête dans un effort désespéré pour me voir dans ma splendeur de finissante, je n'ai pas pu m'empêcher de pleurer en silence. Une larme est tombée sur ma robe de satin rouge et j'ai essayé de la faire disparaître de la main, croyant stupidement qu'il pouvait me voir.

Frustré, il a dit : « C'est con, maman, je ne peux même pas voir ma propre sœur dans sa robe de bal. » Je lui ai pris la main et lui ai fait sentir le satin de ma robe. Toujours aussi protecteur avec moi, il a passé la main autour de l'encolure; et quand il s'est aperçu que la robe était décolletée, il a commencé à me réprimander.

«Je ne sais pas si tu devrais, Dacy», m'a-t-il dit d'un ton protecteur. Puis, il a essayé de regarder autour de lui et a fait approcher le garçon avec qui j'allais au bal pour lui expliquer comment devrait se comporter un gentleman ce soir-là. Debout, légèrement en retrait, je regardais ce garçon plus grand que la moyenne, incapable de voir ou même de marcher seul, expliquer à mon cavalier comment exactement il allait traiter sa sœur. J'ai commencé à pleurer. J'ai pleuré non seulement à cause de cette tentative pour me protéger (en fait, j'ai appris longtemps après, de la bouche de mon cavalier, que ce soir-là mon frère avait encore pu lui faire peur), mais parce que Dieu, ou qui que ce soit d'autre, faisait subir cela à un garçon qui toute sa vie avait voulu être normal – qui voulait seulement vivre.

J'ai su à ce moment, alors que je le regardais parler, que bientôt il ne serait plus avec moi. Peut-être que je ne voulais pas l'admettre encore, mais je le savais – et mes larmes ont redoublé. Mon frère m'a entendue à l'autre bout de la pièce et m'a demandé de venir près de lui.

«Ne pleure pas, Stace… ne pleure pas.» Le ton de sa voix avait changé. Il parlait maintenant sur le ton du frère sérieux, le ton de je-suis-plus-vieux-que-toi-et-tu-as-intérêt-à-écouter-ce-que-je-te-dis. «Tout va bien aller. Ça va aller mieux. Je le sais.» Puis, il s'est mis à pleurer. Ma mère a essayé de me rassurer, en me disant que c'étaient ses médicaments qui le rendaient dépressif. Elle ne m'a pas convaincue. Ces larmes étaient réelles. Il a essayé de me serrer dans ses bras et de me montrer qu'il allait bien. Il voulait me dire que je devais aller à mon bal et vivre ma vie. J'ai donné un dernier baiser à mon frère et je suis partie.

Stacy Bennett
Soumis par Diana Chapman

C'est difficile d'être un ado

C'est difficile d'être un ado, personne ne sait vraiment
Quelle est la pression que nous subissons à l'école, mais c'est ainsi.

Je me réveille chaque matin et je regarde ce visage
Je voudrais être beau, mais je suis une vraie honte.

Mais amis semblent m'aimer, si je me conforme à ce qu'ils attendent de moi.
Mais quand j'essaie d'être moi-même, ça ne semble jamais les intéresser.

Ma mère, elle ne cesse de le répéter, dit que je dois me montrer à la hauteur.
Bien que mes deux parents m'aiment, il me semble que leur amour se fane lentement.

J'ai l'impression que tout le monde que je connais essaie d'être *cool,*
Et chaque fois que j'essaie, j'ai l'air d'un imbécile.

J'ai pensé à me droguer, même si ce n'est pas du tout ce que je veux,
Mais je ne cadre pas avec les autres et ça commence vraiment à se voir.

Peut-être que si je pouvais être sélectionné dans
    l'équipe, je pourrais me distinguer de la foule.
S'ils pouvaient voir les efforts que je fais,
    je sais qu'ils seraient fiers.

Voyez-vous je suis encore vierge,
    mes amis ne doivent pas le découvrir.
Car s'ils savaient la vérité, je sais qu'ils riraient
    et me chahuteraient.

Parfois, je suis si déprimé que je voudrais mourir.
Mes problèmes ne sont pas si graves,
    quand je repense à ma vie.

Parfois, je suis vraiment perdu et je me demande
    quoi faire,
Je me demande où aller, à qui je peux parler.

C'est difficile d'être un ado, parfois la vie est injuste
J'aimerais avoir un endroit où aller,
    et quelqu'un qui S'INTÉRESSE À MOI.

Tony Overman

Peu importe ce qui arrivera

Je me rappelle un temps où chaque journée était
    sans fin,
Où le monde était un terrain de jeu et ma vie,
    une chanson,
Et, tel un papillon, je traversais les années
    sans soucis,
Ignorant le futur et ce qui m'y attendait.

L'école était fascinante et pleine de merveilles.
Les jours étaient remplis de jeux et les nuits,
    de rêves.
Mes parents m'assuraient que je n'avais rien à
    craindre.
Et que, peu importe ce qui allait arriver, ils seraient
    toujours là.

Je connaissais peu du monde à l'extérieur
    de la maison,
Là où la tragédie, le chagrin et le crime guettaient.
Je ne voyais que des ciels bleus, des arcs-en-ciel
    et des étoiles.
Je voyais au-delà des immeubles et des voitures
    détruites.

Enfant, ma seule préoccupation était moi;
Je devais être heureuse, je devais être libre.
Si j'étais satisfaite, je ne versais pas une larme,
Peu importe ce qui arriverait, je serais encore là.

Mais en grandissant, l'obscurité s'est installée;
Mon monde radieux s'est transformé en béton
 et en fer.
Aujourd'hui, je vois la violence que je ne remarquais
 pas auparavant;
Mes amis commencent à mourir et mon cœur
 est lourd.

Des maladies mortelles emportent des personnes
 que j'aime,
Il y a des sites d'enfouissement sous nos pieds,
 de la pollution sur nos têtes.
Je repense souvent à l'époque où la vie était un jeu.
Mais, peu importe ce qui arrive, ce ne sera jamais
 plus pareil.

Certains jours, je voudrais m'écrouler et hurler,
Tout abandonner, rendre mon tablier.
Mais je garde la tête haute et poursuis mon chemin.
J'ai trop à donner et tant à faire.

Je fais un vœu : même si cela doit être difficile,
Je continuerai en souriant et jouerai
 toutes mes cartes.
Je donnerai tout ce que je peux, aiderai les autres
 et aimerai.
Peu importe ce qui arrivera, la vie me sourira
 à nouveau,
Et la force qui me manque me viendra d'en haut.

Alors, prends ma main, et nous voguerons à travers
    l'obscurité –
Si nous nous unissons, nous ne pourrons jamais
    échouer.
Nous nous rappellerons de prendre soin des autres,
D'être sensible à ce qui se passe,
Et peu importe ce qui arrivera, notre monde guérira.

Alison Mary Forbes
Soumis par Barry Weber

La maman
que je n'ai jamais eue

Je me souviens encore de la première fois où j'ai appris que ma mère avait été hospitalisée pour des problèmes de drogue. J'étais en colère, effrayée, triste et confuse. Et je me sentais trahie. Des questions ne cessaient de me traverser l'esprit. Comment avait-elle pu me faire ça à moi ? Comment avait-elle pu faire ça à sa famille ?

Qu'est-ce que j'avais fait de mal ? Car je pensais que j'avais fait quelque chose de mal. Je me disais que c'était parce que je m'étais trop disputée avec elle la veille. Parce que je m'étais rebellée suffisamment pour qu'elle ne puisse plus le supporter.

Je repense à mon enfance et je ne me rappelle pas vraiment que ma mère ait été là quand j'en avais besoin. Je ne lui ai jamais parlé des garçons que j'aimais, je ne lui ai jamais fait part de mes sentiments quand j'étais troublée. Quant à elle, elle ne s'est jamais confiée à moi quand elle était triste ou quand elle avait besoin de parler à quelqu'un. Ma vie n'a jamais été « normale » comme celle des autres filles dans ma classe. Pourquoi ma mère ne m'emmenait-elle pas magasiner ? Pourquoi ma mère ne venait-elle jamais assister aux matchs de basket-ball, aux réunions avec les professeurs ou aux rendez-vous chez l'orthodontiste ?

Tout à coup, cela m'est tombé dessus. Ma mère, une infirmière diplômée, qui avait travaillé à l'urgence pendant de nombreuses années – une excellente infirmière, appréciée de tous – était toxicomane. Mon père a essayé de me convaincre que tout irait bien; que, si elle partait quelque temps, nous irions tous très bien. Mais au fond de mon cœur, je savais que j'avais besoin de ma mère.

Les premiers jours pendant lesquels ma mère a été en cure de désintoxication ont été l'enfer. Je ne le réalisais pas encore. Je n'avais personne à qui parler et il y avait tant de questions sans réponse. Je regardais des films vidéo tournés quand j'étais une petite fille et j'espérais que tout redevienne « normal ». Aujourd'hui, je sais que ça n'avait jamais été normal.

Ma mère a téléphoné de l'hôpital. Je me rappelle sa voix si douce et faible. Elle a dit qu'elle était désolée pour tout. Je voulais lui dire de revenir à la maison, que je l'aimais et que tout irait bien dorénavant. Au lieu de cela, je lui ai dit que ce n'était pas sa faute et, au milieu de mes sanglots, je lui ai dit au revoir. Voyez-vous, je n'étais pas censée pleurer. J'étais censée être celle qui est forte.

Le jour suivant, nous sommes allés lui rendre visite. Je ne voulais pas être seule avec elle. Je ne voulais pas lui parler parce que j'avais peur de ce qu'elle pourrait dire. C'était étrange d'avoir de tels sentiments à l'égard de ma propre mère. J'avais l'impression qu'elle était une étrangère, quelqu'un que je ne connaissais pas.

Elle est revenue à la maison un mardi. Nous avons parlé quelque temps et elle a dit qu'elle voulait que je vienne avec elle à des réunions. Je lui ai dit que j'irais sans savoir quel type de gens je rencontrerais ou à quoi ils ressembleraient. J'y suis donc allée et les réunions m'ont vraiment aidée à comprendre que ma mère était aux prises avec une maladie, et que ce n'était la faute de personne. J'ai aussi rencontré des personnes formidables qui m'ont aidée à mieux comprendre ce dont il s'agissait.

Pourtant, je vivais encore dans l'incertitude. Aux réunions, j'entendais parler de rechutes et comment les éviter. Et si ma mère rechutait ? Comment pourrais-je affronter cela une deuxième fois ? Je me rappelle quand ma mère se droguait, elle restait pendant des heures dans sa chambre.

Un jour, je venais de remarquer que ma mère n'était pas descendue depuis un bon moment et j'ai eu peur. J'ai essayé de me dire que, même si elle rechutait, nous nous en sortirions, mais je n'y croyais pas vraiment. Je me suis forcée à monter pour voir ce qu'elle faisait. J'ai eu peur en ouvrant la porte de sa chambre, peur de ce que je pourrais découvrir. Mais je n'ai pas été déçue. Je l'ai trouvée au lit, en train de lire un livre de prières. J'ai su que ma mère allait s'en sortir !

Elle s'en est sortie et ainsi nous avons pu commencer la relation mère-fille que nous n'avions jamais eue. Enfin, j'avais ma mère.

Becka Allen

Bonne nuit, papa

« Tu as peur des hauteurs ? » me demanda mon père pendant que je montais l'échelle apparemment pas très stable pour aller sur le toit de notre maison de deux étages. J'étais monté pour l'aider à réparer l'antenne de télévision.

Il me suivait avec des outils à la main. « Pas encore », lui répondis-je.

Je n'avais pas grand-chose à faire là-haut sur le toit – mon travail consistait essentiellement à tenir l'antenne en place et lui tendre ses outils. Alors, je lui parlais pendant qu'il travaillait. Je pouvais toujours parler à mon père. Il ressemblait davantage à un grand enfant qu'à un adulte. Il avait l'air beaucoup plus jeune que ses quarante et un ans. Ses cheveux et sa moustache étaient bruns et aucun signe de calvitie ou de grisonnement n'était visible. Il mesurait un bon mètre quatre-vingts et ses yeux vert foncé semblaient toujours rire d'une plaisanterie secrète, entendue de lui seul. Même mes amis, dont il s'était moqué sans pitié, l'aimaient. La plupart de mes camarades étaient gênés quand leur père était avec eux, mais pas moi. En fait, j'étais très fier de lui. Personne n'avait un père aussi « cool » que le mien.

Une fois l'antenne réparée, nous sommes rentrés et j'ai commencé à me préparer pour aller au lit. En entrant dans ma chambre, j'ai jeté un coup d'œil derrière moi et j'ai aperçu mon père dans son bureau, adjacent à ma chambre. Il était absorbé par son travail à l'ordinateur. Pendant que je le regardais, j'ai eu une envie folle de passer ma tête par la porte et lui dire que je l'aimais.

J'ai vite réprimé cette envie et suis entré dans ma chambre. Je ne pouvais pas lui dire «Je t'aime.» Je ne lui avais plus jamais dit cela, ni à lui ni à personne d'autre, depuis l'âge de sept ans. Avant, je le disais quand ma mère et mon père venaient me border et m'embrasser pour me souhaiter bonne nuit. Un homme ne disait pas ça à un autre homme. Pourtant, alors que j'avais refermé la porte de ma chambre, cette envie devenait de plus en plus forte en moi. Je fis demi-tour et ouvris ma porte. Puis, je passai la tête par la porte du bureau de mon père.

«Papa», dis-je d'une voix douce.

«Oui?»

«Heu...» je pouvais sentir mon cœur battre plus vite. «Heu... je voulais juste te dire... bonne nuit.»

«Bonne nuit», répondit-il. Je retournai dans ma chambre et fermai la porte.

Pourquoi ne l'ai-je pas dit? De quoi ai-je peur? Je me consolai en me disant que, peut-être, j'aurai le courage de le dire plus tard. Mais je savais que je ne le ferais peut-être jamais. Pour une raison inconnue, je savais que je n'avais jamais été aussi près de dire à mon père que je l'aimais, et cela me mettait en colère contre moi-même et me frustrait. Au fond de moi, j'ai commencé à espérer qu'il savait, lorsque je lui ai dit «Bonne nuit», que je voulais vraiment lui dire «Je t'aime».

Le jour suivant ressembla aux autres. Après l'école, je partis à pied avec mon meilleur ami, comme je le faisais souvent. Mais sa mère nous surprit, elle nous attendait dans le stationnement. Elle me demanda chez qui j'allais et quand je lui répondis: «Chez vous», elle fit une pause et me dit:

« Non, j'ai l'impression que ta mère veut que tu rentres tout de suite chez toi. » Je ne soupçonnais rien. Je pensais qu'elle voulait faire quelque chose avec sa propre famille, alors je ne devais pas m'imposer.

Quand nous arrivâmes devant chez moi, je remarquai beaucoup de voitures garées devant la maison et quelques personnes que je connaissais montaient l'escalier de l'entrée.

Ma mère m'accueillit à la porte. Son visage était noyé de larmes. De la voix la plus calme dont elle était capable, elle me dit la pire nouvelle de ma vie. « Papa est mort. »

Je restai d'abord cloué sur place pendant que maman me serrait dans ses bras. J'étais incapable de bouger ou de réagir. Je ne cessais de me répéter en silence : *Oh ! mon Dieu, non. Ce n'est pas vrai ! Je t'en supplie...* Mais je savais qu'elle ne me mentait pas. Je sentis les larmes couler sur mon visage alors que je m'empressais de serrer dans mes bras quelques-unes des personnes qui étaient venues, puis je suis monté dans ma chambre.

En entrant dans ma chambre, j'ai jeté un coup d'œil dans le bureau de mon père. *Pourquoi ne lui ai-je pas dit ?!* C'est à ce moment que j'ai entendu mon petit frère, âgé de trois ans, demander : « Maman, pourquoi est-ce que mon frère pleure ? »

Alors que je refermais la porte de ma chambre, j'ai entendu ma mère répondre : « Il se sent un peu fatigué, mon chéri, c'est tout. » Elle ne lui avait pas encore dit que papa ne reviendrait plus de son travail.

Une fois dans ma chambre, j'eus si mal que mon corps devint tout engourdi et je m'écroulai sur le sol, en sanglots. Quelques instants plus tard, j'entendis un hurlement en bas et la voix de mon petit frère qui criait : « Pourquoi, maman ? ! » Ma mère venait de lui dire ce qui était arrivé.

Quelques secondes plus tard, elle entra dans ma chambre et me confia mon petit frère qui pleurait. Elle m'a dit de répondre à ses questions pendant qu'elle resterait en bas pour accueillir les gens qui arrivaient. Pendant la demi-heure qui suivit, j'essayai de lui expliquer pourquoi notre Père céleste avait voulu que notre papa retourne à ses côtés, tout en m'efforçant de me ressaisir.

On me dit que mon père était mort dans un accident à son travail. Il travaillait dans la construction et, on ne sait trop comment, il avait été projeté en bas de la grue qu'il inspectait. Des travailleurs qui étaient à côté ont déclaré qu'ils ne l'avaient pas entendu crier. Ils n'avaient rien entendu, mais ils étaient accourus vers lui quand ils l'avaient entendu atterrir sur le sol. Il a été déclaré mort à son arrivée à l'hôpital, vers 11 h du matin, le 21 avril 1993.

Je n'ai jamais vraiment dit à mon père que je l'aimais. Je souhaiterais l'avoir fait. Il me manque beaucoup. Quand je le reverrai après cette vie sur terre, je sais que la première chose que je lui dirai sera : « Je t'aime papa. »

D'ici là, « Bonne nuit, papa ».

Luken Grace

5

LA FAMILLE

*La famille...
une expérience d'amour et de soutien,
vécue en groupe.*

Marianne Williamson

Tu es belle

Je n'ai jamais pensé que je la comprenais. Elle semblait toujours si loin de moi. Je l'aimais, bien sûr. Nous nous sommes aimées depuis le jour où je suis née.

Je suis venue au monde avec la tête cabossée et les traits du visage déformés à cause de l'accouchement difficile qu'avait eu ma mère. Les membres et les amis de la famille fronçaient le nez devant le bébé défiguré que j'étais. Ils disaient tous que je ressemblais à un joueur de football qu'on aurait passé à tabac. Mais pas elle. Nana me trouvait belle. Ses yeux scintillaient d'émerveillement et de bonheur en regardant le vilain bébé qu'elle tenait dans ses bras. Sa première petite-fille. *Tu es belle,* disait-elle.

Elle est morte quand j'étais en première année collégiale, juste avant les examens de fin d'année.

Sept ans plus tôt, ses médecins avaient diagnostiqué que Nana était atteinte de la maladie d'Alzheimer. Notre famille est devenue experte en ce qui concerne cette maladie, à mesure que nous perdions Nana, petit à petit.

Quand elle parlait, ses phrases étaient toujours fragmentées. Avec les années, elle parlait de moins en moins, pour finalement ne plus rien dire. Nous étions heureux quand elle nous disait un mot, à l'occasion. C'est alors que notre famille a su qu'elle n'en avait plus pour longtemps.

Environ une semaine avant sa mort, son corps ne pouvait plus du tout fonctionner et les médecins ont décidé de la placer dans un hospice. Un hospice, là où les personnes entrent pour ne jamais en ressortir.

J'ai dit à mes parents que je voulais la voir. Je devais la voir. Mon incontrôlable curiosité l'emportait sur l'effroyable peur qui m'habitait.

Deux jours plus tard, ma mère m'a emmenée à l'hospice. Mon grand-père et deux de mes tantes y étaient aussi, mais ils sont restés dans le couloir pendant que j'entrais dans la chambre de Nana. Elle était assise dans un grand fauteuil rembourré, à côté de son lit, la tête rejetée en arrière, les yeux fermés, la bouche ouverte. Elle dormait sous l'effet de la morphine. J'ai jeté un regard furtif autour de la pièce : les fenêtres, les fleurs et Nana. Je faisais tout ce qui était en mon pouvoir pour tout voir, je savais que c'était la dernière fois que je la voyais vivante.

Doucement, je me suis assise en face d'elle. J'ai pris sa main gauche et l'ai tenue dans la mienne. J'ai repoussé une boucle de cheveux dorés qui tombait sur son visage. Je suis restée assise à la regarder, sans bouger, incapable de ressentir quoi que ce soit. J'ai ouvert la bouche pour parler, mais aucun son n'est sorti. Je n'en revenais pas de la voir en si piteux état, assise là dans cette pièce, impuissante.

C'est alors que c'est arrivé. Sa petite main a entouré la mienne et l'a serrée de plus en plus fort. Sa voix émit alors comme un léger hurlement. Elle semblait pleurer de souffrance. Puis, elle a parlé.

« Jessica. » Aussi clairement que ça. Mon nom. Le mien. Parmi quatre enfants, deux beaux-fils, une belle-fille et six petits-enfants, elle savait que c'était moi.

À cet instant, j'ai eu l'impression de voir un film de notre famille dans ma tête. J'ai vu Nana à mon baptême. Je l'ai vue à mes spectacles de danse, quand j'avais quatorze ans. Je l'ai vue m'apporter des roses, rayonnante de fierté. Je l'ai vue danser la claquette sur le plancher de notre cuisine. Je l'ai vue me montrer du doigt ses propres joues ridées et me dire que c'était d'elle que j'avais hérité mes grosses fossettes. Je l'ai revue en train de jouer avec nous, ses petits-enfants, pendant que les autres adultes mangeaient le repas de l'Action de grâce. Je l'ai vue assise avec moi dans notre salon, admirant notre arbre de Noël superbement décoré.

Je l'ai ensuite regardée, j'ai vu dans quel état elle était… et j'ai pleuré.

Je savais qu'elle ne verrait jamais mon dernier spectacle de danse de finissante ou qu'elle ne me regarderait plus jamais pousser des bravos et des hourras durant une partie de football. Plus jamais elle ne s'assoirait avec moi pour admirer notre arbre de Noël. Je savais qu'elle ne me verrait jamais aller à mon bal de finissante, obtenir mes diplômes d'études collégiales et universitaires, ou me marier. Je savais qu'elle ne serait jamais là le jour où mon premier enfant naîtrait. Les larmes coulaient une à une sur ma joue.

Mais plus que tout, j'ai pleuré parce que je savais enfin ce qu'elle avait ressenti le jour où j'étais née. Elle ne s'était pas arrêtée à ce qu'elle voyait à l'extérieur. Elle avait regardé l'intérieur et avait vu une vie.

Doucement, j'ai retiré sa main de la mienne et j'ai essuyé les larmes sur ses joues et sur les miennes. Je me suis levée, me suis penchée vers elle et je l'ai embrassée en disant: « *Tu es belle.* »

Je l'ai regardée un long moment, pour la dernière fois, puis j'ai fait demi-tour et j'ai quitté l'hospice.

Jessica Gardner

Il y a un Oz

Ils doivent arriver à huit heures pile pour la ramener à la maison, mais il n'était pas encore sept heures qu'elle était déjà prête. Elle a pris une douche – pas facile de prendre une douche lorsqu'on est allongée sur une civière. Elle n'a pas encore le droit de s'asseoir sans son corset, mais elle est prête, propre et fraîchement frictionnée, et impatiente de rentrer à la maison.

Cela fait deux mois et demi qu'elle n'a pas vu sa maison, deux mois et demi depuis l'accident de voiture. Elle se moque de rentrer à la maison en fauteuil roulant ou que ses jambes ne fonctionnent pas. Tout ce qu'elle sait, c'est qu'elle rentre à la maison et qu'à la maison, tout ira bien. Même Dorothy le dit : « Oh ! tante Em, rien ne vaut la maison ! » C'est son film préféré.

Pendant qu'ils l'installent dans la voiture, elle pense à quel point son père lui rappelle l'épouvantail du *Magicien d'Oz*. Comme lui, il est constitué de morceaux de beaucoup de choses différentes – force, courage et amour. Surtout de l'amour.

Ce n'est pas un homme élégant. Son père est grand et maigre. Il a de la saleté sous les ongles parce qu'il travaille dehors. C'est un col bleu – un ouvrier. Il n'est jamais allé à l'université, même pas au collège. Selon les critères de la société, il n'a pas « d'éducation ». Un horrible bonhomme, comme l'épouvantail – mais elle sait bien que ce n'est pas le cas. Il ne parle pas beaucoup, mais quand il parle, elle sait que cela vaut la peine de s'en souvenir. Même de l'écrire. Pourtant, elle n'a jamais besoin d'écrire ce que son père lui dit, parce qu'elle est certaine qu'elle ne l'oubliera jamais.

C'est difficile pour elle de s'asseoir confortablement quand elle porte le corset. Dans la voiture, elle est assise dans une position raide qui manque de naturel, et elle regarde par la fenêtre. Son visage est tendu et fatigué. Elle paraît plus âgée, beaucoup plus âgée que ses dix-sept ans. Elle ne se souvient même plus du monde d'une fille de dix-sept ans – c'est comme si ce monde n'avait jamais existé. Elle pense savoir ce que Dorothy voulait dire quand elle a dit : « Oh ! Toto, je pense que nous ne sommes plus au Kansas. » C'est plus qu'une question de géographie, elle en est tout à fait certaine.

Ils s'engagent sur la route et approche du panneau de signalisation « Arrêt », au coin. Cet arrêt n'est qu'une formalité, personne ne le respecte jamais. Aujourd'hui, toutefois, c'est différent. Alors qu'il s'apprête à s'engager dans l'intersection, elle est immédiatement sur le qui-vive, le visage tendu et les yeux remplis de terreur. Elle s'accroche aux bords du siège. « Arrête ! C'est un arrêt ! Tu pourrais nous tuer ! Tu ne le sais pas ? » Puis, d'une voix plus calme et encore plus intense : « Tu ne sais pas ce que c'est – ça ne t'est jamais arrivé. » Il la regarde, sans rien dire. L'épouvantail et Dorothy poursuivent leur voyage.

Sur la route, son esprit est sans cesse aux aguets. Elle serre toujours le siège. Elle pense aux yeux, ceux qu'elle avait avant – de grands yeux bruns expressifs qui pétillaient à la moindre pensée de bonheur. Seul le bonheur a disparu, et elle ne sait pas où elle l'a laissé ou comment le retrouver. Elle sait seulement qu'il est parti, emportant aussi l'étincelle qui brillait dans ses yeux.

Les yeux ne sont plus les mêmes. Ils ne reflètent plus l'âme de la personne, parce que cette personne n'existe plus. Maintenant, ils sont profonds, froids et vides – des étangs de couleur, remplis de quelque chose qui va bien au-delà du bonheur qui était là autrefois. Comme la route au revêtement jaunâtre qui s'étend sans fin, d'une manière exaspérante, à travers les vallées et les forêts, obscurcissant sa vision jusqu'à ce qu'elle ait perdu de vue Emerald City.

Elle touche doucement le fin bracelet qu'elle porte. C'est un cadeau de son père et de sa mère, et elle refuse de l'enlever de son poignet. Son nom est gravé sur le côté visible aux autres. Mais, comme dans toute chose, il y a deux côtés, et elle est la seule à connaître l'autre côté. C'est un seul mot, gravé sur le côté du bracelet qui touche sa peau et son cœur, «Espoir».

Un petit mot qui en dit tant sur sa vie et sur ce qui y manque maintenant. Elle se souvient vaguement de l'espoir – ce que l'on ressent d'espérer une bourse d'études en basketball pour l'université ou, peut-être, une chance de faire carrière dans la danse. Aujourd'hui, elle n'est pas certaine de se souvenir de ce qu'était l'espoir à cette époque – une force motrice, une partie fondamentale de sa vie. Aujourd'hui, l'espoir est une chose qui la hante.

La nuit, elle rêve. Elle rêve qu'elle fait tourner les roues du fauteuil roulant dans la cour ou qu'elle frappe une balle de tennis contre un mur de briques. Mais il y a un rêve, plus pénétrant, plus fréquent, le plus obsédant de tous... Il y a un lac et des arbres, une douce brise et un ciel merveilleux. C'est une scène si belle, il est presque impossible de l'imaginer. Et elle marche, au milieu de ce paysage. Jamais, elle ne s'est sentie plus en paix.

Puis, elle se réveille et se rappelle. Et en se rappelant, elle sait. Instinctivement, elle touche le bracelet, le mot avec ses doigts. La peur la submerge presque – la peur de ne pas savoir comment espérer.

Elle pense au Dieu de son père et au sentiment qu'elle ressent maintenant que Dieu l'a abandonnée. C'est alors qu'une larme dessine un chemin sur son visage amaigri et tendu. Puis une autre larme, et encore une autre. Elle pleure. « Oh! papa, ils disent que jamais je ne remarcherai! Ils sont les meilleurs et ils disent que je ne marcherai plus jamais. Papa, qu'est-ce que je vais faire? »

Il la regarde et arrête la voiture. C'est l'homme qui a été avec elle sur toutes les routes, tous les sentiers et tous les chemins – comme l'épouvantail. Et il parle. « Je sais qu'ils peuvent te rafistoler. Ils peuvent mettre des tiges d'acier dans ton dos et te recoudre. Mais regarde autour de toi. Aucun de tes docteurs ne peut faire un brin d'herbe. »

Tout à coup, elle comprend. Il lui a enseigné la leçon la plus importante de sa vie et de son voyage : elle n'est jamais seule. Il y a un Oz, il y a un magicien, il y a un Dieu. Et… il y a… l'espoir. Elle cesse de s'agripper au siège, regarde par la fenêtre et sourit. Et à cet instant, elle aime son père plus qu'elle ne l'a jamais aimé auparavant.

Terri Cecil

Le vœu d'un père

> *C'est une merveilleuse sensation quand votre père devient pour vous non pas un dieu, mais un homme – quand il descend de son piédestal et que vous voyez qu'il est un homme avec des faiblesses. Et vous l'aimez comme un être entier, et non comme une figure de proue.*
>
> Robin Williams

J'écris ces lignes... en tant que père. Avant d'avoir vous-même un fils, vous ne saurez jamais ce que cela signifie. Vous ne connaîtrez jamais cette joie et cet amour uniques qui résonnent dans le cœur d'un père quand il regarde son fils. Vous ne connaîtrez jamais le sens de l'honneur qui fait qu'un homme veut être plus que ce qu'il est et transmettre quelque chose de bon et de prometteur à son fils. Vous ne connaîtrez jamais la douleur des pères hantés par leurs propres démons les empêchant d'être les hommes qu'ils voudraient que leur fils voie.

Vous verrez seulement l'homme qui est devant vous, ou qui a quitté votre vie, qui exerce un pouvoir sur vous – bon ou mauvais – et qui ne lâchera jamais prise.

C'est un grand privilège et un lourd fardeau d'être cet homme. Il y a quelque chose qu'un père doit transmettre à son fils, même si ce n'est pas clair. Il s'agit d'un sens de sa virilité, de sa propre valeur, de sa responsabilité envers le monde qui l'entoure.

Mais comment l'exprimer avec des mots ? Nous vivons à une époque où il est difficile de parler avec notre cœur. Des milliers de choses insignifiantes étouffent notre vie, et la poésie de notre âme est réduite au silence par les pensées et les exigences de nos affaires quotidiennes. La chanson qui vit dans notre cœur, la chanson que nous avons attendu de partager, la chanson d'être un homme est réduite au silence. Nous nous retrouvons remplis de conseils mais dénués de croyance.

Alors je veux te parler honnêtement. Je n'ai pas les réponses. Mais je comprends les questions. Je te vois lutter, découvrir et te débattre pour progresser. Je vois mon reflet dans tes yeux et dans tes journées. J'ai passé par là où tu es et je veux partager mon expérience avec toi.

Moi aussi, j'ai appris à marcher, à courir, à tomber. J'ai eu un premier amour. J'ai connu la peur, la colère et la tristesse. Mon cœur a été brisé et j'ai connu des moments où la main de Dieu semblait être sur mon épaule. J'ai versé des larmes de tristesse et des larmes de joie.

Il y a eu des périodes sombres pendant lesquelles j'ai pensé que jamais je ne reverrais la lumière. Il y a eu des périodes où je voulais danser, chanter et serrer dans mes bras toutes les personnes que je rencontrais.

Je me suis senti plongé dans le mystère de l'univers, et j'ai vécu des moments où la plus petite blessure me mettait en rage.

J'ai porté les autres quand j'avais à peine la force de marcher moi-même. J'ai laissé d'autres personnes debout au bord de la route, les mains tendues pour de l'aide.

Parfois, je pense avoir fait bien plus qu'on ne peut demander à quelqu'un de faire. D'autres fois, j'ai l'impression d'être un charlatan et un raté. Je porte en moi l'étincelle de la grandeur et l'obscurité de crimes les plus sombres.

Bref, je suis un homme, comme tu en es un.

Tu marcheras sur ta propre terre et tu te déplaceras dans ton propre temps, mais le soleil qui se lèvera sur toi sera le même que celui qui s'est levé sur moi, et les mêmes saisons traverseront ta vie comme elles ont traversé la mienne. Nous serons toujours différents, mais toujours pareils.

J'ai essayé ici de te transmettre les leçons que ma vie m'a enseignées pour que tu puisses les utiliser dans la tienne. Le but n'est pas que tu deviennes moi. C'est ma plus grande joie de te regarder devenir toi-même. Mais le temps révèle des vérités et ces vérités sont plus grandes que toi ou moi. Si je peux leur donner une voix de façon à pouvoir marcher à tes côtés, alors j'aurai fait quelque chose de bien.

Être ton père est le plus grand honneur que j'ai jamais eu. Cela m'a permis, pendant un instant, de toucher le mystère de la vie et de voir mon amour transformé en un être vivant. Si je n'avais qu'un seul souhait, ce serait que tu transmettes cet amour. Après tout, la vie n'est pas beaucoup plus que cela.

Kent Nerburn

Imprégné de sens

Ma mère et moi étions assises dans le petit café de l'université avec nos grandes tasses de quelque chose qui sentait le citron et goûtait comme à la maison. Nous rattrapions les quatre derniers mois, et les heures étaient trop courtes. Bien sûr, nous avions parlé au téléphone et nous nous étions écrit de temps à autre. Mais les appels étaient des interurbains, et il était rare de trouver un moment où ma colocataire n'attendait pas un téléphone, ou bien un moment où mon petit frère et ma petite sœur ne réclamaient pas ma mère. Bien que nous ayons été au courant des faits importants qui s'étaient produits dans notre vie au cours des derniers mois, nous n'en avions pas parlé à fond. Alors que nous parlions de son nouvel emploi, de mon dernier examen, de mon nouvel amour et de sa dernière entrevue, je me suis appuyée contre le coussin et j'ai pensé : *J'ai toujours su quand elle est devenue ma mère. Mais quand est-elle devenue mon amie ?*

D'aussi loin que je me souvienne, ma mère avait toujours été la première personne vers laquelle je me tournais quand je pleurais ou riais. Quand je perdais une dent, quand je rencontrais une nouvelle amie, quand je tombais de ma bicyclette et quand je remontais dessus, elle était toujours là. Elle ne me jugeait jamais; elle me laissait avoir mes propres attentes. Elle était fière quand je réussissais et d'un grand soutien quand j'échouais. Elle m'écoutait toujours. Elle semblait savoir quand je demandais un conseil et quand j'avais seulement besoin de pleurer un bon coup. Elle multipliait mon excitation avec la sienne et divisait mes frustrations par son empathie et sa compréhension. Quand elle venait me chercher à l'école, elle me demandait toujours comment avait été ma journée. Je me souviens de ce jour où je lui avais demandé comment avait été sa journée. J'avais été un peu surprise qu'elle ait autant de choses à me dire. Nous parlions rarement tard le soir (parce qu'elle dormait déjà); nous ne parlions pas non plus tôt le matin (parce que je n'étais pas encore levée). Mais malgré nos journées chargées, nous trouvions le temps de nous parler de nos histoires et de nous donner de l'amour.

Peu à peu, elle m'a confié de plus en plus de choses sur sa vie, et je me suis sentie plus ouverte avec elle. Nous partagions nos expériences et nos espoirs, nos frustrations et nos peurs. En apprenant qu'elle avait encore des choses à construire et des obstacles à surmonter, je me suis sentie plus à l'aise avec mes propres problèmes. Avec elle, je sentais que mes opinions n'étaient jamais immatures et mes pensées jamais stupides. Ce qui me surprend aujourd'hui, c'est qu'elle se rappelait toujours de me dire «fais de beaux rêves» et qu'elle n'oubliait jamais de me dire qu'elle croyait en moi. Quand elle a commencé à vivre des changements dans sa vie, j'ai pu lui dire à mon tour que je croyais en elle.

Ma mère a toujours été une amie. Elle m'a donné son cœur dans son intégralité, mais son âme, elle me l'a divulguée par morceaux, quand elle savait que j'étais prête.

J'étais assise en face de la femme qui m'avait donné la vie et qui maintenant partageait la sienne avec moi. Nos tasses étaient vides, mais nos cœurs étaient pleins. Nous savions toutes les deux que demain elle retournerait à la vie trépidante de Los

Angeles et que je resterais dans la bousculade de New Haven. Je sais que, toutes les deux, nous grandissons et apprenons. Je sais aussi que nous continuons d'apprendre à nous connaître et devenons plus intimes. Notre relation ressemble au thé que nous venions de boire à petites gorgées : plus longtemps il a infusé, meilleur il est.

Daphna Renan

Le cœur du bois

Un soir d'automne, j'étais assis à la ligne du troisième but au Pro-Player Stadium de Miami. Je regardais un match décisif entre les Marlins de Floride et les Mets de New York. De temps à autre, mon attention était attirée par un ado et son père assis dans la rangée devant moi. Le père était un supporter des Mets comme en faisait foi sa casquette. Son fils portait le logo des Marlins.

Le fils dit quelque chose qui provoqua son père. Ce dernier commença à taquiner son fils au sujet des Marlins. Quand il fut clair que les Marlins allaient probablement perdre cette partie, les réponses du garçon aux railleries de son père devinrent cinglantes et le ton de plus en plus agressif. Vers la fin de la partie, le garçon – de fort mauvaise humeur – dit quelque chose de désagréable à son père, qui se tourna pour faire face à son fils. Avec une hargne typique aux ados, le fils dévisagea son père. Sous l'effet de la colère, ses yeux devenaient de plus en plus petits et sa peau rougissait. « Je te hais ! Tu sais ! » Il cracha les mots comme s'ils avaient aussi mauvais goût qu'ils étaient désagréables à entendre. Puis, il courut s'abriter sous la grande tribune. L'homme se leva et suivit son fils.

En les regardant, j'ai eu autant de sympathie pour le père que pour le fils, parce que, moi aussi, je m'étais révolté contre l'homme dont j'étais le fils. C'était à une époque où je pensais que jamais je ne grandirais, que je ne serais jamais bien dans ma peau et que jamais je n'y arriverais. C'est une époque que nous ne devons pas oublier.

❖ ❖ ❖

Un jour de juin, pendant l'été après ma deuxième année au secondaire, j'eus une horrible dispute avec mon père. Il était médecin de campagne et avait une ferme dans le sud de l'Indiana où il élevait un troupeau de bovins Hereford et gardait quelques chevaux. Cet été-là, il décida d'agrandir la clôture du pâturage le long du champ situé au sud de la propriété. Ce fut le début de la dispute.

Nous étions assis sous un sycomore, au bord du pâturage. Plongé dans ses pensées, mon père taillait au couteau un morceau de bois. Il montra du doigt un bosquet de sapins du Canada à environ trois cents mètres de nous et dit: «D'ici à là. C'est là que nous voulons construire notre clôture. Environ cent dix trous d'un mètre de profondeur. Ça ne prendra pas des siècles.»

Je répondis d'une voix sèche: «Pourquoi est-ce qu'on n'utilise pas une pelle mécanique?»

«Parce qu'avec une pelle mécanique, on n'apprend pas à travailler. Et nous voulons que notre clôture nous apprenne une chose ou deux.»

Ce qui me mit en colère, ce fut la manière dont il disait «*nous* voulons que *notre* clôture...» *Nous* n'avait rien à voir avec ça. Le projet était le *sien*. Je ne faisais que du travail forcé et j'estimais que c'était injuste.

J'admirais beaucoup de choses chez mon père et j'essayais de me les rappeler quand j'étais en colère contre lui. Mais cet été-là, je me mettais facilement en colère. Un soir, alors que nous inspections le troupeau, l'attention de mon père s'arrêta sur un bouleau qui poussait sur la berge est du petit étang de la ferme. L'arbre se divisait en deux au niveau du sol et me servait de retraite. J'appuyais mon dos contre l'écorce sombre d'un tronc et mes pieds contre l'autre tronc, de façon à être bien calé. Puis, je pouvais regarder le ciel, lire ou rêver.

« Je me souviens que tu te réfugiais dans cet arbre quand tu étais petit. Ça ne t'arrive plus souvent », dit-il.

Avec stupeur, je m'entendis répondre : « Qu'est-ce que ça peut bien te faire ! » Puis, je courus me réfugier dans la grange. Je m'enfermai dans la sellerie, m'assis sur un baril et m'efforçai de ne pas pleurer. Il ne fallut pas longtemps pour que mon père ouvre la porte. Il s'assit en face de moi, sur le vieux tabouret qu'il utilisait toujours. Alors que je regardais fixement mes mains que je serrais de toutes mes forces, je pouvais sentir son regard sur moi. Je finis par lever les yeux et rencontrer son regard.

« Ce n'est pas une bonne idée de soigner sa propre famille. Mais je pense qu'il faut que je le fasse avec toi, tout de suite. » Il concentra son attention sur moi. « Voyons. Tu te sens bizarre dans ton corps. Comme s'il ne fonctionnait plus comme avant. Tu es lent. Tu penses que personne n'est comme toi. Et tu penses aussi que je vis au pays des crétins. Tu me trouves trop dur avec toi et tu te demandes comment tu as pu tomber sur une famille aussi ennuyeuse que la nôtre. »

J'étais stupéfait. Je n'arrivais pas à comprendre comment il connaissait mes pensées les plus perfides, celles qui me tenaient éveillé la nuit.

« Ce qui se passe, c'est que ton corps change. Tu as beaucoup plus d'hormones mâles dans ton sang.

Et, mon fils, laisse-moi te dire qu'aucun homme adulte au monde ne pourrait supporter ce que ton corps de quatorze ans subit. Mais tu dois apprendre à vivre avec ça. C'est ce qui permet à tes muscles de se développer et à tes poils de pousser. C'est aussi ce qui fait changer ta voix. Tu deviendras un adulte avant de t'en apercevoir. Du moins, tu *ressembleras* à un homme. *Être* un homme, c'est une chose différente. En ce moment, tu penses que tu ne pourras pas en être un. En ce moment, tu penses que vraiment personne ne te comprend. »

Il avait raison. Depuis quelques mois, j'avais commencé à penser que personne ne me connaissait vraiment. Je me sentais irritable, nerveux et triste sans raison. Comme je n'arrivais pas à en parler, j'ai commencé à me sentir vraiment isolé. Je n'étais plus un garçon et je n'étais pas un homme. J'étais dans le néant.

« Bon, dit mon père après un moment, une des choses qui t'aidera, c'est le travail. Travailler fort. »

Dès qu'il eut prononcé ces paroles, je le soupçonnai de s'être servi du prétexte de m'aider pour me faire passer l'été à travailler sur la ferme. Mais ce n'était pas dans les habitudes de mon père. Quand il disait quelque chose, il le pensait. C'était comme ça.

J'ai commencé l'été en creusant des trous pour les poteaux, à la main, d'un côté à l'autre de la prairie située au nord de la ferme, là où nous allions construire la clôture. Tous les jours, je passais la matinée à creuser des trous. J'ai enfoncé la bêche dans le sol jusqu'à ce que mes mains deviennent calleuses. Un matin, en sortant de la douche, j'ai remarqué que mes épaules étaient plus larges. Je détestais le travail que je faisais, mais en creusant le sol, j'exorcisais ma colère et je me sentais un peu mieux.

Un samedi matin, j'ai aidé mon père à réparer la toiture de la grange. Nous avons travaillé en silence, pendant longtemps. Tout à coup, il m'a regardé droit dans les yeux et, comme s'il lisait dans mes pensées, il a dit : « Tu *n'es pas* tout seul, tu sais. »

J'ai levé les yeux vers lui, accroupi près de moi avec la poignée du seau de goudron à la main. « Imagine que tu traces une ligne à partir de tes pieds, sur le toit, puis le long du mur de notre grange et que tu continues sur la terre dans la direction qui te plaît. Cette ligne toucherait tout ce qu'il y a de vivant dans le monde. C'est ce que fait la terre. Elle nous relie tous ensemble. Chaque chose vivante. Donc, tu n'es jamais seul. Personne n'est jamais seul. »

J'ai commencé par contester cette idée, en silence. Mais la notion d'être relié à tout ce qu'il y a de vivant au monde me procurait une telle sensation de bien-être que mes pensées se sont calmées et que je n'ai rien dit.

Cet été-là, j'ai commencé, peu à peu, à m'appliquer quand je faisais les travaux qui m'étaient confiés. J'ai commencé à m'intéresser plus sérieusement à la ferme et j'ai pensé que je pourrais passer à travers cette période pourrie. Mon corps a grandi, ma barbe a poussé et mon système pileux s'est développé. Mes pieds ont grandi d'une pointure. Peut-être y avait-il de l'espoir.

Vers la fin de l'été, je suis allé au bord de l'étang et je me suis assis dans mon arbre. C'était comme une dernière visite au monde de mon enfance.

Mais j'étais trop grand pour m'installer dans la fourche de l'arbre et j'ai dû monter à plus de deux mètres de haut pour avoir assez de place où loger mon corps. En m'étendant, j'ai senti que l'arbre sur lequel appuyait mon pied était fragile. Je pouvais facilement le pousser avec ma jambe. J'ai poussé de plus en plus fort. Le tronc a fini par céder et est tombé lentement sur le sol, soulevant un nuage de poussière dans la mauvaise herbe. Je suis retourné dans la grange, j'ai pris une scie à chaîne et j'ai coupé mon arbre pour en faire du bois de chauffage.

Le jour où j'ai terminé mon travail pour la clôture de mon père, je l'ai aperçu assis sur un morceau de granite, dans le pâturage au sud de la ferme. Les coudes posés sur les genoux, il serrait les mains. Son vieux stetson était rejeté en arrière. En m'approchant de lui, j'ai su qu'il réfléchissait.

Je me suis assis à côté de lui sur la roche plate. «Tu te demandes combien de temps cette herbe tiendra le coup sans pluie?»

«Ouais. Combien de temps penses-tu que nous pourrons tenir?»

«Encore une semaine. Facilement.»

Il s'est tourné vers moi et m'a regardé droit dans les yeux, comme il avait l'habitude de le faire quand il voulait être certain qu'il avait vraiment compris ce que vous lui demandiez. En fait, ce n'était pas vraiment l'état du pâturage qui m'intéressait, c'était de savoir si mon opinion était importante pour lui. Après ce qui me sembla une éternité, il dit: «Peut-être. Peut-être que tu as raison.» Puis, il ajouta: «Tu as fait du beau travail avec ta clôture. Du travail soigné. De premier ordre.»

« Merci », dis-je. J'étais presque bouleversé par la force de son approbation. Je lui répondis par un sourire, le plus beau sourire que j'avais jamais fait, j'en suis certain.

« Tu sais, dit-il, tu vas devenir un sacré homme. Mais ce n'est pas parce que tu deviens adulte que tu dois abandonner tout ce que tu aimais quand tu étais un garçon. »

Je savais qu'il pensait à la raison qui m'avait poussé à couper mon arbre. J'ai regardé son visage ridé. Il me semblait beaucoup plus vieux maintenant. Il fouilla dans la poche de sa veste et en sortit un morceau de bois, de la taille d'un jeu de cartes. « J'ai fait ça pour toi. » Il me tendit un morceau provenant du cœur du bouleau. Il avait taillé et sculpté la surface de manière à ce qu'il représente l'arbre dans son intégralité, grand et fort, avec toutes ses feuilles. Dessous étaient sculptés les mots « Notre arbre ». Pour la première fois, ces mots m'ont fait un immense plaisir.

❖ ❖ ❖

En quittant le terrain, ce jour de septembre, après que les Marlins eurent perdu un match éliminatoire devant les partisans de leur localité, j'aperçus l'homme et le garçon qui étaient assis devant moi dans les gradins. Ils marchaient en direction du stationnement au milieu de la foule bruyante. Pendant un moment, l'homme mit son bras sur l'épaule de son fils. Ils paraissaient détendus, contents d'être ensemble. Ils avaient résolu le problème qui venait de les opposer.

Je me demandai comment ils avaient fait la paix. Mais peu importe la manière, ils étaient sur la bonne voie et méritaient d'être félicités. En passant à côté d'eux, je les saluai avec ma casquette. C'était mon hommage personnel au moment présent qu'ils vivaient et aussi à mes propres souvenirs.

W. W. Meade

La meneuse de claque

Toutes les filles veulent être meneuses de claque. Toute fille veut avoir la chance de briller, d'avoir tous les yeux sur elle, de porter l'uniforme, de faire partie de «l'équipe», d'être dans le groupe «à la mode» – tout ce qu'évoque le titre de meneuse de claque. Toute fille qui dit le contraire est l'exception à la règle ou se ment à elle-même. Toute fille veut être meneuse de claque, mais toutes n'ont pas cette chance.

À l'automne de ma dernière année d'études secondaires, je devais faire face à plus de pression que je pouvais en assumer. Mes amis et moi faisions nos demandes d'inscription auprès des collèges, passions les examens d'admission oraux et écrits. Chaque épreuve semblait poser, sous une forme différente, la même question : «Qu'est-ce qui fait que vous êtes différent des milliers d'autres étudiants de dernière année d'études secondaires désireux de s'inscrire dans notre établissement?» C'est dans ce contexte que, chaque année, les épreuves de sélection pour devenir meneuse de claque de l'équipe de sport collégiale se déroulaient.

Les épreuves de sélection pour les équipes de sport collégiales n'avaient rien à voir avec celles des équipes de première année, de deuxième année ou de dernière année du secondaire. Presque toutes les filles qui se présentaient pour ces équipes étaient assurées de devenir meneuses de claque parce qu'il y avait deux équipes pour chaque niveau – une pour la saison de football et une pour le basketball. Mais les meneuses de claque de l'équipe collégiale étaient dix filles qui allaient encourager l'équipe pendant toute l'année. Parmi toutes celles qui se présentaient, toutes avaient de l'expérience provenant de leurs années scolaires antérieures, mais seules dix filles très spéciales étaient choisies.

Ces dix filles savaient, sans aucun doute, la réponse à la question écrite posée par les collèges. Dès qu'elles enfilaient cet uniforme, elles savaient ce qui les rendait uniques. Elles le sentaient dès l'instant où elles entraient en courant sur le terrain, le jour de la première partie. Elles avaient beaucoup de plaisir à sentir tous les regards sur elles la première fois qu'elles marchaient dans les couloirs de l'école.

Je savais qu'il fallait que je sois l'une d'elles.

En faisant la liste de toutes les activités scolaires et parascolaires que j'avais faites – tous les clubs et les sports où j'avais eu du plaisir, les prix que j'avais gagnés, les emplois que j'avais occupés – je sus instinctivement qu'aucune d'elles n'était suffisamment spéciale pour me différencier. Aucune d'elles n'avait quelque chose en commun avec le fait d'être meneuse de claque. Du moins, pour moi. À dix-sept ans, j'étais certaine que les services d'admission des collèges pensaient comme moi.

Ma jeune sœur, Molly, commençait ses études secondaires cette même année. Je pensais que ce serait particulièrement facile pour elle puisque je lui avais déjà dit en détail à quoi s'attendre – de quels professeurs elle devait se méfier, quels cours étaient faciles… Grâce à moi, elle savait déjà quelles activités étaient offertes et quand, et combien de temps chacune d'elles nécessitait. Elle connaissait même beaucoup d'étudiants plus âgés ce qui, selon moi, était un réel avantage pour une élève de première année.

Les premières semaines d'école furent lourdes de tension pour moi. Avec tout ce qui arrivait, je dois admettre que je n'accordais pas beaucoup d'attention à Molly. Pourtant, tous les après-midi, je l'attendais dans le stationnement pour la ramener en voiture à la maison. J'estimais que cela devait lui suffire que quelqu'un la reconduise en auto au lieu de devoir prendre l'autobus, comme beaucoup d'autres élèves de première année.

Les séances d'entraînement pour les meneuses de claque avaient lieu après l'école et elles étaient parfois très longues pendant les semaines qui précédaient les épreuves de sélection. Molly devait soit m'attendre, soit prendre l'autobus. La plupart du temps, elle m'attendait et regardait, assise dans les gradins.

Je pouvais sentir la tension monter chez mes amies à mesure que les épreuves de sélection approchaient. Nous nous disputions beaucoup plus et passions beaucoup de temps à nous critiquer dans le dos les unes les autres. Une de mes amies me confia qu'elle croyait avoir plus de chances d'entrer dans l'équipe si elle perdait quelques kilos. Elle arrêta de manger – complètement ! Une autre fille commença à manquer d'autres activités pour s'entraîner après les heures de cours. Elle était très douée pour la danse et avait toujours adoré ses cours de danse. Mais elle arrêta d'y aller afin de pouvoir s'entraîner pour les épreuves de sélection. Quand je lui demandai si elle allait complètement abandonner la danse dans l'éventualité où elle serait acceptée dans l'équipe, elle répondit oui.

Le pire fut quand je vis une de mes amies pleurer dans les toilettes. Quand je lui demandai ce qui n'allait pas, elle me dit que ses parents divorçaient. Puis elle ajouta que si elle était sélectionnée dans l'équipe de meneuses de claque, ils devraient venir assister aux matchs. Elle pensait que cela pourrait les réconcilier.

Entrer dans cette équipe signifiait beaucoup plus que cela aurait dû pour un grand nombre d'entre nous. Mais, comme mes amies, je ne me demandais pas si cela en valait la peine ou non.

Le jour des épreuves de sélection arriva. Je donnai ce qu'il y avait de mieux en moi. Je criai le plus fort, affichai le sourire le plus grand et sautai le plus haut. Je fus parfaite. Du moins, je le pensais.

La liste des dix filles sélectionnées devait être affichée le vendredi suivant, en fin de journée, à l'extérieur du bureau du directeur. Mon dernier cours avait lieu dans la classe située au bout du couloir, je serais donc une des premières à voir la liste.

Le vendredi matin, je conduisis Molly à l'école comme d'habitude. Je n'avais pas bien dormi et je me sentais tellement irritable que j'aurais pu hurler après quiconque m'aurait adressé la parole. Molly devait l'avoir senti, car elle ne dit pas un mot durant tout le trajet. Mais quand elle descendit de voiture, elle me tendit un bout de papier. J'étais pressée, alors je le glissai dans un de mes livres et me dirigeai vers ma classe.

Ce vendredi fut le jour le plus long de ma vie. Mon dernier cours était un cours d'anglais. En sortant mon exemplaire de *Tess of the D'Urbervilles*, le mot de Molly s'en échappa. Il disait :

Chère Sis,

Peu importe ce qui arrivera, que tu sois choisie dans l'équipe ou non, je pense que tu es la meilleure sœur au monde. J'avais si peur d'entrer au secondaire – tu sais comment les élèves de première année sont traités. Mais le fait d'avoir une sœur plus vieille me rend spéciale aux yeux des autres. Tous mes amis sont jaloux. Je voulais juste te le dire.

Je t'aime,
Molly

La cloche sonna, mais je ne partis pas en courant pour voir si mon nom était sur la liste. Pendant un moment, je restai à ma place. Je lisais et relisais la lettre de ma sœur. Je la relus jusqu'à ce que les mots deviennent flous. Puis, je me levai, rassemblai mes livres et me dirigeai vers la porte.

Au bout du couloir, je vis Molly, appuyée contre la porte, qui m'attendait patiemment pour que je la reconduise à la maison. Entre nous, sur le panneau d'affichage placé à l'extérieur du bureau du directeur, se trouvait la liste. Une foule importante se pressait déjà pour lire les résultats. Je savais que je devrais attendre longtemps pour arriver au premier rang. Je regardai Molly et serrai le mot dans ma main. Tout à coup, je sus ce que j'allais écrire à mon examen d'entrée au collège. Je savais ce qui me rendait différente, unique. Et cela ne dépendait pas du fait que je fasse ou non partie de l'équipe.

Je marchai le long du couloir sans m'arrêter, les yeux fixés sur ma meneuse de claque personnelle, qui attendait patiemment une personne qu'elle trouvait très spéciale.

Marsha Arons

Un pont entre moi et mon frère

*Les choses ne changent pas.
Nous changeons.*

Henry David Thoreau

Mon frère, c'est le garçon avec les grands yeux noirs. Il émane de lui quelque chose d'étrange, d'inquiétant. Mon frère est différent. Il ne comprend pas quand nous faisons des plaisanteries. Il met longtemps à apprendre des choses de base. Il rit souvent sans raison.

Il était plutôt normal, ou dans la moyenne, jusqu'en première année. Cette année-là, son institutrice se plaignit qu'il riait en classe. Comme punition, elle l'envoyait s'asseoir dans le couloir. Il passait tout son temps sur le carrelage en fausse mosaïque, à la porte de la classe. L'année suivante, il passa un test et les résultats montrèrent qu'il devait aller dans une classe d'enseignement spécialisé.

En vieillissant, j'ai commencé à en vouloir à mon frère. Quand je marchais avec lui, les gens nous regardaient. Pourtant, il n'avait rien de spécial physiquement, c'était quelque chose qui émanait de lui et qui attirait l'attention. Parfois, je serrais les dents sous l'effet de la colère, souhaitant qu'il soit comme les autres, qu'il soit normal.

Je lui lançais des regards furieux pour le mettre mal à l'aise. Chaque fois que mes yeux rencontraient les siens, mornes et trop brillants, je disais d'une voix forte : « Quoi ? » Il s'empressait de détourner la tête et murmurait : « Rien ». Je l'appelais rarement par son nom.

Mes amis disaient que j'étais méchante avec lui. Je balayais d'un geste leurs paroles en pensant qu'eux aussi étaient horribles avec leurs frères et sœurs. Je ne tenais pas compte du fait que leurs frères et sœurs pouvaient se défendre. Parfois, j'étais gentille avec mon frère parce que mes amis étaient là. Mais, dès qu'ils partaient, je redevenais méchante.

Ma cruauté et ma honte de lui durèrent jusqu'à un certain jour, l'été dernier. C'étaient les vacances, mais nos parents travaillaient tous les deux. J'avais rendez-vous chez l'orthodontiste et j'étais censée emmener mon frère avec moi. C'était un après-midi chaud de juillet. Le printemps étant terminé, il n'y avait plus aucun parfum frais ou un goût d'humidité dans l'air, seulement la sensation de vide propre à l'été. Alors que nous marchions sur le trottoir, je me mis à lui parler sans raison particulière.

Je lui demandai comment se passait son été, quelle était sa voiture préférée et ce qu'il avait envie de faire plus tard. Ses réponses étaient assez ennuyeuses, mais je ne m'ennuyais pas. J'appris que j'ai un frère qui aime les Cadillac, veut devenir ingénieur ou homme d'affaires et aime écouter ce qu'il appelle de la musique « rap » (il me donna comme exemple Aerosmith). J'ai aussi un frère avec un sourire innocent qui peut illuminer une pièce ou une journée déjà ensoleillée. J'ai un frère ambitieux, gentil, amical, ouvert et bavard.

La conversation que nous avons eue ce jour-là a été spéciale. Elle a marqué un nouveau départ pour moi.

Une semaine plus tard, nous allions en famille à Boston et j'étais assise sur la banquette arrière de notre camionnette. Je lisais un roman policier. Mon père et mon frère étaient assis à l'avant et parlaient. Quelques-unes de leurs paroles ont attiré mon attention et, malgré moi, je me suis mise à écouter leur conversation, tout en feignant d'être captivée par mon livre. Mon frère disait : « La semaine dernière, nous sommes allés à pied à l'arrêt du bus. Nous avons eu une bonne conversation et elle a été gentille avec moi. »

C'est tout ce qu'il a dit. Aussi simples qu'étaient ses mots, ils venaient du fond du cœur. Il n'éprouvait aucune antipathie pour moi. Il ne faisait qu'accepter que j'étais enfin devenue la sœur que j'aurais dû être depuis le début. Je fermai le livre et regardai fixement la couverture arrière. Le portrait de l'auteur devint flou et je m'aperçus que je pleurais.

Je ne prétendrai pas que tout est agréable et épatant maintenant. Rien n'est parfait et rien ne dure éternellement. Ce que je peux dire, c'est que je ne jette plus de regards furieux à mon frère. Je me promène avec lui en public. Je l'appelle par son nom. Et, plus important encore, je continue d'avoir des conversations avec lui. Des conversations qui sont merveilleusement ennuyeuses.

Shashi Bhat

Les personnes en face de moi

À un certain moment, au cours de mon enfance, j'ai compris que mes parents ne s'entendraient jamais. Les hostilités étaient engagées et le sort en était jeté. Par conséquent, quand mes parents annoncèrent qu'ils demandaient le divorce, ce ne fut pas un très grand choc. Je n'ai jamais pensé que c'était ma faute. Je n'ai jamais eu non plus l'illusion qu'ils tomberaient de nouveau miraculeusement amoureux. Donc, je pense que j'avais accepté leur décision.

Pendant la plus grande partie de mon enfance, cela ne me dérangea pas qu'ils ne soient pas ensemble. En fait, je profitais du meilleur de deux mondes. Je vivais à Hawaii avec ma mère et je rendais visite à mon père à Los Angeles.

Toutefois, à un moment, j'ai commencé à sentir les conséquences de notre « famille désunie ». Même s'ils essayaient de ne pas le montrer, le mépris qu'avaient mes parents l'un pour l'autre devenait visible.

À douze ans, je voulus vivre avec mon père. Je déménageai alors à Los Angeles. Ce n'est pas que je n'aimais pas ma mère, mais j'avais passé la plus grande partie de mon enfance avec elle et j'avais l'impression de ne pas connaître beaucoup mon père.

Après avoir déménagé, j'ai commencé à réaliser combien le divorce de mes parents m'avait affectée. Mon père me disait de dire à ma mère de m'envoyer de l'argent et ma mère me disait de dire à mon père qu'elle n'avait pas à le faire. Je me sentais prise au milieu. Ma mère essayait de me faire dire comment c'était « vraiment » chez mon père. Je devais constamment lutter pour me dérober et me tenir en dehors de leur champ de bataille.

Je pense que mes parents essayaient de se respecter, pour mon bien-être, je présume, mais il était évident que leurs actes cachaient beaucoup de souffrance. Ils étaient divorcés depuis dix ans, pourtant c'était comme si le combat venait de commencer. Ils se disputaient sans cesse pour des questions d'argent et d'éducation.

Mes parents avaient beau m'assurer que je n'étais pour rien dans leurs disputes, j'en étais toujours la cause. J'avais le sentiment qu'ils se disputaient toujours à mon sujet et que, quelque part, c'était ma faute – un sentiment que je ne ressentais pas quand j'avais cinq ans.

De nos jours, grandir avec des parents divorcés semble une situation courante. En fait, il est rare de trouver deux parents qui sont encore ensemble. Mais les enfants qui vivent une telle situation n'en souffrent pas moins pour autant. Même si, sur le moment, je ne l'avais pas ressenti, c'est quelque chose que j'ai dû assumer, que j'aie cinq ans ou quinze ans.

J'aimerais pouvoir dire que mes parents ont réglé tous leurs problèmes et que nous formons maintenant une équipe parfaite. Ce n'est jamais aussi simple. Mais ils essaient. Ils m'aiment et, même si cela nous a pris du temps pour le comprendre, nous savons maintenant que d'une certaine manière leur amour pour moi les unira toujours – ils ont appris à travailler ensemble pour m'élever.

L'autre jour, nous nous sommes réunis tous les trois pour parler de mes futures visites aux universités. Je pense qu'ils sont tous les deux tristes à l'idée de me voir partir – et que c'est ce qui les unit : la joie et la tristesse de me voir grandir.

Pendant que nous étions assis, une idée m'a traversé l'esprit : *Et si ma famille était encore ensemble ?* Puis, j'ai regardé mes parents qui examinaient attentivement les brochures des universités que j'allais visiter. Je me suis souri à moi-même : *C'est ma famille, et nous sommes « ensemble ».*

Lia Gay

Renversement de rôle

C'était un vendredi soir, je revenais à l'université après avoir escaladé un des Red Rocks de Sedona. La soirée était plutôt froide, la lune brillait haut dans le ciel et j'avais hâte de me blottir bien au chaud dans mon lit. Ma directrice d'études, Bunny, s'approcha de moi alors que je marchais sous les arcades en direction de la résidence universitaire où se trouvait ma chambre. Elle m'emmena chez elle. Une fois arrivées, elle me dit que ma mère avait eu un très grave accident de voiture et avait été transportée dans un état critique au service des soins intensifs d'un hôpital voisin.

À mon arrivée à l'hôpital, ma grand-mère me prit à part et me dit que, quoi qu'il arrive, je ne devais pas pleurer devant ma mère.

Une infirmière ouvrit la porte qui menait sur un large couloir avec des machines tout autour. Une forte odeur de médicaments vint augmenter la nausée qui me tournait déjà l'estomac. La chambre de ma mère était juste à côté du poste des infirmières. En entrant dans la pièce, je la vis allongée sur le côté. Elle me tournait son dos minuscule et un oreiller bouffant était placé entre ses jambes bandées. Elle essaya avec peine de se retourner, mais n'y arriva pas. Je fis le tour du lit à pas de loup et dis « bonjour » d'une voix calme, réprimant ma forte envie de pleurer.

L'état cadavéreux de son corps me stupéfia. Son visage enflé ressemblait à un ballon de soccer qu'on aurait gonflé et dans lequel on aurait donné des coups de pied. Elle avait les yeux pochés. Des tubes descendaient dans sa gorge et d'autres étaient introduits dans ses bras.

Je pris doucement les mains enflées et froides de ma mère et j'essayai de garder mon sang-froid. Elle me regardait et roulait les yeux au fond de ses orbites tout en tapant sa main contre le lit. Elle essayait de me dire à quel point elle souffrait. Je détournai mon visage et essayai de cacher les larmes qui coulaient sur mon visage. Je dus m'absenter un moment, car je ne pouvais contenir plus longtemps mon angoisse. C'est alors qu'il m'apparut brutalement que j'allais peut-être perdre ma mère.

Je lui tins compagnie toute la journée. À un moment, les médecins retirèrent le tube du respirateur de sa gorge pour quelques instants et elle put chuchoter quelques mots. Je ne sus pas quoi lui répondre. J'avais envie de crier mais je savais que je ne devais pas le faire. Je rentrai à la maison et pleurai jusqu'à ce que mes forces m'abandonnent et que je sombre dans le sommeil.

À partir de ce soir-là, ma vie changea complètement. Jusqu'alors, j'avais eu le luxe de n'être qu'une enfant et mes seuls problèmes avaient consisté à faire face aux mélodrames exagérés de l'adolescence. Mon concept de ce qu'était un problème grave venait de changer pour toujours.

Pendant que ma mère luttait, tout d'abord pour rester en vie, puis pour réapprendre à marcher, mon sens des priorités dans la vie changea radicalement. Ma mère avait besoin de moi. Les soucis et les tribulations de ma vie quotidienne à l'université, qui me semblaient si importants auparavant, m'apparaissaient maintenant dérisoires. Ma mère et moi avions fait face à la mort ensemble, et la vie avait pris une nouvelle signification pour nous deux.

Après une semaine aux soins intensifs, pendant laquelle ma mère s'accrocha à la vie, son état s'améliora suffisamment pour qu'on la débranche du respirateur et qu'on la transfère dans une chambre ordinaire. Elle était hors de danger, mais ses jambes avaient été broyées et on doutait qu'elle puisse remarcher. J'étais seulement reconnaissante qu'elle soit en vie.

Au cours des deux mois qui suivirent, je rendais visite à ma mère à l'hôpital aussi souvent que je le pouvais. Puis, on transforma notre salon comme une chambre d'hôpital et, à mon soulagement et à ma joie, elle put revenir à la maison.

Le retour de ma mère chez nous fut une bénédiction pour nous tous, mais cela signifiait des responsabilités inhabituelles pour moi. Elle avait une infirmière visiteuse. Cependant, la plupart du temps, je m'occupais d'elle. Je la faisais manger, lui donnais son bain et, quand elle put enfin aller seule aux toilettes, je l'aidais à se rendre à la salle de bains. Il m'apparut brutalement que je jouais le rôle de mère auprès de ma propre mère.

Ce n'était pas toujours drôle, mais j'étais heureuse d'être là quand ma mère avait vraiment besoin de moi. Le plus difficile pour moi était d'être toujours optimiste et d'aider ma mère à garder le moral quand elle était frustrée par la souffrance ou par son incapacité à faire elle-même des choses simples. J'affichais toujours un sourire alors que mon cœur ne demandait qu'à pleurer.

Le fait que ma mère dépende de moi changea notre relation. Dans le passé, nous avions eu plus que notre part de tensions propres aux relations mère-fille. L'accident nous avait précipitées dans une relation d'interdépendance. Pour retrouver ma mère, je devais l'aider à retrouver ses forces pour reprendre une vie indépendante. Elle devait apprendre à accepter mon aide ainsi que le fait que je n'étais plus une enfant. Nous sommes devenues les amies les plus proches au monde. Nous écoutons réellement ce que nous avons à nous dire et nous apprécions vraiment la présence l'une de l'autre.

Plus de deux années se sont écoulées depuis l'accident de ma mère. Même si cela a été très pénible de voir ma mère endurer la souffrance physique et psychologique qu'elle éprouve encore aujourd'hui, j'ai davantage grandi pendant cette période que pendant toutes les années précédentes. Jouer le rôle de mère auprès de ma propre mère m'a beaucoup appris sur le fait d'être parent : les inquiétudes, l'attitude protectrice, et surtout la douceur de l'amour et du dévouement inconditionnels.

Adi Amar

Les perce-neige

« Est-ce qu'elles sont sorties ? » demande grand-mère avec espoir.

« Pas encore », répond calmement maman, comme si elle parlait à une enfant impatiente. Elle est assise sur le bord du lit de ma grand-mère et je la vois sourire silencieusement tout en continuant à tricoter. Elle sourit à cause du caractère familier de la question. Depuis les deux dernières semaines de sa maladie, ma grand-mère ne vit que pour voir fleurir les perce-neige dans son jardin. Il m'arrive de penser que la seule raison pour laquelle elle ne succombe pas à son cancer est de rester vivante pour voir, une dernière fois, les minuscules fleurs blanches qu'elle adore. Je ne comprends pas pourquoi elle aime tant les perce-neige, qui sont loin d'être les plus belles fleurs qui poussent dans le jardin de ma grand-mère. J'aimerais lui demander pourquoi elle est tant attirée par ces fleurs, mais la présence de ma mère m'arrête. Pour une raison que j'ignore, je ressens le besoin de lui poser la question en privé. Je sais que la passion de ma grand-mère pour une chose aussi simple est presque infantile, et cela me fait réfléchir. Nous arrivons dans ce monde à l'état d'enfant et nous en repartons presque dans le même état.

« Grand-mère, pourquoi aimes-tu tant les perce-neige ? » lui demandai-je un jour où je lui rendis visite alors que ma mère était absente.

Elle semble si fragile, couchée dans son lit, que je regrette presque de lui avoir posé la question. Ses poumons affaiblis pourraient ne pas supporter l'effort nécessaire pour répondre. Mais elle prend son souffle et commence à parler, doucement et calmement.

« Quand ton grand-père et moi nous sommes mariés, à cette époque-ci de l'année, les perce-neige avaient fleuri. J'en avais dans mes cheveux à notre mariage. Ton grand-père les adorait. Chaque année, nous en plantions dans notre jardin et, par un étrange miracle, elles fleurissaient toujours le jour de notre anniversaire de mariage.

« Après sa mort, ton grand-père m'a terriblement manqué. Mais il suffisait que je regarde les perce-neige pour me sentir près de lui, comme s'il était de nouveau avec moi. Ce sont les perce-neige qui m'ont sauvée les jours où il me manquait tellement que j'avais envie de mourir. » Grand-mère termine son histoire et regarde dans le vide, en silence. Elle pense. Je ne veux pas interrompre le cours de ses pensées et, quand elle ferme les yeux et se laisse gagner par le sommeil, je continue à me taire.

Nous allons encore rendre visite à grand-mère, mais cette fois, maman me demande de rester en bas. L'état de grand-mère s'est aggravé et elle ne peut plus recevoir de visiteurs, sauf ma mère. Elle n'a plus la force de parler. Je me souviens de ma dernière conversation avec maman. Elle avait besoin de se confier à quelqu'un et j'étais la seule oreille disponible à ce moment-là. Sinon, je suis certaine qu'elle ne m'aurait pas fait porter sa douleur. Elle me parla des fois où elle allait seule rendre visite à ma grand-mère. Elle me disait combien elle souhaitait que grand-mère lâche prise et se laisse aller pour mettre fin à sa souffrance. J'avais vu à quel point ma mère avait du chagrin et combien elle avait envie de pleurer. Mais pour mon bien, elle se retenait. J'imagine ce que maman fait en haut, à ce moment précis

– assise sur le bord du lit de grand-mère, elle lui tient la main et elle l'encourage à cesser de lutter.

Mes pensées sont interrompues quand je remarque un luxueux album blanc lustré sur l'étagère en face de l'endroit où je suis assise. Sur la reliure, une date est inscrite en lettres d'or: 13 avril 1937. Je prends le grand livre et l'ouvre délicatement. Je suis comme hypnotisée par la première photo noir et blanc qui s'offre à mes yeux. Je reconnais grand-mère et grand-père, posant tous les deux. Ils ont l'air heureux. Je sais que cela doit être leur album de mariage. La belle robe blanche de ma grand-mère attire mon attention. Puis, mes yeux sont captivés par les minuscules fleurs blanches dans ses cheveux. Ce sont ses perce-neige et, pour la première fois, je vois combien ces fleurs sont belles.

En la plus belle journée de printemps, le téléphone sonne. Quand maman répond, je sais immédiatement ce qui est arrivé. Ma première question est: «Quel jour sommes-nous?» Ma mère confirme mes doutes à travers ses larmes. Elle ne veut pas que je vienne avec elle aujourd'hui, mais j'insiste. Il y a quelque chose que je dois voir.

En arrivant à la maison de grand-mère, je cours immédiatement dans le jardin, derrière la maison. Même si mes larmes rendent les perce-neige floues, elles ont fleuri. Je suis tout d'abord triste que grand-mère ne les ait pas vues, puis je réalise qu'elle n'en avait pas besoin cette année. Pour la première fois depuis de nombreuses années, grand-père ne lui manquera pas le jour de leur anniversaire de mariage. Malgré ma tristesse, je souris, car je sais qu'ils fêtent leur anniversaire ensemble, au ciel.

Sarah McCann

Mon plus beau Noël

À l'automne 1978, notre fille Carol, âgée de treize ans, fut projetée d'une motocyclette où elle était passagère. Elle vola dans les airs et atterrit à trente mètres plus loin, dans un fossé, où elle faillit mourir. Ma femme et moi étions en mission en Corée quand nous apprîmes que les médecins allaient amputer sa jambe gauche.

Notre vol pour rentrer à la maison dura vingt-deux heures. Je pense avoir pleuré plus durant ce voyage que durant toute ma vie. Quand ma femme et moi arrivâmes au chevet de notre fille, incapables de trouver les mots susceptibles de la réconforter, c'est elle qui, à notre surprise, parla la première.

« Papa, dit-elle, je pense que Dieu a donné à ma vie une mission spéciale à remplir, aider les gens qui ont été blessés comme je l'ai été. » Elle voyait des possibilités – des aspects positifs – dans cette tragédie ! Quel soulagement m'apportèrent ces paroles. Mais nous ne faisions que commencer ce qui se révélerait un long combat épuisant.

Carol s'était retrouvée dans le fossé d'une ferme de l'Iowa, près d'un abattoir. Son fémur avait été fracturé en quatre endroits et avait traversé sa cuisse. L'os y avait contracté une bactérie qui avait résisté à tout antibiotique connu à ce jour.

Au mois de novembre, Carol retourna à l'hôpital pour subir une opération qui, nous l'espérions, libèrerait les muscles du genou et lui permettrait de mieux se servir de sa jambe. Le médecin fut ravi quand il ouvrit sa cuisse et son genou. Il n'y trouva aucune poche de pus. Mais la bactérie cachée, qui était restée en dormance, se développa comme un feu de prairie une fois exposée à l'air. Trois jours après l'intervention chirurgicale, elle était la petite fille la plus malade que j'avais jamais vue.

Chaque jour, la bactérie se multipliait avec plus de vigueur. La température de Carol monta en flèche jusqu'à 40 degrés et s'y maintint jour après jour, nuit après nuit. Sa jambe continuait d'enfler et l'infection se développait à une vitesse fulgurante.

C'est alors qu'un petit miracle se produisit. Sans même connaître les besoins de ma fille, la Federal Drug Administration autorisa, pour la première fois, la mise sur le marché d'un antibiotique reconnu pour lutter efficacement contre la souche de bactérie que Carol avait contractée quand elle était couchée dans le fossé en Iowa. Elle fut le premier être humain à qui cet antibiotique fut administré, à l'hôpital pour enfants d'Orange County, en Californie. Seulement quelques heures après sa première dose, sa température baissa. Les résultats de cultures successives indiquèrent que les bactéries étaient de moins en moins nombreuses. Enfin, trois semaines avant Noël, le résultat d'une culture ne montra aucune croissance de la bactérie.

Couchée dans son lit d'hôpital, avec les tubes intraveineux encore branchés dans ses mains, Carol demanda au médecin résident, qui remplaçait son chirurgien, quand elle pourrait quitter l'hôpital. «Est-ce que je serai à la maison pour Noël, docteur?» demanda-t-elle.

«Je ne sais pas», répondit prudemment le médecin.

«Est-ce que je pourrai avoir ma nouvelle prothèse?» demanda-t-elle.

«Eh bien», avança avec prudence le médecin, «je ne pense pas que tu puisses l'avoir tout de suite.»

Mais lorsque son propre chirurgien revint, il l'examina. Le même jour, Carol me téléphona au bureau. «Papa, j'ai de bonnes nouvelles», annonça-t-elle.

«Lesquelles?» demandai-je.

«Le docteur Masters est un ange, s'écria-t-elle. Il a dit que je peux rentrer à la maison pour Noël!»

Le 16 décembre, un samedi après-midi, l'hôpital donna son congé à Carol. Quant à moi, je devais rester à la maison et attendre une surprise. Ma femme alla la chercher. Je vis les phares de la voiture dans l'allée et je me précipitai à la porte d'entrée. Ma femme me barra le chemin et me dit: «Bob, tu dois retourner dans la maison et attendre. Carol veut que tu attendes à côté de l'arbre de Noël.»

J'attendis donc à côté de l'arbre de Noël. J'étais nerveux et comptai les secondes qui me semblaient interminables. Puis, j'entendis la porte d'entrée s'ouvrir et le crissement du caoutchouc sur le plancher de bois. Je savais que ce bruit provenait des embouts en caoutchouc des béquilles de Carol. Elle apparut dans l'ouverture de la porte à trois mètres du fauteuil dans lequel j'étais assis, à côté de l'arbre de Noël. De l'hôpital, elle était allée directement au salon de beauté, où son coiffeur lui avait fait une belle permanente. Elle était devant moi, avec de jolies boucles qui encadraient son visage. J'ai regardé par terre et j'ai vu deux chaussures, deux chevilles, deux jambes et une belle jeune fille.

Elle était revenue à la maison et, pour cette raison, ce fut mon plus beau Noël.

Pasteur Robert Schuller

Mon vrai père

L'autre jour, je suis tombée sur une citation : « Celui qui élève un enfant est celui que l'on doit appeler son père, et non l'homme qui l'a uniquement procréé ». Comme cela est vrai ! Je souhaiterais seulement l'avoir compris plus tôt, car cette situation a causé beaucoup de souffrances inutiles à de nombreuses personnes de ma famille et à moi-même.

Ma mère épousa l'homme que j'ai connu comme papa quand j'avais quatre ans. Déjà à cet âge-là, je ressentais une animosité incroyable à son égard, surtout pour une enfant si jeune. Mon père essaya de toutes ses forces d'être un bon père pour moi, et je réagissais avec malveillance et colère. Il m'abreuvait d'amour, et je lui crachais à la figure. Il m'adopta légalement, et je l'appelais papa ; mais dans mon cœur, j'étais une enfant sans père.

Cette terrible colère ne fit qu'augmenter quand nous déménageâmes de l'Ohio, où j'avais de la famille à tous les coins de rue, au Dakota du Sud où je ne connaissais personne. Aujourd'hui, quand je repense à mon horrible comportement, je suis submergée par la honte. Simplement parce qu'il aimait ma mère, il était coincé avec une sale petite môme dont chaque geste était calculé pour lui faire de la peine. Mais il ne m'abandonna pas pour autant, comme un homme moins fort aurait pu le faire.

Chose curieuse, j'avais fini par aimer cet homme, mais je ne savais pas comment mettre un terme à mon comportement détestable. Je ne peux que me réjouir de m'en être finalement libéré.

Quand les gens apprennent que je suis adoptée, leur première question est toujours : « Qui est ton vrai père ? Le connais-tu ? » Ma réponse est : « Oui, je le connais. Je vis avec lui. »

Mon père est l'homme qui refusait de me donner la fessée, même si je la méritais. Cela fait treize ans qu'il me nourrit, qu'il m'habille et qu'il m'aime. Il est là quand je pleure et quand je me sens malade.

Papa arrive toujours à régler le problème avec un remède de sa panoplie magique de médicaments. Il s'inquiète si je rentre tard. Il m'a acheté ma première voiture, ma première robe de bal de finissante. Il est celui qui est fier de moi quand j'ai un bon bulletin ou que j'obtiens une mention, ou que je fais face à une situation difficile avec maturité.

Il est mon père, mon papa et mon petit papa dans tous les sens du terme, sauf celui qui ne compte pas, mon père biologique.

Et dès que mon papa rentrera à la maison, je lui dirai, pour la première fois, combien je l'aime et combien j'apprécie qu'il ne m'ait pas abandonnée... même quand je m'étais abandonnée moi-même.

Anonyme

La famille parfaite

Divorce. Le mot que je craignais plus que n'importe quel autre dans le dictionnaire de la langue française.

Toute ma vie, j'avais pensé que j'avais la famille parfaite. Des parents parfaits, deux sœurs formidables et un jeune frère. Nous nous entendions tous très bien. Mais au cours des dernières années, mes parents avaient commencé à se disputer de plus en plus souvent.

Mon père était de moins en moins à la maison et travaillait de plus en plus dans le Vermont. Et voilà que nous étions tous réunis dans le salon, mes parents nous disant qu'ils devaient nous annoncer quelque chose. À ces mots, j'eus envie d'entrer sous terre.

Le mot qui me faisait si peur, qui me rendait malade, venait d'être prononcé. Mes parents l'avaient annoncé, ils allaient divorcer. Le mot avec un grand D. Mes sœurs, mon frère et moi nous regardions, bouche bée. Combien de fois avais-je demandé à ma mère et à mon père : « Allez-vous divorcer ? » Combien de fois m'avaient-ils assuré que cela n'arriverait jamais en me serrant fort dans leurs bras et en m'embrassant ?

« C'est une blague, comme un poisson d'avril, non ? » dis-je.

Les yeux de ma mère s'emplirent de larmes et elle me serra dans ses bras.

« Non, Marc, je suis désolée », murmura-t-elle.

Je me sentis trahi. Comment pouvaient-ils nous faire ça ? Par-dessus tout, je voulais savoir ce que nous avions fait de mal. Ce que, *moi*, j'avais fait de mal ?

Ma mère pouvait voir l'inquiétude dans mes yeux, la peur, la souffrance et la douleur. Toutes ces émotions serraient mon estomac et je me sentis mal. Elle promit qu'elle allait s'occuper de moi, de nous. De nous tous.

Mais comment pouvais-je la croire maintenant ? Ma famille venait de voler en éclats, sous mes yeux. Nous étions divisés. Anéantis. Il n'y aurait plus de famille parfaite. Et bien sûr, les choses empireraient au lieu de s'améliorer. Tout irait beaucoup plus mal.

Ma mère me dit que nous allions devoir quitter notre maison. La maison où j'avais vécu toute ma vie.

J'avais l'impression de tout perdre. Ma famille. Ma maison. Mon père. La bonne nouvelle : ma mère aurait la garde de nous tous et mon père ne s'y opposerait pas.

Nous déménageâmes dans une minuscule maison, chez les parents de ma mère. Au début, je ne fus pas très heureux. La maison était petite. Nous étions entassés les uns sur les autres. Parfois, j'avais l'impression qu'il n'y avait pas assez de place pour respirer. Il y avait cependant une chose : nous nous aimions. Mes grands-parents, ma mère, mes sœurs, mon frère, et les tantes et oncles qui nous rendaient visite, faisaient tout ce qui était en leur pouvoir pour remplir la maison de chaleur et de tendresse. Mes grands-parents faisaient particulièrement attention à nous, les enfants. Je ne me suis jamais senti si proche d'eux.

Ils me posaient des questions sur l'école et s'intéressaient vraiment à ce que je leur disais. Ils me questionnaient sur mes amis, mes notes. Souvent, nous nous asseyions à la table de la cuisine et parlions. Ils ne pourraient jamais remplacer mon père, mais ils donnaient de leur amour à chacun de nous.

Tout de même, je me sentais très coupable. Je n'arrivais pas à comprendre ce qui avait été à l'origine de la séparation de mes parents. Parfois, couché dans mon lit, je me torturais à ce sujet, et me demandais quelle pouvait bien être la raison pour laquelle mes parents avaient cessé de s'aimer. Était-ce quelque chose que j'avais fait?

Puis arriva la nouvelle la plus inattendue: nous apprîmes que notre père était gai.

J'étais certain que, lorsque la nouvelle se répandrait, les autres enfants riraient et se moqueraient de moi. Certains le firent. Mais beaucoup d'autres ne dirent pas un mot à ce sujet. Ils continuèrent à me fréquenter et se fichèrent complètement de ce que faisait mon père. Ils m'appréciaient avant et continuaient à m'apprécier. J'avais appris qui étaient mes véritables amis et, de toute manière, ceux que j'avais perdus n'étaient pas le genre de personnes que je voulais dans ma vie.

J'ai aussi appris que ma famille m'aimait vraiment. Elle m'a aidé. Elle m'a donné de la tendresse. Mes grands-parents m'adoraient. Nous finîmes par trouver un condominium et quittâmes leur maison.

J'entrai en première année de secondaire et commençai à bien aller.

Depuis, j'ai appris à redéfinir ce drôle de concept que j'avais d'une famille parfaite.

Peut-être qu'une famille parfaite signifie en réalité beaucoup d'amour et de soutien. Peut-être que cela signifie donner, partager et prendre soin. Peut-être qu'après tout j'ai encore une famille parfaite.

Marc St. Pierre

6

L'APPRENTISSAGE

Je suis toujours prêt à apprendre.
Mais je n'aime pas toujours qu'on m'apprenne.

Winston Churchill

Faire pleurer Sarah

Il fréquentait ses amis d'école,
Partageait leurs jeux d'enfants,
Riant quand ils jouaient au kickball,
Et quand ils se moquaient de la pauvre Sarah.
Sarah n'était pas comme les autres,
Elle était lente et pas aussi intelligente.
Et il semblait pour tous ses amis
Qu'elle était née sans cœur.
Alors, il se joignait à eux avec plaisir
Pour faire pleurer Sarah.
Mais tout au fond de son cœur,
Il n'a jamais su pourquoi,
Il pouvait entendre la voix de sa mère,
Ses leçons sur le bien et le mal,
Tournant sans cesse dans sa tête,
Comme une chanson préférée.
« Traite les autres avec respect, mon fils,
De la même façon que tu voudrais qu'on te traite.
Et rappelle-toi, quand tu fais du mal aux autres,
Un jour, quelqu'un te fera peut-être du mal. »
Il savait que sa mère ne comprendrait pas
Le but de leur jeu,
De se moquer de Sarah qui les faisait rire
Quand elle pleurait à chaudes larmes.
Ils riaient des grimaces qu'elle faisait,
Et de la façon dont elle trépignait
Quand ils se moquaient de sa démarche
Ou de son bégaiement quand elle parlait.

Il pensait qu'elle devait le mériter
Parce qu'elle ne cachait jamais sa peine.
Et si elle voulait vraiment qu'on la laisse tranquille,
Elle n'avait qu'à rester à l'intérieur.
Mais chaque jour, elle faisait la même chose :
Elle sortait dehors pour jouer
Et elle restait plantée là, à pleurer,
Trop chagrinée pour s'enfuir.
Le jeu serait bientôt terminé
Alors que les larmes coulaient de ses yeux,
Et parce que le but de leur jeu
Était de faire pleurer Sarah.
Il n'avait pas vu ses amis
Depuis presque deux mois.
Il savait bien qu'ils se demandaient
Ce qui lui était arrivé et où il était passé.
Il se sentait un peu nerveux,
Quand il est entré dans la classe en boitant.
Il espérait que personne ne le remarquerait,
Il priait pour que personne ne lui pose de questions
Sur cette horrible journée :
Le jour où il a embouti une voiture avec sa bicyclette,
Ne marchant plus qu'en boitant depuis l'accident,
Et portant une affreuse cicatrice.
Alors il a retenu son souffle
Quand il est entré dans la salle de classe, en boitant.
À l'intérieur, une banderole avec les mots
   « Bon retour ! »
Et une multitude de ballons rouges.

Un sourire apparut sur ses lèvres
Et tous ses amis sourirent aussi.
Il avait hâte d'aller jouer dehors –
La chose qu'il aimait le plus.
À la minute où il sortit dans la cour
Et vit ses amis qui l'attendaient,
Il pensa être accueilli avec une tape amicale dans le dos –
Au lieu de cela, ils restèrent immobiles à le dévisager.
Il sentit la chaleur gagner son visage,
Alors qu'il s'approchait en boitant
Pour se joindre à leur partie de kickball,
Et faire pleurer Sarah.
Son sourire disparut
Quand il entendit quelqu'un rire et dire :
« Hé, le monstre, où t'as acheté ton masque ? »
Il se retourna, pensant que Sarah s'approchait,
Mais elle n'était pas là.
Ils se moquaient de lui,
De sa cicatrice sur son visage.
Il se mit à rire avec eux,
Luttant de toutes ses forces pour ne pas pleurer,
Et ne pas laisser voir que son menton tremblait.
Ils ne font que me taquiner,
Essayait-il de se convaincre.
Ils sont encore mes amis.
Jamais ils ne voudraient me faire de mal.
Mais les remarques cruelles continuaient
Parce qu'il avait une cicatrice et qu'il boitait.
S'il laissait couler une seule larme,

Il savait qu'ils le traiteraient de mauviette.
Les mots blessants ont continué à fuser.
Dans son cœur, il se demandait pourquoi.
Mais il savait sans aucun doute,
Le jeu se poursuivrait jusqu'à ce qu'ils le fassent pleurer.
Il allait laisser échapper une larme
Quand il entendit une voix derrière lui.
«Laissez-le tranquille, bande de brutes,
Parce que c'est mon ami.»
Il se retourna et vit la détermination
Sur le visage de la pauvre Sarah.
Elle prenait le parti d'un de ses persécuteurs
Et elle était prête à prendre sa place.
Quand ses amis s'unirent pour essayer de
Faire pleurer la pauvre Sarah,
Cette fois, il ne se joignit pas à eux.
Enfin, il comprenait pourquoi.
«Traite les autres avec respect, mon fils,
De la même façon que tu voudrais qu'on te traite.
Et rappelle-toi, quand tu fais du mal aux autres,
Un jour, quelqu'un te fera peut-être du mal.»
Il lui fallut beaucoup de courage,
Mais il sut qu'il devait être fort.
Il voyait enfin la différence entre
Ce qui est bien et ce qui est mal.
Et Sarah ne lui semblait plus aussi bizarre
À ses yeux, maintenant qu'il comprenait.
Il savait que plus jamais il ne jouerait
Au jeu de faire pleurer Sarah.

Pendant plusieurs jours, ses amis
Se moquèrent de lui.
Mais quand ils virent sa force,
Ils choisirent de l'imiter.
Maintenant, sur le terrain de jeu,
Tous les jours un groupe d'enfants se rencontrent
Pour une partie de kickball et de rires
Et ils apprennent à leur nouvelle amie, Sarah,
Comment jouer.

Cheryl L. Costello-Forshey

La bague de mariage

Dans le cours de création littéraire que j'enseigne à l'école secondaire, j'essaie de donner des devoirs qui incitent mes élèves à penser aux détails de la vie. J'ai découvert que, en décrivant ces détails, ils rédigent souvent leurs meilleurs textes. Ils utilisent tous leurs sens et toute leur créativité pour aller au cœur des choses. C'est ainsi que, avec un peu de chance, ils trouvent leur propre voie vers la meilleure création littéraire. Pour plusieurs de mes élèves, c'est un moyen d'exprimer certains sentiments qu'ils ont désespérément besoin de partager.

Récemment, j'ai demandé aux élèves de décrire un objet et ce qu'il signifiait pour eux. Ils avaient une semaine pour faire le travail. La journée suivante, Kerry Steward, l'une de mes élèves, s'est approchée de moi et m'a dit qu'elle ne ferait pas le devoir.

Je connaissais bien Kerry. Elle avait été dans ma classe en secondaire un et deux. Elle écrivait bien et était très coopérative. Sa réaction m'a donc surprise. Je l'ai regardée pendant une minute, alors qu'elle était debout devant mon bureau. Cette attitude de défi ne lui ressemblait pas du tout et je lui ai demandé de venir me voir après l'école pour qu'on en discute.

Lorsque je l'ai revue un peu plus tard dans la journée, elle n'avait plus son air provocateur. Mais elle refusait toujours de faire le travail. Elle m'a demandé si je pouvais lui donner un autre sujet. J'ai bien senti, au ton de sa voix, qu'il y avait un problème et je lui ai demandé ce qui n'allait pas.

« As-tu de la difficulté à trouver un objet au sujet duquel tu pourrais écrire ? » lui demandai-je.

Elle n'a rien dit pendant quelques instants. Puis elle a répondu : « Non. Hier soir, quand j'ai parlé de ce travail à ma mère, elle m'a dit qu'elle avait une idée d'un objet spécial sur lequel je pourrais écrire. Elle m'a emmenée dans sa chambre et elle a ouvert son coffret à bijoux. Je pensais qu'elle allait me montrer une paire de boucles d'oreilles ou quelque chose qui avait appartenu à sa mère. Je pensais déjà écrire une des nombreuses histoires incroyables qu'elle m'avait racontées au sujet de ma grand-mère. Ça aurait été facile. »

Elle a arrêté de parler pendant un moment. Je voyais bien qu'il lui était difficile de continuer. « Elle ne m'a pas donné un bijou de ma grand-mère. Elle a sorti la bague de mariage que mon père lui avait offerte et me l'a donnée. »

J'ai réfléchi pendant une minute. Quand j'avais rencontré les parents de Kerry, ils n'avaient pas le même nom de famille. Cependant, son beau-père s'était toujours montré attentif aux progrès de Kerry et était aussi fier de ses succès que sa mère. J'en avais donc déduit, même s'il s'agissait d'une famille reconstituée, qu'ils étaient heureux. Kerry semblait bien équilibrée et ne m'avait donné aucune raison de penser autrement.

Mais, de toute évidence, l'adolescente devant moi était malheureuse. « Pourquoi a-t-elle gardé cette bague ? Pourquoi a-t-elle pensé que je voudrais l'avoir ? » Kerry a commencé à pleurer. « Ils ont divorcé quand j'étais bébé. Je ne sais même pas à quoi ressemble mon père. Il n'a jamais voulu me voir ou entendre parler de moi. Je le déteste ! Je ne veux rien savoir de cette stupide bague de mariage ! »

Kerry était très en colère. Je l'ai laissée pleurer pendant une minute, puis je lui ai demandé, gentiment : « Qu'est-ce que tu as fait alors ? »

« J'ai lancé la bague contre le mur, de toutes mes forces. Elle a laissé une marque sur le mur et elle est tombée derrière la commode en chêne. Puis, j'ai couru dans ma chambre et j'ai claqué la porte. » Kerry a pris un mouchoir en papier sur mon bureau et s'est mouchée. « Ma mère n'a pas crié ni fait quoi que ce soit. Elle ne m'a même pas demandé de déplacer la commode et de récupérer la bague. »

Voilà une femme pleine de sagesse, ai-je pensé.

« Tu n'es pas obligée d'écrire à propos de cette bague, lui dis-je. Tu sais que tu peux choisir n'importe quel objet. » Je savais bien, en lui disant cela, qu'elle avait voulu en réalité parler de la bague, sinon écrire à son sujet. Cette bague était le symbole de la rage et de la frustration d'une enfant abandonnée. Mais je suis professeure de français, pas psychologue et encore moins la mère de Kerry. Ce n'était pas à moi de la forcer à exprimer des sentiments douloureux. Je lui ai donc dit qu'elle n'avait pas à faire le travail.

Ce soir-là, j'ai appelé la mère de Kerry. Je savais qu'il était important de la mettre au courant de la conversation que j'avais eue avec Kerry. Elle m'a remerciée de lui en avoir parlé, puis elle a ajouté : « Je n'avais pas réalisé à quel point elle est en colère – pas seulement contre son père, mais aussi contre moi. J'ai gardé cette bague pour me rappeler les bons moments de mon mariage – il y en a eu. Elle a fait une pause, puis m'a dit doucement : « Si je ne l'avais pas marié, je n'aurais pas eu Kerry. »

« Vous devriez le lui dire », lui répondis-je.

Le lendemain, j'ai attendu avec impatience que commence le cours de Kerry. J'avais passé une nuit blanche. Je comprenais parfaitement ce que ressentait Kerry. Mais j'espérais tout de même que l'amour évident entre la mère et la fille et les liens solides qui s'étaient établis dans la famille aideraient Kerry à surmonter ses sentiments de colère et sa peine.

Quand Kerry est entrée dans la classe, elle m'a souri et m'a dit : « Je suis un peu courbaturée aujourd'hui. J'ai déplacé des meubles hier soir. »

Je lui ai rendu son sourire. Pendant un instant, j'ai été tentée de faire un commentaire sur les poids à soulever, mais elle s'est approchée de moi et a déposé sa composition sur mon bureau. « Lisez-la plus tard », m'a-t-elle murmuré.

Sa rédaction sur la bague de mariage était courte. Kerry avait écrit : « Les objets ne sont que des objets – ils n'ont pas le pouvoir de blesser ou de guérir. Seules les personnes ont ce pouvoir. C'est à nous de choisir si nous voulons être blessés ou soignés par celles qui nous aiment. »

C'était tout.

Et ça disait tout.

Marsha Arons

Une leçon pour la vie

Le moment décisif dans le processus de croissance, c'est quand vous découvrez en vous la force vitale qui survit à toute blessure.

Max Lerner

« Regarde le gros lard ! »

Les élèves de première année du secondaire peuvent être cruels et nous l'étions avec Matt, un garçon de notre classe. Nous l'imitions, le taquinions et nous moquions de son poids. Il avait au moins vingt-cinq kilos en trop. Il était celui qu'on choisissait toujours en dernier pour jouer au basketball, au baseball ou au football, et cela lui faisait de la peine. Matt n'oubliera jamais les mauvais tours dont il était sans cesse victime – le saccage de son casier, les livres de bibliothèque empilés sur son bureau à l'heure du repas de midi et l'eau glacée dont nous l'aspergions dans la douche après le cours de gymnastique.

Un jour, il s'est assis près de moi au cours d'éducation physique. Quelqu'un l'a poussé, il est tombé sur moi et a frappé violemment mon pied. Le garçon qui l'avait bousculé a dit que c'était la faute de Matt. Toute la classe avait les yeux rivés sur moi. J'avais le choix : ignorer ce qui s'était passé ou me battre avec Matt. Pour préserver mon image, j'ai opté pour la bagarre.

J'ai crié : « Viens te battre, Matt ! » Il m'a répondu qu'il ne voulait pas se battre. Mais la pression du groupe a pris le dessus et il a été forcé de réagir, qu'il l'ait choisi ou non. Il s'est approché de moi, les poings serrés. Il m'a fallu un seul coup pour lui écraser le nez avec mon poing. Le sang coulait et la classe était folle de joie. Le professeur de gymnastique est entré juste à ce moment-là. Il a vu que nous nous battions et nous a envoyés à la piste de course ovale.

Il nous a suivis, le sourire aux lèvres et il nous a dit : « Allez sur la piste et courez un kilomètre et demi, main dans la main. » Des rires éclatèrent dans le gymnase. Nous étions rouges de honte. Mais nous sommes allés sur la piste et nous avons couru un kilomètre et demi – main dans la main.

À un moment, alors que nous courions, je me rappelle m'être tourné vers Matt. Le sang coulait encore de son nez et son poids le ralentissait. J'ai soudainement réalisé qu'il était une personne, et qu'il n'était pas très différent de moi. Nous nous sommes regardés et nous sommes mis à rire. Par la suite, nous sommes devenus de bons amis.

Sur la piste, main dans la main, j'ai cessé de percevoir Matt comme un garçon gros ou stupide. C'était un être humain qui avait une valeur intrinsèque et pour qui il valait la peine d'aller au-delà de l'apparence extérieure. C'était incroyable ce que j'ai appris quand on m'a forcé à courir avec quelqu'un, main dans la main, pendant seulement un kilomètre et demi.

Depuis cette bagarre, je n'ai plus jamais levé la main sur qui que ce soit.

Medard Laz

Le nouveau départ d'Andrea

Au fond du couloir, j'entendis une sonnerie, suivie d'un déclic, puis la voix d'une infirmière de nuit qui répond au malade : « Est-ce que je peux vous aider ? »

Mais ce n'était pas le bruit qui me tenait éveillée. Le lendemain matin, j'allais me faire opérer et j'avais peur. Je me suis levée pour asperger d'eau mon visage. *Si je survis à cette épreuve, ce sera un nouveau départ*, dis-je à mon reflet dans la glace. Je n'avais que dix-sept ans…

Je ne sais pas encore vraiment pourquoi, en grandissant, j'étais devenue colérique et solitaire. Je pense que tout a commencé par ce sentiment que je ressentais pour la fille que reflétait le miroir.

« Tu es jolie ! » me disait ma mère. Mais je me sentais laide, différente des autres filles de l'école qui souriaient tout le temps.

« Elles sont fausses », expliquais-je à mes sœurs, Loren et Melissa. Alors j'ai choisi des amies qui, comme moi, ne se sentaient pas acceptées, et je réagissais avec colère.

À l'école secondaire, je portais déjà des vêtements noirs et du maquillage sombre, et je défiais les autres de me dire quoi que ce soit. Au moins une fois par jour, la porte des toilettes de l'école s'ouvrait derrière moi pour laisser passer les filles de la clique. Elles allaient jusqu'au miroir.

« Tu vas danser ? » se demandaient-elles les unes les autres. Elles me regardaient parfois, bouche bée. Mais la plupart du temps, j'étais invisible pour elles.

Je me disais que ce n'était pas important, et pourtant je me sentais terriblement seule.

«Comment fut ta journée à l'école aujourd'hui?» me demandait ma mère. Et je lui répondais d'un ton sec: «Qu'est-ce ça peut bien te faire?» Je broyais du noir. Je ne voulais surtout pas qu'elle me serre dans ses bras. Et lorsqu'elle me disait «Je t'aime, Andrea», jamais je répondais «Je t'aime aussi, Maman».

Mon père a bien essayé, lui aussi. «Pourquoi ne t'inscris-tu pas à un club?» me demandait-il. «Nous voulons que tu aies un bel avenir.» *Personne ne m'accepte,* me disais-je, furieuse. *Quel genre d'avenir y a-t-il pour une personne comme moi? Et qui pourrait aimer quelqu'un comme moi?*

Alors, quand un garçon que je trouvais gentil l'était avec moi aussi, je ne pouvais y croire. Nous sommes sortis ensemble pendant un peu plus d'une année, puis nous avons rompu. De colérique, je suis devenue rebelle – et dangereuse pour moi-même.

Les semaines passaient et je lisais chaque soir mes poèmes préférés – des vers sombres et déprimants d'Edgar Allen Poe. J'écrivais aussi mes propres poèmes: *Peut-être les anges m'accepteront-ils comme je suis.* Je faisais la liste des personnes que j'aimerais voir venir à mes funérailles – des jeunes pour qui je n'avais jamais existé. Peut-être se sentiraient-ils mal à l'aise.

J'ai pensé au suicide. Aurais-je le courage de le faire? Puis un soir, j'ai vu à la télévision un film sur une personne qui luttait contre une maladie en phase terminale. Je me suis dit: *Voilà une solution. Je pourrais tomber malade et mourir.*

C'était un rêve sombre d'adolescente qui a fini par devenir réalité. Au début, j'ai pensé que la douleur était causée par des crampes menstruelles. Puis, c'était comme un couteau. Ma mère m'a accompagnée chez le médecin, qui en a déduit que c'étaient les nerfs. Après tout, *j'étais* «émotive», un mot qu'on utilisait au lieu de dire «perturbée». Mais la douleur a empiré et mon ventre a gonflé.

Le médecin a fait une échographie. «Le sonar détecte une masse. Nous devons te faire passer d'autres tests.»

Ma mère était restée sans voix et mon cœur avait cessé de battre. «Est-ce que je vais mourir?» murmurai-je. «Ne t'inquiète pas», dit ma mère d'un ton rassurant. Les larmes me sont montées aux yeux quand j'ai vu son visage terrifié. Je détestais voir quelqu'un que *j'aime* avoir l'air aussi effrayé.

«Au mieux, c'est un kyste bénin de l'ovaire», dit le chirurgien. «Au pire? C'est un cancer de l'ovaire, mais c'est très rare chez une fille de ton âge. Si c'est le cas, nous devrons faire une hystérectomie.»

Le cancer! Les gens meurent du cancer. Une hystérectomie signifiait que je n'aurais jamais d'enfants. Tout semblait tourner autour de moi. Qu'est-ce qui m'arrivait? Est-ce que j'avais tenté le diable?

J'ai pensé à toutes ces années remplies de colère. Pourquoi est-ce que j'en voulais à tout le monde? Parce que je n'avais pas de fossettes ou parce que je n'étais pas capitaine de l'équipe de hockey sur gazon?

Est-ce trop tard pour une seconde chance? J'étais inquiète. Et soudain ça m'a frappée. J'avais voulu mourir. Maintenant, je savais que je voulais vivre à tout prix. *Si on me donne une seconde chance, je promets de ne pas la gâcher.*

«Nous serons là quand tu reviendras», me dirent maman et papa, au bord des larmes, alors qu'on m'amenait vers la salle d'opération. Loren me tenait la main quand on m'a endormie et elle la tenait quand je me suis réveillée de l'anesthésie.

«Est-ce que c'est…?» parvins-je à demander, la bouche sèche et pâteuse. Les nouvelles étaient effrayantes: il y avait non seulement une tumeur cancéreuse, mais on avait dû enlever mes organes de reproduction et une partie de mon estomac. J'allais devoir suivre neuf semaines de chimiothérapie.

«Nous t'aimons», me dit mon père, en pleurs. J'avais eu de la difficulté pendant tellement longtemps à prononcer ces mots. Mais cette fois-ci, j'ai crié, les yeux baignés de larmes: «Je vous aime!»

Au cours des mois qui suivirent, mes parents m'ont souvent entendue dire «Je vous aime». Lorsque ma mère a pris des journées de congé pour rester à mes côtés pendant les traitements de chimiothérapie. Lorsque mon père m'a apporté des foulards parce que je perdais mes cheveux. Lorsque Loren et ses amies ont porté des foulards pour m'encourager. Lorsque *tous* les élèves de l'école m'ont souhaité bonne chance. *M'avaient-ils vraiment évitée? Ou était-ce mon imagination?* ai-je pensé.

À la fin des traitements, le cancer avait disparu, ainsi que ma dépression. Je me suis dit qu'il y avait une raison pour laquelle tout ceci était arrivé: j'allais aider d'autres personnes qui se sentent seules. Après avoir terminé mes études, je me suis jointe à City Year, un groupe de jeunes de Boston, où j'ai travaillé comme bénévole dans un refuge pour femmes. Je leur disais : « Vous devez vous battre pour vivre. Que ce soit contre la maladie ou dans des situations malheureuses. »

Ce qui me faisait le plus de peine, c'était de voir des enfants vivre dans un endroit aussi étrange. C'est difficile de ne pas se sentir accepté. J'étudie maintenant la psychologie des enfants. Et même si Loren m'a offert de porter un enfant pour moi quand le temps viendra, je crois que j'adopterai, parce que je sais ce que c'est pour un enfant de ne pas se sentir désiré.

Ces journées sombres sont choses du passé. Je me suis fait de nouveaux amis à l'université. Et bien que je sois en rémission depuis seulement deux ans, je sais que j'ai été guérie de bien des choses... pas que physiquement.

Peg Verone
Extrait de Woman's World Magazine

La chauve-souris

Ce que j'aime le plus quand je cours, c'est la fin. Le moment où, rouge et à bout de souffle, j'arrive à destination : ma cour arrière. Ironiquement, j'ai couru un cercle complet, terminant à mon point de départ. Pourtant, j'ai aussi fait un pas en avant, un pas positif dans ma vie. Un pas commandé et accompli par moi seul. Ma décision. Mon action.

Assis, en attendant que ma respiration ralentisse et que mes pulsations baissent, je fais un vœu en regardant une étoile. Une chauve-souris passe devant mes yeux et je la suis du regard. Soudainement, elle dévie de sa trajectoire et prend une autre direction. Elle a changé son parcours à tout jamais.

Mon vœu interrompu me semble maintenant futile et absurde. Je suis envahi par une compréhension soudaine du rôle que je joue dans ma propre vie.

Je ne suis pas un spectateur. C'est moi, et moi seul, et non les étoiles, qui contrôle ma vie. Tout comme la chauve-souris, je suis libre de choisir mon propre chemin, aussi désorganisé et illogique qu'il puisse paraître.

Bryony Blackwood

Bien plus qu'une salle de classe

Notre fourgonnette blanche se fraya un chemin sur les routes tortueuses de l'État de la Virginie-Occidentale et s'arrêta devant la maison de Jim. Nous ouvrîmes les portes de la voiture et sortîmes, marteaux à la main. Nous étions huit adolescents et participions à un projet d'une semaine qui consistait à réparer les maisons des résidents les plus démunis des Appalaches. L'endroit était rempli de contradictions : tant de beauté et, pourtant, une si grande pauvreté. Notre but était d'aider ces personnes dans le besoin, mais nous n'aurions jamais imaginé que ce qu'elles allaient nous donner valait beaucoup plus que n'importe quel service que nous pouvions leur rendre.

Sous le soleil du sud, nous alternions les tâches. Certains d'entre nous décapaient et peignaient les fenêtres, tandis que d'autres teignaient le balcon ou travaillaient sur le toit. Pendant ce temps, Jim nous observait, assis sur sa chaise longue. Il était le plus gentil des vieillards, mais nous sentions bien qu'il aurait préféré travailler avec nous sur les échelles. Pour passer le temps, nous nous racontions des blagues et nous chantions. Nous avions beaucoup de plaisir, même si c'était monotone de retaper fenêtre après fenêtre.

Midi approchait et nous nous sommes arrêtés pour manger à l'ombre d'un arbre, à l'avant de la maison. Sam, notre organisateur, prit la chaise de Jim et l'installa près de nous. « Jim, dit-il, voulait nous aider autant qu'il le pouvait, il va donc réciter la prière avant le repas. » Ce qu'il fit, puis nous avons commencé à manger.

« Laissez-moi vous raconter une histoire... », puis Jim entama son récit. Du fond de son cœur, rempli d'humilité, il commença à nous dévoiler les quatre-vingts années de sa vie. Jim avait été un professeur d'école et un entraîneur de baseball. Il avait à l'époque un chien fidèle appelé Pretty-Face. Il nous raconta ses anciennes expéditions de chasse dans les montagnes où il avait failli mourir sous les griffes d'un ours. Il était même venu à bout d'un serpent à sonnette, et il nous montra même les sonnettes.

Puis, ses yeux enfoncés dans les orbites se perdirent au loin, comme si nous n'existions plus et qu'il était seul au monde. Il décrivit la journée où son chien mourut. De grosses larmes coulaient sur ses joues desséchées par les années, puis il agrippa sa canne. Pretty-Face, loyal jusqu'à la fin, avait regardé son maître en secouant faiblement le bout de sa queue une dernière fois, puis était mort. Il se rappelait le regard semblable que lui avait adressé sa femme, quelques secondes avant de mourir.

Sa femme, qu'il avait toujours appelée affectueusement « Mama », restait debout jusqu'aux petites heures du matin pour faire cuire le pain du lendemain. Lui, souvent fatigué après une longue journée de cours ou de chasse, allait se coucher. « Pourquoi ne suis-je pas resté debout avec elle ? » nous dit-il d'une voix lointaine, le regard fixe. « Pourquoi n'ai-je pas pris la peine de passer plus de temps avec elle ? Pourquoi ? »

Ces mots résonnèrent profondément en moi. J'avais devant moi un homme rempli de sagesse et de réflexions sur sa vie qui me disait de faire le maximum de ma vie, de prendre tout ce temps disponible avec ceux que j'aime. Il m'a inspirée. J'étais hypnotisée par ce vieil homme extraordinaire que je croyais aider. La maison de Jim n'était pas un travail, c'était une salle de classe.

Kate McMahon
Soumis par Olive O'Sullivan

Le joueur

C'était son attitude qui m'avait frappée. Ce sourire plein d'assurance et ces manières prétentieuses me donnèrent l'envie irrésistible de défier une telle suffisance. Je n'avais jamais rencontré un individu si sûr de lui-même. Il croyait fermement que, dès la première rencontre, personne ne pouvait lui résister. Je voulais à tout prix lui prouver le contraire. J'allais lui montrer que non seulement je pouvais résister à ses charmes, mais je pouvais aussi le battre à son propre jeu.

C'est ainsi qu'a commencé notre relation, par un affrontement quotidien. Chacun voulait dominer, essayer de devancer l'autre et prouver qu'il était le meilleur. Nous avons joué une guerre implacable de manœuvres psychologiques, d'insultes et d'épreuves.

Mais quelque part dans cette lutte, nos provocations ont pris un ton de plaisanterie et une amitié est née. Nous nous mesurions l'un à l'autre, mais nous devenions des confidents quand nous n'avions plus envie de nous battre. Josh adorait «communiquer». Il parlait souvent durant des heures, en couvrant tous les sujets qui l'affectaient et qui le préoccupaient. Je l'écoutais. J'ai vite compris que sa personne était sa principale préoccupation. Mais, étant donné que je n'avais parfois pas grand-chose à dire, cela ne semblait pas poser un problème dans notre relation.

Nous étions amis depuis plusieurs mois quand Josh a commencé une discussion sur l'amour. «Il m'en faut beaucoup pour aimer quelqu'un», me dit-il d'un ton sérieux que je ne lui connaissais pas. «Ce qui est important pour moi, c'est la confiance. Je pourrais seulement tomber amoureux d'une personne à qui je pourrais tout dire. Comme toi. Tu es celle que je préfère dans le monde entier. Je peux te dire n'importe quoi », ajouta-t-il en me regardant droit dans les yeux.

J'ai rougi. Je ne savais pas quoi lui répondre. J'avais peur, en parlant, de dévoiler les nouveaux sentiments que je ressentais pour lui depuis quelques semaines. Mon regard a dû me trahir parce que, à partir de ce moment, il a fait tout ce qui était en son pouvoir pour que je m'attache de plus en plus profondément à lui. Était-ce de l'amour? Il semblait rayonner de l'attention que je lui témoignais et j'aimais l'adorer. Mais j'ai très vite compris que Josh n'avait aucune intention de me rendre mon profond attachement.

Quand nous étions seuls, il m'embrassait et me tenait dans ses bras. Il me disait que notre relation était importante pour lui et que personne d'autre ne le rendait aussi heureux. Mais quelques semaines après avoir commencé à sortir ensemble, j'ai appris qu'il voyait depuis quelque temps une autre fille. Sa trahison m'a fait très mal, pourtant j'étais incapable de lui en vouloir. J'étais certaine qu'au fond de lui-même il se souciait vraiment de moi et son amitié était la seule chose qui m'importait.

Un jour, à l'école, il était entouré de filles. J'ai vu son sourire charmeur et j'ai compris qu'il voulait les séduire. «Josh!» lui criai-je du bout du couloir. Il leva les yeux dans ma direction, puis porta de nouveau son regard sur les filles. Une admiratrice à chaque bras, il me tourna le dos et partit dans la direction opposée. J'étais atterrée et ne voulais pas croire à ce qui venait de se produire. Mais je ne pouvais plus me mentir : mon « meilleur ami » m'avait volontairement ignorée pour que je ne nuise pas à la réputation qu'il essayait de se bâtir.

À partir de ce jour, j'ai commencé à voir Josh sous un autre jour, pas comme une fille amoureuse, mais comme une observatrice extérieure. J'ai commencé à voir le côté sombre de sa personnalité. Ce n'est que lorsque je me suis détachée de lui que j'ai fini par le voir sous son vrai jour. Comme si le voile m'empêchant de le voir tel qu'il était venait de disparaître.

Jour après jour, Josh s'efforçait d'agrandir son cercle d'adoratrices. Il flirtait avec les filles et savait quoi leur dire pour qu'elles se sentent belles. Il savait très bien comment jouer le jeu, comment faire croire à chacune qu'elle avait toute son attention. Quand vous étiez en sa compagnie, vous sentiez qu'il n'était intéressé que par vous. Il s'entourait de copains, racontait des blagues et semblait calme et détendu. Il exerçait une fascination sur les gens. Mais je savais qu'il faisait tout ça pour lui, parce qu'il avait besoin d'être entouré de personnes qui le trouvaient merveilleux.

Il agissait comme s'il aimait vraiment ces personnes, mais il les critiquait dans leur dos. Je l'ai vu les ignorer quand il essayait de se faire de nouveaux amis. J'ai vu sur leur visage une douleur que je connaissais trop bien.

J'ai parlé une autre fois à Josh après cette journée. Même si je connaissais maintenant sa véritable nature et ne partageais pas du tout ses points de vue, une partie de moi voulait qu'il s'intéresse à la fille que j'étais et que les choses redeviennent comme avant.

« Que s'est-il passé ? » lui ai-je demandé. J'ai honte quand j'y repense. Je devais avoir l'air lamentable. « Je pensais *vraiment* que nous étions les meilleurs amis du monde. Comment peux-tu oublier tous les bons moments que nous avons partagés ? Toutes les choses dont nous avons parlé ? L'amour que tu disais toujours ressentir pour moi ? »

Il a haussé les épaules et m'a répondu froidement : « Eh bien, ce sont des choses qui arrivent. » Puis, il m'a tourné le dos et est parti. Je l'ai regardé s'éloigner, le visage inondé de larmes. Je ne pleurais pas pour lui, mais pour l'amitié que je pensais partager avec lui, pour l'amour que je croyais que nous ressentions l'un pour l'autre. J'avais perdu la partie et j'avais beaucoup perdu.

Même si ce fut l'une des expériences les plus douloureuses de ma vie, je ne regrette pas mon « amitié » avec Josh parce que je suis devenue une personne plus forte. Je sais maintenant quel genre de personne et quel genre d'amie je souhaite ne jamais être.

J'ai peut-être gagné la partie après tout...

Kelly Garnett

La poupée de porcelaine

Quand j'étais petite fille, mon père m'avait donné une poupée de porcelaine habillée en mariée. Sa robe de dentelle était ornée de fils d'argent et, quand je la tournais doucement au soleil, elle scintillait. Ses doux cheveux blonds bouclés, partiellement recouverts d'une mantille et d'une traîne, faisaient ressortir la douceur de son visage. Son visage était fait de porcelaine et la personne qui en avait dessiné les traits était une véritable artiste.

Sa petite bouche, comme un bouton de rose, souriait timidement, ses joues délicates étaient légèrement rosées. Et ses yeux ! Ils étaient magnifiques, d'un bleu limpide, rappelant l'eau d'un lac reflétant le ciel d'été ! Une moucheture de blanc donnait de l'éclat à ses iris. Elle portait de minuscules perles aux oreilles et des talons hauts blancs. Elle était pour moi la poupée la plus belle et au regard le plus serein au monde. À part mes cheveux et mes yeux noirs, et ma peau au teint olivâtre, je savais que je serais aussi belle qu'elle le jour de mon mariage.

Chaque jour, quand je rentrais de l'école, j'allais la chercher sur ma commode. Tout doucement, je caressais du doigt sa robe, ses souliers, ses petites boucles d'oreilles. Et même si mon père m'avait bien avertie que c'était une poupée pour regarder et non une poupée avec laquelle je pouvais jouer, cela ne diminuait en rien mon plaisir. Il me suffisait de l'avoir dans ma chambre, de pouvoir la regarder et la toucher doucement.

Ma meilleure amie, Katy, était autant émerveillée par ma poupée que je l'étais. Elle me suppliait souvent de lui permettre de la prendre. Parfois, j'acceptais. Souvent, nous jouions au « mariage ». Nous mettions un drap sur notre tête et le laissions pendre dernière nous, comme la traîne de ma poupée. Nous nous entraînions à marcher d'un pas exagérément lent comme dans les films que nous avions vus. Puis, nous avions des crises de fous rires en essayant d'imaginer qui seraient nos futurs maris.

Katy voulait une poupée comme la mienne et elle m'avait dit qu'elle en avait demandé une pour Noël. Mais Noël vint, et Katy n'avait toujours pas de poupée. Je savais qu'elle était déçue. Elle arrêta de me demander si elle pouvait la tenir et ne voulait plus jouer au «mariage». Un jour, alors que nous étions assises par terre et colorions sous le regard de ma poupée, Katy dit : « Tu sais, un jour, je serai une mariée et je ressemblerai exactement à cette poupée ! »

« Moi aussi », lui dis-je tout heureuse. Je pensais que Katy rejouait à notre ancien jeu.

C'est alors qu'elle dit : « Ne sois pas bête. Tu ne seras jamais comme elle. Tu ressembles trop à une Juive. »

C'est la façon dont elle a dit cette phrase qui m'a blessée. Ses mots étaient cinglants et volontairement blessants, sa voix tranchante. Sans réfléchir, je l'ai poussée. Elle est tombée contre ma commode. Ma belle poupée est tombée tête première, et le présentoir aussi. Sa tête s'est écrasée sur le plancher et s'est cassée. Je m'attendais à ce qu'elle éclate en mille morceaux. Au lieu de cela, elle s'est ouverte en deux, révélant le vide entre les deux moitiés.

Pendant quelques instants, ni Katy ni moi n'avons bougé. Nous étions trop abasourdies par l'apparence de la tête de ma poupée. Pour un jeune enfant, il y a quelque chose d'effrayant dans cet espace vide, à l'intérieur. C'est un endroit que les enfants ne sont pas censés voir. Katy s'est mise à hurler que je lui avais fait mal et ma mère est accourue dans ma chambre.

Elle a ramassé les deux morceaux de la tête de ma poupée et nous a demandé d'expliquer ce qui s'était passé. Katy pleurait et lui a dit que je l'avais poussée et qu'elle voulait retourner chez elle. J'ai été mise en punition dans ma chambre.

Après le départ de Katy, ma mère m'a demandé pourquoi j'avais poussé mon amie. J'ai répété la remarque de Katy. À ce moment-là, je ne savais pas si j'étais fâchée contre Kathy parce qu'elle avait de toute évidence tenté de m'insulter ou parce que les paroles qu'elle avait dites étaient vraies. Ma mère se contenta de regarder la poupée dans ses mains.

Ce soir-là, Katy et sa mère se présentèrent chez nous. La mère de Katy s'excusa pour l'incident et proposa de m'acheter une nouvelle poupée. Ma mère se contenta de répondre « Non ». Elle n'a pas dit « Merci ».

Après leur départ, ma mère me rendit la poupée. Elle avait recollé les deux morceaux. Cela n'avait pas été difficile, car la poupée n'était pas cassée, les joints s'étaient simplement décollés. On ne pouvait même plus voir que la tête s'était ouverte en deux. Ma mère me regarda un long moment avant de parler : « Ta poupée est encore meilleure maintenant qu'elle l'était neuve. » Elle m'expliqua que la colle d'origine n'était pas de très bonne qualité et que, par conséquent, la poupée était trop délicate pour être un jouet. Ma mère l'avait réparée en renforçant la tête, en la rendant moins fragile. Et si elle tombait de nouveau, elle ne se briserait pas. Il y avait maintenant quelque chose de solide qui la rendait à l'épreuve de toute insulte enfantine. «Tu comprends?» me demanda-t-elle. J'avais tout compris.

Je pris ma poupée dans mes bras et caressai du doigt la ligne à peine visible qui divisait sa tête. Je réalisai que j'avais regardé dans un trou noir béant où il était permis qu'existent des choses laides, telles les insultes racistes mesquines. Mais ma mère avait réparé les dommages, rendant la poupée plus solide. Elle m'avait montré que, moi aussi, j'avais en moi cette «colle» spéciale. Je n'avais plus aucune raison d'avoir peur.

Par la suite, Katy et moi avons continué à jouer ensemble, mais plus souvent chez moi que chez elle. Les enfants apprennent de leurs parents. Ceux de Katy lui avaient enseigné une façon efficace de blesser une autre personne. Ma mère m'avait appris que, même si j'étais une enfant, j'avais droit au respect et je pouvais exiger qu'on me respecte. Elle m'avait montré que certaines choses que l'on pense habituellement fragiles – comme la porcelaine ou l'amour-propre d'un enfant – sont en fait très résistantes.

J'ai gardé cette poupée pendant de nombreuses années, puis je l'ai donnée à ma fille aînée quand elle avait environ six ans. Mais ma fille l'a mise sur une étagère et n'a joué avec elle que très rarement. La perfection de cette poupée blonde aux yeux bleus, vêtue de dentelle, n'a pas semblé exercer la même fascination sur ma fille que sur moi.

La dernière fois que j'ai vu cette poupée, la dentelle avait perdu de son éclat, et il lui manquait une boucle d'oreille et une chaussure. Elle n'était plus aussi merveilleuse que lorsque mon père me l'avait offerte, il y a de nombreuses années.

Mais cette colle que ma mère avait utilisée tenait toujours.

Marsha Arons

*La première responsabilité d'un être
humain est de se serrer la main à lui-même.*
Henry Winkler

Moi

Je dois vivre avec moi-même, alors
Je veux être digne de me connaître,
Je veux être capable, au fil des jours,
De toujours me regarder droit dans les yeux.
Je ne veux pas, à la fin de ma vie,
Me détester pour des choses que j'aurai faites.
Je ne veux pas cacher dans un placard
De nombreux secrets sur moi-même,
Et me leurrer, en allant et venant,
En pensant que personne d'autre ne saura jamais
L'homme que je suis vraiment.
Je ne veux pas me déguiser en imposteur.
Je veux pouvoir marcher la tête haute,
Je veux mériter le respect de tous.
Et ici, dans la lutte pour la gloire et la richesse,
Je veux pouvoir m'aimer.
Je ne veux pas me regarder en sachant
Que je suis un imposteur, une illusion.
Jamais, je ne pourrai me cacher de moi-même :
Je vois ce que les autres pourraient ne jamais voir,
Je sais ce que les autres pourraient ne jamais savoir.
Je ne pourrais jamais me mentir et donc,
Quoi qu'il arrive, je veux me respecter et
Ne jamais me sentir coupable.

Peer Counsellor Workbook

Un terrain plus sûr

J'ai toujours eu un béguin pour lui. Ses cheveux blond cendré tombaient sur ses épaules. Ses yeux étaient bruns; sa peau, pâle. Il était calme et d'un naturel doux. C'était son sourire qui m'attirait plus que tout – quand je réussissais à lui en tirer un. J'étais à l'école secondaire au premier cycle, il était au deuxième cycle.

C'était le frère de mon amie et, pour une raison que j'ignore, je le croyais intouchable. Peut-être savais-je instinctivement que mon amie m'en voudrait si je décidais de sortir avec lui. Ou peut-être que les trois années qui nous séparaient ne plairaient pas à mes parents. Mais peut-être, et plus que tout, avais-je peur qu'il me rejette.

J'ai donc gardé mes sentiments pour moi, tout comme un chat qui se cache d'une meute de chiens. Mais chaque fois que je le voyais chez mon amie Tina, mon cœur battait à tout rompre et j'avais de la difficulté à respirer. Quand je le voyais marcher seul dans la rue, je me dépêchais de le rejoindre, j'étais heureuse d'être près de lui. Il me saluait, souriait discrètement en signe de bonjour et me demandait comment j'allais.

C'était un artiste, et il était doué. Le jour où il m'a donné un dessin à la plume d'une mouette montant dans le ciel, j'étais au comble du bonheur! J'avais interprété son geste comme un symbole, un signe peut-être, d'affection de la part d'un garçon plus âgé qui savait, dans toute sa sagesse, qu'il valait mieux garder en lui les sentiments qu'il avait pour moi. En réalité, il avait probablement pitié d'une fille aussi dégingandée.

Cela n'avait pas d'importance. J'aimais beaucoup son dessin et je croyais fermement qu'un jour il allait devenir un très grand artiste. Comme j'aurais aimé être aussi douée que lui... Il me disait toujours que j'avais probablement beaucoup de talent, mais que je ne l'avais pas encore découvert.

Alors que nous grandissions et traversions les tiraillements de l'adolescence, Mike a perdu pied. Je ne suis pas certaine s'il savait encore dans quelle direction aller. Sa vie de famille était un désastre : une mère atteinte de maladie mentale, un père remarié à une garce (du moins, c'est ce que les enfants disaient) et un nouveau bébé qui accaparait toute l'attention au détriment des trois autres enfants.

Chaque fois que je passais devant sa maison, il y avait toujours un homme – très rarement le même – garé dans une voiture de l'autre côté de la rue, face à la maison de Mike. C'était tellement fréquent que j'ai commencé à me poser des questions. J'ai alors questionné mes amis. J'ai appris que mon Mike, si doux et si réservé, vendait de la drogue aux élèves de l'école secondaire. Et il n'était pas juste un petit trafiquant. Selon mes amis, il brassait de grosses affaires et avait des ennuis. Quelqu'un était à ses trousses – la police ou les salauds qui l'avaient entraîné dans le trafic de la drogue.

Je savais que beaucoup de jeunes prenaient de la drogue, surtout de la marijuana, mais personne – vraiment personne – ne se risquait d'en vendre. Dans ce quartier de classe moyenne, les risques d'être blessé ou arrêté étaient trop élevés. Je me suis souvent demandé ce qui avait amené Mike jusque-là. Détestait-il ses parents ? Se sentait-il perdu ? Voulait-il punir son père parce qu'il s'était remarié et avait quitté sa mère ? Qui sait ce qui se passait dans sa tête. J'aurais seulement aimé qu'il me parle parce que je me souciais vraiment de lui. Mais il s'en moquait. J'avais peur d'aller voir Mike, de le confronter et de lui demander s'il vendait de la drogue.

Un jour, on a frappé à notre porte. C'était un de mes voisins. « J'ai trouvé Mike au fond du canyon ce matin. J'ai pensé que vous et votre famille aimeriez le savoir. Je marchais avec mes fils et j'ai aperçu Mike penché vers l'avant, comme s'il priait. Ça n'était pas beau à voir. »

Notre voisin avait demandé à ses jeunes garçons de ne pas bouger pendant qu'il allait voir ce qui se passait. Mike était mort. Il s'était pendu à un arbre et il était mort à genoux sur le sol, la tête penchée en avant. La nouvelle m'a frappée de plein fouet. Je pensais que j'allais m'évanouir, mais j'ai éclaté en sanglots. Dans l'heure qui a suivi, j'ai couru chez Mike pour voir comment allait Tina.

Elle était assise sur son lit, elle regardait dans le vide. J'ai appris plus tard qu'elle était en état de choc. D'une voix neutre, elle m'a dit qu'elle et son frère aîné, Gary, savaient que Mike faisait du trafic de drogues. Après que le corps eut été découvert, Gary était allé dans la chambre et avait vidé le tiroir de Mike avant l'arrivée de la police. Sous les chemises, Gary avait trouvé toutes les drogues inimaginables : LSD, cocaïne, marijuana et une abondance de pilules colorées. Puis, Tina s'est enfuie et de nombreuses heures se sont écoulées avant que nous la trouvions.

Mes parents ont essayé de nous expliquer pourquoi Mike était mort. Mais ils ne le pouvaient pas. Ils ne savaient même pas que Mike faisait du trafic de drogues. Ils ignoraient les choses affreuses auxquelles nous étions confrontés tous les jours à l'école. C'était une période difficile non seulement parce que Mike était mort, mais parce que je découvrais, petit à petit, un Mike que je ne connaissais pas. Peut-être était-il ce garçon gentil et doux qui, à cause de sa vie difficile, s'était laissé entraîner dans un monde d'escroquerie, d'argent facile et de danger.

Même maintenant, je me demande s'il s'est vraiment suicidé ou si un autre trafiquant de drogues l'y a aidé. C'était vraiment étrange qu'il se soit pendu à une petite branche d'arbre tout en étant à genoux, son corps touchant le sol.

Je ne saurai jamais ce qui s'est passé, mais je sais une chose : c'était un bon artiste. J'ai conservé pendant des années le dessin qu'il m'avait donné, le regardant avec émerveillement et admiration. J'aurais tellement aimé dessiner de cette façon.

Je sais aussi que, quelque part en chemin, Mike a perdu pied, mais il m'a donné de quoi réfléchir – et ces réflexions m'ont donné de la force. Au deuxième cycle du secondaire, ma famille a déménagé sur la Côte Est. Mes nouveaux amis commençaient à découvrir les drogues et nombreux sont ceux qui ont essayé de me convaincre d'en consommer.

À ce moment de ma vie, je me sentais vieille et dégoûtée des drogues. J'avais vu et vécu de très près les ravages qu'elles causent. J'ai décidé que je voulais courir la chance de voir ce que l'avenir me réservait. Mike m'avait donné un terrain solide sur lequel m'appuyer.

Diana Chapman

Amour et appartenance

Je descends les marches de l'immeuble de psychologie et j'aperçois mon ami Walter et sa copine, Anna. Walt et moi nous connaissons depuis presque toujours. Nous avons grandi dans des maisons voisines, nous avons joué ensemble et nous nous sommes disputés pendant tout notre école primaire, notre adolescence et notre secondaire. Nos parents étaient très amis. Et la vie, il y a un an encore, semblait si simple et si sécurisante.

Mais maintenant, alors que je dois vivre avec le divorce de mes parents, le monde de Walter est intact – ses parents sont toujours ensemble et ils vivent dans la même maison où il a grandi. Ma mère est seule dans notre maison, alors que mon père vient de se remarier. Il vit avec sa deuxième femme, dans un appartement à l'autre bout de la ville. Quand j'y pense, mon estomac se noue et je ressens une légère irritation lorsque Walter met son bras autour des épaules d'Anna.

« Salut, Jesse », me dit-il quand il m'aperçoit. Je remarque un sourire soudainement embarrassé sur son visage. « Comment s'est passé l'examen ? »

« Assez bien, je suppose. » J'aimerais qu'Anna disparaisse. Le bonheur apparent de Walter m'irrite et, tout à coup, je me sens très fatiguée. « Qu'est-ce que tu fais ? » dis-je. J'ignore Anna et je me moque d'être impolie. « Eh bien », commence Walter en serrant davantage les épaules d'Anna, « nous allons voir les CD à la nouvelle boutique un peu plus loin sur la rue. Tu veux venir ? »

« Non, je crois que je vais aller dormir un peu avant mon prochain cours. »

Anna ajoute : « Comment ça va, Jesse ? » Je vois bien de la compassion dans ses yeux et je la déteste.

« Je vais bien, très bien. Ça ne pourrait aller mieux. »

« Eh bien… » Elle ne sait plus quoi dire et je suis contente de la voir mal à l'aise. « Je suis désolée que tu ne puisses pas venir avec nous. » Mais je détecte un soulagement dans le ton de sa voix. Walter prend la main d'Anna et je les regarde traverser la rue.

Pourquoi ont-ils l'air si heureux, comme si rien de triste ne pouvait leur arriver ? Ils n'ont aucune idée de ce qui se passe dans le vrai monde.

Je me retourne et marche sur le trottoir, puis je passe devant le parc municipal. Carter, mon entraîneur, a peut-être raison quand il dit que j'ai une humeur de chien ces jours-ci. C'est comme si chaque couple était là pour me rappeler l'éclatement de ma famille.

« Pourquoi ma famille, Carter ? Pourquoi n'ai-je pas vu ce qui se passait ? J'aurais peut-être pu faire quelque chose ! » Carter a alors saisi un presse-papiers en cristal sur son bureau et me l'a lancé. Je l'ai attrapé, par simple réflexe.

« Pourquoi as-tu fait ça ? » ai-je demandé mi-furieuse, mi-sérieuse. Il a regardé autour de lui dans la pièce et m'a dit : « Tu savais que tu devais faire attention à ce presse-papiers, non ? »

« Bien sûr. Il aurait pu se casser. » Je le remets sur son bureau.

« Les gens font attention aux choses qu'ils savent fragiles. Penses-y. Quand tu achètes une maison, tu ne t'attends pas à ce qu'elle se nettoie toute seule. C'est la même chose pour une voiture. Tu sais que tu dois changer l'huile tous les six mille kilomètres et acheter des pneus quand ils sont usés.

« Jesse, tu dois t'attendre à devoir faire attention à plusieurs choses dans la vie, à veiller sur elles et à les nourrir. Nous sommes plus préoccupés par des choses insignifiantes, comme un presse-papiers, que par nos relations avec les personnes qui nous sont les plus proches. »

« Es-tu en train de me dire que mon père et ma mère n'ont pas fait attention à leur mariage ? » Le ton de ma voix montait, j'avais les poings serrés.

« Ce n'est pas qu'ils aient négligé leur mariage, Jesse. Mais ils s'attendaient peut-être à ce qu'il s'épanouisse de lui-même. Mais le mariage, comme toute autre chose, ne peut pas s'épanouir si on ne l'entretient pas. Personne ne doit tenir une bonne relation pour acquise. »

« Mais qu'est-ce que je dois faire ? Tu me dis de tout accepter – la séparation de mes parents et le mariage de mon père avec une femme que je ne connais même pas. Elle ne peut pas prendre la place de ma mère. Jamais de la vie ! »

« Je te suggère d'essayer d'accepter la situation, me dit-il gentiment, parce qu'il n'y a pas d'autre solution. Tu ne peux pas changer tes parents ou encore ce qui s'est passé. Tu n'es pas obligée d'aimer ta belle-mère autant que tu aimes ta mère, et personne ne t'y force. Mais si tu veux passer à autre chose et être capable d'accepter les nouvelles relations plus complexes de tes parents – et tes futures relations avec les femmes – alors tu dois apprendre à accepter ce qui s'est passé.»

« Eh bien, je ne vois pas comment tu peux me demander de faire ça. Je ne peux pas supporter de les voir séparés ! »

Je me levais pour partir quand il me dit : « Je sais que tu te sens seule en ce moment. Mais crois-moi, tu serais étonnée d'apprendre le nombre de jeunes gens qui se sont assis dans mon bureau et qui m'ont demandé pourquoi leurs parents ont divorcé. Peut-être que ça t'aidera si tu n'oublies pas que tu n'es pas la seule à souffrir ainsi. Et rappelle-toi – ce n'est pas ta faute s'ils ont divorcé. N'oublie jamais ça. »

En descendant la rue, j'aperçois un autobus municipal ralentir, puis s'arrêter au coin de la rue. J'y monte, mu par une impulsion. Je paie le chauffeur et cherche une place où m'asseoir. Un couple âgé est assis à l'arrière. Je m'assois à côté d'eux. Nous nous rendons en ville en silence. Je jette un coup d'œil au couple et remarque qu'il se tient par la main. La vieille femme porte une bague de mariage en or terne avec un minuscule diamant au centre de l'anneau.

La main gauche du vieil homme est posée sur les mains de sa femme. Son alliance est assortie à celle de sa femme. La sienne aussi est usée par le temps.

Alors qu'ils sont assis dans un silence complice, je remarque qu'ils se ressemblent. Ils portent tous deux des lunettes, leurs cheveux blancs sont courts et drus. Ils portent même des chemises identiques – en simple coton blanc, à manches courtes.

De temps à autre, la femme montre quelque chose du doigt pendant que nous roulons et il acquiesce de la tête. Je suis perplexe et, pourtant, je ressens un sentiment de paix, assise à leurs côtés.

L'autobus arrive à leur arrêt. De coquettes maisons blanches s'alignent le long d'une rue tranquille. Le vieil homme se lève lentement et saisit sa canne, posée sur le siège à côté de lui. Il attend patiemment que sa femme se lève avant de se diriger vers l'avant de l'autobus. Elle se lève tout aussi lentement et met un cardigan bleu sur ses bras frêles. Il prend sa main. Alors qu'ils s'apprêtent à aller vers l'avant de l'autobus, mon regard croise celui du vieil homme. Je ne peux m'empêcher de demander : « Depuis combien de temps êtes-vous mariés ? »

Il lui adresse un regard interrogateur. Elle sourit et hausse doucement les épaules, pour signifier qu'il y a longtemps que ça n'importe plus. Il finit par répondre d'une voix rauque : « Je ne sais pas exactement – de nombreuses années. » Puis, il ajoute : « Presque toute notre vie. »

Ils se dirigent vers l'avant de l'autobus et descendent.

Je m'appuie contre le dossier de mon siège. Il me faut quelques instants pour réaliser que le nœud froid et dur dans mon estomac semble maintenant se relâcher. Et le reflet de mon visage dans la vitre paraît moins tendu.

Je regarde défiler les couleurs des arbres et mon esprit vagabonde vers le vieux couple, puis s'arrête finalement sur mes parents.

Je comprends lentement que je n'ai pas besoin de connaître toutes les réponses à mes questions. Il n'est pas nécessaire que j'en souffre, ni pour eux, ni pour moi. Je n'ai pas besoin de connaître toutes les réponses sur l'amour et sur la vie, de savoir pourquoi les choses sont comme elles sont parfois. Peut-être que personne n'a les réponses.

«Hé! mademoiselle.» C'est le chauffeur qui m'interpelle. Je lève les yeux et je me rends compte que je suis toute seule dans l'autobus. Nous sommes au centre-ville. «C'est le terminus. Tu peux descendre ou retourner avec moi.»

Je réfléchis pendant quelques secondes. «Est-ce que vous passez à côté de la nouvelle boutique de musique près du campus?»

«Ouais, bien sûr.»

«Bon, vous pouvez m'y déposer», dis-je. «Il y a quelqu'un là-bas. Un ami. Et j'ai besoin de lui parler.»

T. J. Lacey

Ce que j'aurais aimé savoir plus tôt...

Depuis deux ans, je consacre une section de ma page d'accueil sur Internet à une liste intitulée « Ce que j'aurais aimé savoir plus tôt ». J'ai dix-sept ans et je fais beaucoup de choses stupides à ne pas faire, que j'aurais souhaité savoir plus tôt. Tout le monde peut ajouter des éléments à la liste. J'ai reçu des ajouts de partout dans le monde et de personnes de tout âge. Moi-même, je rajoute souvent des points sur ma liste (après les faits) !

Certains commentaires sont drôles, d'autres sont sérieux ; mais ils sont tous vrais. Voici quelques perles :

- Ne bois pas du jus de raisin en conduisant pour aller à l'école alors que tu portes une chemise blanche.
- N'attends pas après les autres pour agir.
- Si tu laisses tomber ton cellulaire dans l'eau de ton bain, il y a de fortes chances qu'il ne fonctionne plus.
- Si tu te teins les cheveux en mauve, ta mère va s'en rendre compte.
- Ne tombe jamais en amour avec quelqu'un qui habite à plus de mille cinq cents kilomètres de chez toi. Généralement, ça ne marche pas !
- Si ça fait mal, NE RECOMMENCE PAS !
- Ce qui ne te tue pas finira par te rendre plus fort.
- Plus tu parles en public, plus c'est facile.

- Tout ce qui nous fait bondir aujourd'hui nous sera parfaitement égal dans dix ans.
- Tout ce qui est or ne brille pas !
- Les boutons d'acné apparaissent toujours quand ce n'est pas vraiment le moment.
- Reste toujours après les cours parce que c'est à ce moment que se font les contacts.
- En cas de doute, esquive-toi. Quand tu en es certain, ne t'en donne pas la peine : tu es déjà dans le pétrin.
- Quand tu passes une barrière, assure-toi toujours, TOUJOURS, que la barrière est ouverte. Les conséquences pourraient être fatales pour ta voiture.
- Si tu ne vis pas (et je veux dire, vraiment vivre), tu es déjà mort.
- Ce n'est pas parce qu'une personne te fait la cour sans relâche qu'elle t'aime nécessairement.
- Si ton professeur d'algèbre te menace de te donner un zéro si tu n'arrêtes pas de parler après le test, c'est qu'il est sérieux. Tu peux être sûr qu'il le fera.
- Des personnes intelligentes font parfois des choses vraiment stupides.
- Être gentil avec les gens te mènera loin.
- La personne que tu pourrais vraiment aimer est souvent juste devant toi.
- Ne te laisse jamais, jamais, JAMAIS, convaincre par une personne du sexe opposé de faire des compromis sur tes valeurs. Jamais.
- Rien n'est jamais trop beau pour être vrai.

- Si une fille commence à te plaire, tu plairas immédiatement à sa camarade de chambre.
- Les parents ne sont pas éternels. Apprécie-les pendant qu'ils sont là.
- Ne passe pas ton test d'aptitude scolaire deux fois si ta note est bonne la première fois.
- Ne fais rien dont le risque est plus grand que la récompense.
- Réfléchis bien avant d'agir.
- Rêve et action sont indissociables.
- La vie va vite, mais pas assez pour que tu ne puisses pas ralentir et en profiter.
- Au lieu d'attendre que ton sort s'améliore, pourquoi ne pas prendre les choses en main ?
- Ne jamais remettre à DEMAIN ce que tu dois faire AUJOURD'HUI. C'est agréable de tout remettre à demain, mais ce n'est pas profitable.
- Si ton intuition te dicte de ne pas le faire, ne le fais pas. Ton intuition n'est pas stupide !
- Les céréales sont un aliment de base pour les étudiants d'université, même s'ils ont l'air ridicules quand ils les mangent à 19 h 30.
- S'il ne te respecte pas, alors il ne mérite pas une minute de ton temps.
- Apprends à jouer de la guitare électrique : les filles aiment vraiment ça.
- Ne jongle pas avec des couteaux, à moins d'être vraiment très très bon.
- Si tu ne réussis pas la première fois, essaie de nouveau. Ensuite, laisse tomber. À quoi bon se rendre ridicule.

- Ce n'est pas une très bonne idée de se mettre des choses dans le nez.
- Tu ne peux pas allumer des feux d'artifice dans le sous-sol sans te faire prendre.
- Les cheveux sont inflammables. *Très* inflammables.
- Ne fais jamais confiance à ton ami lorsqu'il tient une paire de ciseaux près de tes cheveux.
- Se teindre les cheveux blond fraise quand on a déjà les cheveux blond fraise rose donne pour résultat des cheveux rose fraise.
- Les chiens blancs et les pantalons noirs ne font pas bon ménage.
- Un jour, tu repenseras à tout cela et tu en riras.
- Tu ne sais jamais quand tu es en train de préparer un beau souvenir.
- Le cœur guérit et tu aimeras encore autant – sauf que tu diras alors n'avoir jamais connu un aussi bel amour auparavant.
- À quoi bon tout avoir si tu n'as pas des êtres chers avec qui partager. Rien n'est plus précieux qu'un frère ou une sœur. Si tu ne le sais pas déjà, tu l'apprendras – crois-moi !
- Si tu peux rire de toi-même, tout ira bien pour toi.
- Si tu permets aux autres de rire avec toi, tout sera merveilleux pour toi !
- Embrasser est la chose la plus agréable. Danser est presque aussi agréable.

Meredith Rowe

Le moment le plus gênant de ma vie

[NOTE DE L'AUTEURE À SES PARENTS : *Je suis désolée que vous deviez apprendre tout ça en même temps que toute l'Amérique. Je ne l'ai jamais dit à personne.*]

Excellente étudiante, membre d'une équipe de tennis, présidente du club d'espagnol, assistante professeure au cours de catéchisme, accompagnatrice au piano de la chorale. Bien que toutes ces réalisations reconnues publiquement au cours de mon adolescence aient influencé ma vie de nombreuses façons, rien n'a eu plus grande influence sur moi que d'avoir été membre du Gang de la Moutarde.

À l'automne 1977, j'entrais en secondaire cinq, dans l'école que j'avais fréquentée depuis la maternelle. Mon dossier était rempli, depuis les dix dernières années, de commentaires positifs comme : « Notes toujours supérieures à la moyenne », « Aime les activités parascolaires » et « Coopère bien avec ses professeurs et ses camarades de classe ». Jamais de suspensions ou de retenues. Bref, j'étais l'élève modèle. Cependant, en approximativement une heure, cette image de mon comportement allait s'éclipser à jamais (à la vitesse du son).

Trois de mes meilleures amies de toujours – à qui la description ci-dessus conviendrait tout à fait – vinrent me rejoindre après l'école un vendredi après-midi. L'une d'entre elles venait de passer son permis de conduire et allait fêter cet événement dans une ville voisine. Elle me demanda si je voulais y aller. (Question de politesse.) La cloche annonçant la fin des cours sonnait encore quand nous nous entassâmes dans une vieille Dodge Charger, qui était sur le point de rendre l'âme. Peu importe son piteux état, le réservoir était plein d'essence et elle pouvait nous conduire du point A au point B.

Quelques minutes après être sorties du stationnement de l'école, nous étions sur l'autoroute. Maintenant que j'y repense, cette autoroute était importante pour nous. Elle séparait non seulement deux villes, mais elle nous séparait aussi des gens qui nous connaissaient et des gens qui ne nous connaissaient pas. Nous devînmes audacieuses.

Puis, quand la nouveauté de nous promener en voiture cessa d'être excitante, quelqu'un suggéra qu'il pourrait être amusant de faire gicler de la moutarde sur les voitures garées au bord de la route lorsque nous passerions à côté d'elles (*réaction sensée de l'auteure après 20 ans : QUOI ? !*). Nous avons dû toutes être d'accord parce que nous nous sommes rendues toutes les quatre au magasin pour y acheter une bouteille de moutarde.

Nous sommes retournées à la voiture, mais nous n'étions pas encore certaines si nous allions mettre notre plan à exécution. C'était impossible. Quatre jeunes, quatre dossiers scolaires parfaits. *Nous allions rattraper le temps perdu...*

Nous avons décidé que la personne assise à côté de la conductrice serait le « gicleur désigné » et que les autres choisiraient la cible. Puisque j'étais assise à l'arrière et que j'essayais lâchement de me cacher, je trouvai que c'était une bonne idée. Je pensais que si je *ne touchais pas* à la bouteille, je me sentirais moins coupable. Je n'aurais rien à me reprocher. Je laissai échapper un soupir de soulagement, mais j'entendis : « Ensuite, on s'arrêtera et on changera de place. Ça sera plus juste pour tout le monde. » J'étais coincée.

Nous étions meilleures quand il s'agissait de « parler » que d'« agir ». Les deux autres filles avaient occupé chacune à leur tour la place de « gicleur désigné », mais elles s'étaient dégonflées à la dernière minute, criant « Je ne peux pas ! » Sans que j'aie eu le temps de m'en rendre compte, la voiture s'arrêta et ce fut à mon tour de m'asseoir à l'avant, sur le siège du passager. Je serrais la bouteille dans mes mains moites. Mes camarades me montrèrent la cible. Elles m'encouragèrent à voix haute. Nous allions attaquer une petite Volkswagen rouge, devant nous. Nous approchâmes rapidement et mes amies scandèrent : « Vas-y ! Vas-y ! » ... *Et je l'ai presque fait.* Mais, comme les autres, j'ai eu peur et nous avons dépassé la voiture, la laissant aussi rouge que la première fois que nous l'avions vue.

Étant donné que la conductrice ne pouvait pas prendre la place du « gicleur désigné », nous avons repris le chemin de la maison, nos sottises étant soi-disant terminées. Nous approchions de l'autoroute quand nous avons dépassé deux filles qui faisaient du jogging. Elles levaient et baissaient leurs mains devant elles. Comme nous cherchions encore les ennuis, nous avons interprété leurs gestes innocents. « Hé ! Elles nous ont fait un *va te faire foutre !* » Et bien entendu, comme elles nous avaient insultées gratuitement, elles allaient certainement le payer. C'était aussi simple que ça.

Quelques secondes plus tard, elles couraient dans le stationnement d'un centre commercial... Et nous nous retrouvâmes juste derrière elles. Nous sommes descendues de la voiture et nous nous sommes précipitées sur nos proies, prises au dépourvu, en hurlant « Attrapez-les ! » Nous les avons attrapées. En fait, je les ai attrapées. Nous n'avions qu'une bouteille de moutarde après tout, et c'était mon tour. Les deux filles étaient debout devant nous, en silence.

Mon ouïe était la seule chose qui fonctionnait encore bien, car, alors que je claquais la portière de la voiture derrière moi, j'entendis les mots de l'une de ces étrangères couvertes de moutarde : « Ce n'est pas drôle du tout, Rochelle ! » Des mots clairs. Des mots qui se répétaient. Rochelle, Rochelle, Rochelle. Non seulement je laissais derrière moi, dans un stationnement, deux filles couvertes de moutarde, mais au moins l'une d'elles n'était pas une étrangère.

Même si personne dans la voiture ne put reconnaître physiquement aucune des deux victimes, nous fûmes toutes certaines que cette voix était familière. Mais à qui appartenait-elle ? La minute qui suivit fut la plus longue de ma vie jusqu'à ce que je trouve : madame *Greatens*, MA PROFESSEURE DE DACTYLO !

Madame Greatens venait de sortir de l'université et s'était engagée à faire une forte impression professionnelle sur les étudiants du cours de commerce auxquels elle enseignait. Ses cheveux étaient toujours relevés sur sa tête, de grandes lunettes cachaient ses yeux et elle portait toujours un costume sobre. Pourtant, en dehors de son cadre de travail, elle n'était soudainement plus la même. Elle avait changé, radicalement. Ses cheveux semblaient avoir poussé de trente centimètres (en l'espace d'un après-midi), elle avait rapetissé de cinq bons centimètres (elle ne portait plus de talons), des verres de contact remplaçaient ses lunettes et elle avait troqué son costume contre un survêtement. Elle ne ressemblait plus à madame Greatens. Elle ressemblait davantage… à *nous !*

Évaluation de la situation : NOUS AVIONS UN PROBLÈME. La Dodge Charger fit immédiatement demi-tour vers le stationnement pour rattraper les joggeuses, mais elles avaient disparu. Il restait le plan B. Nous pourrions trouver son adresse dans le bottin d'une cabine téléphonique. Réussi. Elle vivait juste en face du centre commercial, dans un complexe à appartements.

Nous ne savions pas que, de son côté, madame Greatens était elle aussi au téléphone. Elle appela d'abord le directeur de l'école chez lui, puis mes parents. (*Ma vie, telle que je la connaissais, s'achevait.*) Mais elle raccrocha après deux sonneries, avant même que quelqu'un réponde à ses deux appels. Elle décida de nous parler d'abord.

Nous étions maintenant arrivées.

Madame Greatens ouvrit la porte avec politesse. Elle était debout devant nous, ses vêtements étaient tachés de moutarde et ses joues portaient des traces de larmes. Elle voulait entendre quelle explication possible pouvait justifier sa douleur. Nous n'en avions pas. Absolument aucune. Il n'y avait pas de nom à ce que nous avions fait. Notre conscience nous l'a fait comprendre clairement, alors que nous exprimions un remords sincère et laissions couler un flot de larmes égal au sien.

Quelque chose d'extraordinaire se produisit : *Elle nous pardonna*. Complètement. Juste là, sur place. Elle aurait pu informer nos parents de ce qui était arrivé, mais ne le fit pas. Elle aurait pu contacter la direction de l'école et exiger des sanctions exemplaires pour chacune de nous, mais ne le fit pas. Elle aurait pu constamment nous rappeler cet incident, ce que nous avions fait délibérément, pendant très longtemps, mais ne le fit pas.

Allions-nous recommencer encore une chose semblable ? JAMAIS. Pas question. Voyez-vous, c'est ça le pouvoir du pardon.

Rochelle M. Pennington

Appelle-moi

« Je sais que je l'ai mis quelque part. » Cheryl laisse tomber son sac d'école par terre pour fouiller les poches de son manteau. Quand elle met son sac à main sur la table, toutes les personnes qui font la queue derrière elle commencent à rouspéter.

Cheryl jette un coup d'œil à l'horloge de la cafétéria. Seulement trois minutes avant que la cloche sonne et c'est la dernière journée pour commander un annuaire de l'école si on veut que notre nom apparaisse en lettres dorées en première page. C'est ce que Cheryl veut, mais elle n'arrive pas à trouver son portefeuille. Derrière elle, tout le monde s'impatiente. On l'entoure.

« Dépêche-toi, Cheryl ! » Darcy est tellement impatiente qu'on l'imagine presque en train de taper du pied. « Nous allons être en retard pour le cours. »

« Darcy, s'il te plaît ! » dit Cheryl d'un ton sec. Meilleures amies ou pas, Darcy et Cheryl se disputent souvent. Elles sont tellement différentes. Ce qui se passe aujourd'hui en est le parfait exemple. Darcy avait prévu l'achat de l'annuaire dans son budget et elle l'avait commandé dès la première journée d'école, tandis que Cheryl avait presque oublié... une fois de plus.

« Darcy, mon portefeuille a disparu. » Cheryl lance ses affaires dans son sac à main. « J'y avais mis mon argent pour l'annuaire. » La cloche interrompt ses recherches.

« Quelqu'un a dû le prendre ! » Darcy, comme d'habitude, conclut rapidement de façon pessimiste.

« Non, non. Je suis sûre que je l'ai seulement égaré », dit Cheryl, avec une note d'espoir.

Elles courent et arrivent à leur classe juste avant le deuxième son de cloche. Darcy, qui n'a pas la langue dans sa poche, annonce à qui veut l'entendre que quelqu'un a volé le portefeuille de Cheryl.

À la dernière période, au cours de gym, Cheryl commence à en avoir assez qu'on la questionne pour devoir répéter sans cesse : « Je suis sûre que je l'ai oublié à la maison. » Elle se dépêche d'aller à son casier, se change rapidement, et vérifie la liste affichée près de la porte du terrain de sport pour voir où joue son équipe de soccer. Elle court rejoindre les autres.

La partie est serrée et l'équipe de Cheryl est la dernière à retourner aux casiers.

Darcy est debout près du casier de Cheryl. Cheryl passe à côté de Juanita, la nouvelle. C'est alors qu'elle est frappée par le regard de colère de Darcy et les propos qu'elle entend autour d'elle.

À ses pieds, elle aperçoit son portefeuille.

« Il est tombé de son casier ! » dit Darcy en montrant Juanita du doigt. « Elle l'a volé. »

Tout le monde se met à parler en même temps.

« La nouvelle l'a volé. »

« C'est Darcy qui l'a attrapé la main dans le sac. »

« Je savais qu'il y avait quelque chose qui clochait avec elle. »

« Va le dire au directeur. »

Cheryl se retourne et regarde Juanita. Elle ne l'avait jamais vraiment remarquée auparavant, à part qu'elle savait qu'elle était « la nouvelle ».

Juanita ramasse le portefeuille et le donne à Cheryl. Ses mains tremblent.

« Je l'ai trouvé dans le stationnement. J'allais te le rendre avant le cours de gym, mais tu étais en retard. »

Darcy, furieuse, lance : « C'est ce que tu dis ! »

« C'est vrai. Je le jure », dit Juanita d'une voix aiguë et suppliante.

Cheryl hésite. Les yeux de Juanita s'emplissent de larmes.

Cheryl tend la main pour prendre son portefeuille.

Elle dit en souriant : « Je suis tellement contente que tu l'aies trouvé. Merci, Juanita. »

La tension autour d'elles commence à tomber. « Une bonne chose que tu l'aies trouvé. » Tout le monde est d'accord, à part Darcy.

Cheryl se dépêche de se changer. Elle fait claquer la porte de son casier. « Dépêche-toi, Darcy. Il me reste juste assez de temps pour commander l'annuaire. »

« S'il te reste de l'argent dans ton portefeuille. »

« Laisse tomber, Darcy ! »

« Tu es tellement naïve ! »

Ce n'est qu'une fois dans la file d'attente que Cheryl ouvre son portefeuille.

« Tout y est. » Cheryl laisse échapper un soupir de soulagement malgré elle. Un petit morceau de papier s'échappe de son portefeuille.

« Elle n'a pas eu le temps de le vider. » Darcy se penche pour ramasser le bout de papier. « Je connais ce genre de fille. Je l'ai cataloguée dès le premier jour. » Darcy tend le papier à Cheryl.

Cheryl le lit et regarde Darcy. « Tu pensais savoir quel genre de fille elle est, n'est-ce pas. C'est peut-être ça le problème. Tu passes probablement trop de temps à cataloguer tout le monde. »

Darcy prend la note, la lit et la lance à Cheryl. « Pis quoi encore ! » dit-elle et elle sort bruyamment de la salle.

Cheryl lit de nouveau le petit mot.

Cheryl,

J'ai trouvé ton portefeuille dans le stationnement. J'espère que tout y est.

Juanita

P.S. Mon numéro est le 555-3218. Tu pourrais peut-être m'appeler.

Et c'est exactement ce que Cheryl a fait.

Cindy Hamond

7

LE POUVOIR DE CHANGER LES CHOSES

*Il est important de vous impliquer
et de défendre ce en quoi vous croyez.*

Ione Skye

Pour toi, papa

«On s'envole!» disait papa et je montais sur son dos. «Tiens, regarde, tu vois le pont de Londres?»

Étendu sur le plancher, ses bras déployés comme des ailes, il était mon Superman. Ensemble, nous nous frayions un chemin dans des nuages imaginaires. Mais, comme ces nuages, les moments passés avec papa étaient toujours trop courts, presque irréels, parce qu'il y avait dans la vie de papa quelque chose de plus fort que l'amour, quelque chose qui me le volait. C'était un ennemi contre lequel je finirais par me battre quand il n'en serait plus capable...

«Il est malade», me disait ma mère quand il s'évanouissait. «Ça ne veut pas dire qu'il ne t'aime pas.»

Je savais qu'il m'aimait. Il pouvait nous faire rire avec ses grimaces et ses dessins humoristiques. Je l'aimais et je voulais croire que ma mère l'aimait encore. Quand mes petits frères et moi avons grandi, elle nous a expliqué que mon père n'avait pas toujours été «comme ça». Il était un peu extravagant quand ils s'étaient rencontrés à l'école secondaire. Avec ses cheveux bouclés et son large sourire, il m'était facile de comprendre comment il avait conquis le cœur de ma mère.

Mais les choses n'ont pas tardé à changer. Parfois, nous étions des semaines sans le voir. Un jour, il a téléphoné et a dit qu'il ne reviendrait plus à la maison. «Je ne suis pas loin. Nous nous verrons les fins de semaine », a-t-il dit après avoir déménagé. « Je passerai et je viendrai vous chercher samedi. »

« Maman, criai-je, est-ce que nous pouvons aller avec papa ? »

Maman me prit le téléphone des mains et dit : « Non, John, tu peux les voir à la maison. Tu sais que je ne veux pas qu'ils montent en voiture avec toi. »

J'ai pensé aux messages publicitaires que j'avais vus à la télévision – ceux qui montraient des morceaux de métal tordu et des dessins à la craie sur le sol. Et les mots : *L'alcool au volant tue*. Est-ce que ça pourrait arriver à papa ? Tous les soirs, je priais : *Mon Dieu, aide papa à aller bien*. Mais trop souvent, quand il garait sa voiture dans l'allée, il sentait l'alcool.

Je le suppliais : « Papa, ne conduis pas dans cet état. » Habituellement, il me disait de ne pas m'inquiéter. Pourtant, une fois, il m'a regardée de très près, ses yeux étaient très tristes. « J'aimerais ne pas être comme ça. J'aimerais être un bon père. »

C'était ce que je souhaitais aussi. Je détestais l'alcool pour ce qu'il nous avait fait – à nous tous.

Au début, j'étais trop gênée pour dire la vérité à mes amis. Mais quand j'ai commencé à voir d'autres jeunes boire, je n'ai pas pu me retenir. « C'est pour ça que mon père n'est jamais là », disais-je en montrant les bouteilles du doigt.

Toutes les visites de papa étaient courtes. Entre les étreintes et les bisous, il faisait des dessins pour nous et nous essayions de lui raconter le plus d'histoires possible sur l'école et nos amis. « Je vais aller voir quelqu'un qui va m'aider », disait-il. Peut-être que mes frères, Justin et Jordan, le croyaient, mais pas moi. Et pourtant, je voulais le croire, de tout mon cœur. Je sens encore le va-et-vient de la balançoire sur la véranda et le bras de mon père autour de mes épaules.

Une fois, il m'a dit : « Le jour où tu auras seize ans, je t'achèterai une voiture. » Je me blottis davantage contre lui. Je savais qu'il m'aurait donné la terre, s'il avait pu. Mais je n'ignorais pas qu'il ne pouvait rien me donner, même avec toute sa bonne volonté.

J'étais en dernière année d'école secondaire quand, un soir, je reçus un coup de téléphone au magasin où je travaillais à temps partiel. « Heather ? » La voix de ma mère était tendue. J'ai tout de suite compris. « Il y a eu un accident. »

Je me suis précipitée à l'hôpital. La moto de papa avait frappé une fourgonnette. Les tests sanguins indiquaient qu'il avait bu et pris de la drogue ce soir-là. Dieu merci, l'autre conducteur n'avait rien.

Assise à côté de son lit, je dis en sanglotant : « Je t'aime, papa. » Bien qu'il fût inconscient, son moniteur cardiaque s'est accéléré au son de ma voix. Il avait trouvé un moyen de me faire savoir qu'il m'avait entendue et qu'il m'aimait. Mais il y avait quelque chose dont je voulais être certaine qu'il sache.

« Je te pardonne », ajoutai-je d'une voix étranglée. « Je sais que tu as fait de ton mieux. » Quelques instants plus tard, il était mort. Un accident a tué mon père, mais sa mort ne nous a pas pris par surprise.

Tout le monde m'a dit que je devais faire mon deuil et, pendant quelque temps, je l'ai fait. Mais d'une certaine manière, j'avais fait le deuil de mon père pendant toute ma vie. J'avais besoin, maintenant, de faire quelque chose qui me laisserait moins impuissante face à l'ennemi qui me l'avait volé.

Je suis allée à la bibliothèque pour trouver tout ce que je pouvais sur l'abus de substances toxiques. *Presque chaque famille est affectée... Les enfants peuvent répéter les modèles.* Mon cœur se brisa davantage à la lecture de ces mots. La vie de mon père n'avait pas représenté grand-chose. Peut-être que sa mort le pourrait.

Un après-midi, je décrochai le téléphone et appelai les écoles de la région. « J'aimerais parler de l'abus de drogues. Je l'ai vécu dans ma propre famille et je pense que je pourrais aider. »

Avant même que j'aie eu le temps de m'en rendre compte, je me retrouvai debout devant une mer de jeunes visages, m'apprêtant à faire une présentation intitulée « Sans drogue, je suis libre de rêver ».

Je commençai en disant : « Les gens qui prennent de la drogue et boivent de l'alcool ne sont pas de mauvaises personnes. Elles ont seulement fait le mauvais choix. » Je demandai ensuite aux jeunes de faire un dessin de ce qu'ils voulaient être. Ils dessinèrent des pompiers, des médecins, des astronautes.

« Vous voyez, tous ces beaux rêves ? Ils ne pourront jamais devenir réalité si vous tombez dans la drogue et l'alcool. » Leurs yeux s'agrandirent. *Je les ai touchés*, pensai-je. Mais je savais que ce n'était pas si simple – il faudrait que j'essaie jour après jour si je voulais vraiment faire une différence.

Depuis, j'utilise des personnages de bande dessinée pour transmettre mon message aux plus jeunes. J'ai organisé un programme que j'appelle *Tuxedo-stuffing*. Il consiste à placer des statistiques sur l'alcool au volant dans les poches des jeunes qui se rendent au bal de finissants. Je me suis également jointe à Mothers Against Drunk Driving et à la National Commission on Drunk Driving.

Aujourd'hui, je suis en première année d'université et je fais des présentations dans les écoles primaires et secondaires. Je suis également conférencière dans des comités qui étudient les conséquences de l'abus de drogue sur les victimes. On y partage les récits de personnes qui ont perdu des êtres chers avec les récits de personnes qui ont été reconnues coupables d'avoir conduit sous l'emprise de drogue. La plupart des personnes du comité ont perdu des proches à cause de gens comme mon père. Mais, moi aussi, j'ai été une victime. Peut-être que mon histoire a plus d'impact à cause de cela.

« C'est difficile de penser à un étranger sans visage que vous pourriez tuer », dis-je aux contrevenants. « Pensez alors aux personnes que vous blesseriez – comme un enfant à la maison, à qui vous manqueriez pour toujours si vous mouriez. »

Je n'avais plus mon père bien avant de le perdre pour de bon. Je me rappelle l'avoir entendu dire que nous, ses enfants, étions la seule bonne chose qu'il avait faite dans sa vie. Papa, grâce à toi, je fais quelque chose de très bien dans ma vie. »

Bill Holton
Woman's World Magazine

Le pouvoir d'un sourire

Il y a tant de choses dans le monde que l'on devrait avoir à cœur.

Laura Dern

J'attendais, tendue, dans la petite salle de la Maison Portland Blanchet. J'avais de la difficulté à maîtriser l'excitation et la nervosité qui nouaient mon estomac. C'était la première fois que j'accompagnais le groupe de jeunes de l'église pour les aider à nourrir les sans-abri, et on m'avait donné le travail le plus difficile. Dix-neuf tables soigneusement alignées occupaient toute la salle, je devais rester debout au milieu. De cette manière, je pourrais voir chaque table et assigner une place aux nouveaux arrivants à mesure qu'un siège se libérerait.

J'étais ravie et impatiente de jouer un rôle actif pour aider concrètement les gens de la communauté, mais j'étais aussi nerveuse et curieuse. À quoi ressembleraient ces personnes ? Je savais que je faisais du bien et que j'apprendrais beaucoup en travaillant directement avec ces gens. Malgré mon enthousiasme à l'idée de découvrir un nouvel aspect de la vie, j'entendais une petite voix impérieuse murmurer à la petite fille de banlieue bien nantie que j'étais d'aller se cacher.

Il était trop tard pour faire marche arrière. Le repas allait être servi. Des personnes sont entrées en traînant des pieds. Serrées les unes contres les autres, elles avançaient en rang, portant des ballots et des paquets. On pouvait apercevoir, sous les foulards et les manteaux en loques, des taches rouges ou bleus de peau – presque gelée par le froid. Des yeux hagards regardaient autour de la salle, l'air confus.

Les personnes âgées, toujours les premières à être servies, se sont dépêchées de s'asseoir, loin du courant d'air qui entrait par la porte ouverte. Elles ont immédiatement rempli les sacs de plastique qu'on leur avait donnés avec de la nourriture facile à transporter, comme des biscuits et des petits pains. Intimidée, je les regardais d'un air naïf et j'observais leur visage. J'essayais de trouver les raisons qui les avaient poussées à vivre ainsi, tout en essayant de m'imaginer ce qu'est la vie dans la rue, vingt-quatre heures sur vingt-quatre.

Je ne tenais pas en place, n'ayant pas grand-chose à faire, à part attendre que le premier groupe ait fini de manger. Je me suis donc concentrée sur ce que m'avait dit le directeur de la maison : « Beaucoup d'entre eux viennent autant pour avoir de la chaleur humaine que pour manger, Alors, n'aie pas peur de sourire. »

Ça, c'était facile. Armée de mon sourire le plus chaleureux et le plus sincère, j'ai essayé d'attirer le regard de chaque personne de la salle. Et même si peu d'entre elles ont répondu à mon sourire, j'ai été heureuse d'avoir réussi à attirer leur attention.

Un vieil homme, aux cheveux blancs et broussailleux, n'arrêtait pas de me regarder. Son regard était à la fois lointain et émerveillé. Ses yeux gris bleu, perdus dans le vague, brillaient au milieu de son visage ridé par le temps. Un sourire timide se dessinait de temps à autre sur son visage, un sourire innocent comme celui d'un enfant. J'étais très touchée de le voir, tour à tour, avaler avec un plaisir évident une pleine cuillerée de crème glacée et me regarder fixement, avec le même plaisir. Quand il me fit signe d'approcher, je ne fus pas trop inquiète. Il avait de la difficulté à articuler, sa voix était douce, et il semblait légèrement sénile. Quand il m'a tendu sa main épaisse pour prendre la mienne, je ne me sentis pas menacée. C'était le geste gentil d'un grand-père.

« Je voulais juste te demander, combien je te dois pour ton sourire ? » murmura-t-il gentiment.

Je ne pus m'empêcher de rire et lui répondis : « C'est gratuit ! »

Il m'adressa alors un plus grand sourire émerveillé.

« Dans ce cas, est-ce que je peux en avoir un autre ? »

Rougissant malgré moi, je me suis empressée de lui sourire. Il me dit qu'aussi longtemps qu'il se souviendrait de mon sourire, il se sentirait bien.

J'ai pensé : *Moi aussi.* Parfois, un sourire suffit...

Susan Record
Soumis par Mac Markstaller

N'oubliez pas l'hospitalité, car, grâce à elle, certains, sans le savoir, ont accueilli des anges.

Hébreux 13, 2

Écoutez-moi !

Jason venait d'une bonne famille. Il avait des parents, deux frères et une sœur qui l'aimaient. Ils réussissaient tous bien, tant sur le plan académique que sur le plan social. Ils habitaient dans un quartier chic de la ville, et Jason avait tout ce qu'un garçon de son âge pouvait désirer. Mais il faisait toujours des bêtises. Il n'était pas un mauvais garçon, un fauteur de troubles, mais il avait le don de se mettre dans des situations impossibles.

En première année, on l'avait étiqueté comme ayant des difficultés d'apprentissage. On avait tout fait pour qu'il ne fasse pas partie d'une classe normale. À la fin du primaire, il était un «agitateur inadapté». Au secondaire, on avait dit que Jason était atteint du trouble déficitaire de l'attention, bien qu'il n'ait jamais officiellement passé de tests. Plus souvent qu'autrement, les professeurs le renvoyaient de la classe. Dans son premier bulletin, il y avait un C et le reste n'était que des D.

Un dimanche, toute la famille prenait un brunch au club sportif. Un professeur s'arrêta à la table et dit : «Jason travaille très bien ces jours-ci. Nous sommes heureux et ravis.»

«Vous devez vous tromper avec une autre famille», répondit le père de Jason. «Notre Jason est un bon à rien. Il a toujours des problèmes et nous ne savons pas pourquoi. Nous ne savons plus que faire avec lui.»

Alors que le professeur s'éloignait, la mère de Jason fit remarquer : «Tu sais, mon chéri, maintenant que j'y pense, Jason se comporte bien depuis un mois. Il va à l'école de bonne heure et y reste plus tard. Je me demande ce qu'il mijote ?»

La deuxième étape de neuf semaines s'était finalement écoulée. Comme d'habitude, les parents de Jason s'attendaient à de mauvaises notes et à des commentaires négatifs sur le comportement de leur fils. Au lieu de cela, il avait obtenu des A et des B, en plus d'une mention d'excellence pour son comportement. Ses parents étaient déroutés.

«À côté de quel élève étais-tu assis pour avoir ces notes ?» demanda le père d'un ton sarcastique.

«Ce sont mes notes», se contenta de répondre Jason.

Perplexes et peu convaincus par cette réponse, les parents allèrent à l'école avec Jason pour rencontrer le directeur. Ce dernier les assura que Jason se débrouillait très bien.

«Nous avons une nouvelle conseillère en orientation et elle semble avoir une influence positive sur votre fils, dit-il. Il a une meilleure estime de soi et il a bien réussi ce semestre. Je pense que vous devriez la rencontrer.»

Quand le trio s'approcha de la conseillère, elle avait la tête baissée. Elle prit un certain temps avant de réaliser qu'elle avait des visiteurs. Quand elle finit par les remarquer, elle se leva et commença à faire des gestes avec ses mains.

«Mais qu'est-ce que ça signifie ?» demanda le père de Jason, indigné. «Le langage des signes ? Elle ne peut même pas entendre ?»

«C'est pour ça qu'elle est si géniale», dit Jason en s'élançant entre les deux. «Elle fait bien plus qu'entendre, papa. Elle écoute !»

Dan Clark

Joe Camel

« Je n'arrive pas à y croire. Ils l'enlèvent vraiment ! »

« Nous pouvons vraiment changer les choses ! »

Assis dans les gradins du stade de notre école secondaire, nous sommes transportés de joie en voyant démonter l'immense panneau d'affichage Joe Camel – placé directement à la vue de tous les élèves de l'école – et nous l'avons fait !

Vous est-il déjà arrivé de lever la main pour participer à une activité et que ce geste transforme votre vie ? C'est exactement ce qui s'est produit pour Eddie, Marisol et moi. Nous faisons partie d'un club à l'école, appelé Friday Night Live, qui encourage les amitiés et les activités sans alcool et sans drogues. Ce n'est pas facile de résister à la tentation de fumer et de boire quand, partout, les compagnies de publicité dépensent des millions de dollars pour vous inciter à utiliser leurs produits. Le message est puissant et clair : Utilisez ce produit et vous serez *cool*, beau et populaire.

Pendant l'une des rencontres de la NFL, Eddie a dit : « Ça m'enrage de voir, partout où je vais sur le campus, le panneau Joe Camel, et pourtant les grandes compagnies de cigarettes n'arrêtent pas de dire qu'elles ne ciblent pas les adolescents dans leur publicité. Ouais, mon œil ! »

Il y a d'autres panneaux d'affichage, mais c'est le seul qu'on voit de notre école. La conseillère de l'école, madame Bambus, a demandé si l'un d'entre nous était intéressé à écrire une lettre à la compagnie de panneaux pour lui demander de l'enlever. Dans le cadre de cette incroyable aventure, nous sommes passés à une émission de télévision nationale et à plusieurs autres émissions de télévision sur des chaînes locales.

Nous avons fait des recherches et avons découvert un groupe appelé Human Health Services. Nous leur avons demandé si d'autres groupes avaient déjà fait une telle démarche et comment ils s'y étaient pris. Ils nous ont donné quelques exemples et nous ont recommandé de rédiger une lettre polie à la compagnie de panneaux. Nous avions pensé qu'il serait plus amusant de simplement détruire le panneau, mais la logique a pris le dessus. Nous avons donc communiqué avec la compagnie et expliqué nos inquiétudes. Nous avons cité le code de la loi qui interdit la publicité sur les cigarettes et l'alcool à la vue des élèves d'une école. Le vice-président a déclaré qu'il ne voyait pas en quoi le panneau faisait du tort à qui que ce soit.

Eddie a écrit un article à ce propos pour le journal de l'école, puis un journal de la ville a décidé de le publier. C'est à ce moment que la presse nationale a commencé à venir sur notre campus. Un jour, j'allais dîner quand un journaliste s'est approché de moi et m'a dit : « Irene, nous te cherchions. Nous avons entendu dire que, tes amis et toi, vous vous battez contre Joe Camel. » Il voulait avoir la permission de filmer une émission sur comment nous avions commencé à fumer et ce que nous souhaitions accomplir. Cinq mois après tout ce brouhaha, le panneau a été enlevé. Il a été remplacé par une publicité de crème glacée. Nous étions contents que tout soit terminé et avions hâte d'être de nouveau de jeunes ados.

Durant cette période, mon grand-père – qui avait commencé à fumer quand il était adolescent – a appris qu'il était atteint d'un cancer. Peut-être y avait-il une Puissance supérieure qui m'avait incitée à écrire la lettre ce jour-là. Je crois que si nous pouvons aider les gens à ne jamais commencer à fumer, nous pourrons soustraire une famille à la douleur de voir l'un des siens en mourir. Et ça, c'est important !

Meladee McCarty

Tout est possible

La vie nous réserve de drôles de surprises. Un jour, j'étais un étudiant du secondaire comme les autres, inquiet de faire le bon choix de carrière. Un an plus tard, j'étais le propriétaire d'une compagnie engagée à changer le monde, un ado à la fois. Toute ma vie, j'ai senti que je devais faire quelque chose, devenir quelqu'un. J'ai toujours voulu réussir et je n'ai jamais laissé quoi que ce soit m'empêcher d'atteindre mes objectifs.

Tout a commencé quand j'avais huit ans. J'avais l'impression que ma vie était finie. Mon père venait de m'annoncer qu'il n'allait plus vivre avec nous : lui et maman allaient divorcer. Je ne me suis jamais senti aussi seul que ce soir-là. Toute ma vie a changé. J'étais devenu l'homme de la maison. Bien que j'aie eu beaucoup de chagrin quand il est parti, je n'avais pas d'autre choix que d'accepter la situation et d'assumer mon nouveau rôle.

Parce qu'il nous avait laissés sans-le-sou, je savais que ma première responsabilité serait de gagner de l'argent pour ma famille, une tâche difficile pour un enfant de huit ans. Mais j'étais déterminé et je ne me laisserais pas abattre facilement. Je me suis associé avec mon meilleur ami pour créer une compagnie spécialisée dans la tonte du gazon : j'étais le directeur du marketing et il était le directeur de la main-d'œuvre. Notre réussite instantanée m'a donné une nouvelle confiance en moi.

Mon ambition de réussir ne s'est pas arrêtée à la création de cette compagnie. Adolescent, la même ambition de réussir m'animait. J'ai commencé à explorer les différentes possibilités de carrière, confiant que mes recherches allaient me faire découvrir une passion cachée et me mettre sur la voie de ma future carrière. J'ai examiné chaque possibilité avec sérieux et détermination. Mais ni la médecine ni l'archéologie ne m'ont satisfait, alors j'ai continué à chercher ma passion.

Tout en cherchant la carrière de mes rêves, j'ai aussi pris le temps d'aider un ami, de cinq ans mon aîné, à apprendre à lire. Mes recherches de carrière ne donnaient pas les résultats escomptés, mais je ressentais une grande satisfaction à aider un ami. Pour la première fois de ma vie, je devenais conscient du pouvoir d'aider les autres. Cette expérience a changé ma vie à jamais, mais je n'en étais pas conscient à ce moment-là.

Toujours frustré de ne pas avoir trouvé la carrière qui me conviendrait, j'ai décidé que mon avenir était dans le marché boursier et je me suis mis à explorer cette profession. Heureusement, cette fois a été la bonne. Ce ne fut pas long avant que j'obtienne un stage dans une maison de courtage réputée. Mon travail acharné et mon engagement ont porté fruit : on m'offrit de nombreux postes partout aux États-Unis.

J'étais enthousiasmé par ces offres, mais j'ai décidé d'attendre pour prendre ma décision, car je ne voulais pas négliger ma formation. J'ai donc choisi d'étudier à l'Université du Texas. C'est pendant un de mes cours que j'ai dû réévaluer mon choix de carrière motivé par l'argent.

Un brillant jeune entrepreneur, Brad Armstrong, m'a demandé ce que je voulais faire «plus tard», une question qu'on pose souvent aux ados et à laquelle ils ne veulent jamais répondre. Sûr de moi, j'ai répondu : « J'aurai mon diplôme à dix-neuf ou vingt ans, je travaillerai à New York ou à Chicago, et je prendrai ma retraite jeune – comme toi. » Le rêve américain d'un adolescent.

Puis, il m'a dit : « Fantastique ! Supposons que tu gagnes beaucoup d'argent et que tu prennes ta retraite quand tu seras vieux – disons à trente-cinq ans. Que feras-tu alors ? »

J'ai répondu sans hésitation : « Je voyagerai ! »

Il a souri, puis a ajouté : « D'accord ! Disons que tu as vu le monde entier et que tu as trente-huit ans. Que feras-tu du reste de ta vie ? Quel est ton *but dans la vie* ? »

Tout à coup, j'ai pensé à mon ami auquel j'avais enseigné à lire et je me suis rappelé le grand sentiment de satisfaction que j'avais ressenti. C'est à ce moment que j'ai réalisé quel était mon but. Je voulais aider les autres et je voulais le faire d'une façon qui m'était familière.

« Brad, lui dis-je pensivement, je veux écrire un livre et aider les jeunes de mon âge. J'en ai assez de l'image injuste qu'on projette de tous les adolescents comme étant paresseux, stupides et violents. Et que penser des millions d'entre nous qui travaillent d'arrache-pied pour réussir à l'école, avoir des emplois stables, subvenir aux besoins de leur famille et ne pas avoir de problèmes ? »

Il a répondu : « Pourquoi n'écris-tu pas ton livre maintenant ? Partage avec eux les méthodes que tu as apprises et qui t'ont permis de réussir. Tu peux aider beaucoup de personnes. Partage tes connaissances. »

Cette nuit-là, je n'ai pas réussi à dormir. La question de Brad sur la mission de ma vie ne cessait de me revenir à l'esprit. J'ai pris la décision la plus difficile de ma vie. J'ai décidé d'écouter mon cœur et de sauter dans la vie sans savoir où cela me conduirait.

Après beaucoup de recherche et de travail, j'ai terminé mon livre sur les choix de carrière et le succès dans la vie pour les jeunes gens. Mais j'avais encore un problème. J'ai réalisé que les personnes mêmes à qui je voulais vendre mon livre n'avaient probablement pas les moyens de se le payer. Pour résoudre ce problème, j'ai créé une maison d'édition éducative, conçue pour distribuer mon livre dans les écoles à travers l'Amérique, où les élèves pourraient lire mon livre gratuitement et acquérir les aptitudes nécessaires pour atteindre leur but.

Mon livre n'a pas connu un succès instantané, mais je suis heureux qu'il ait fini par devenir populaire auprès des étudiants, des éducateurs et des dirigeants d'entreprises. C'est très gratifiant de savoir que j'ai aidé tellement de personnes à se rendre compte de tout ce qu'elles peuvent accomplir pour que leur vie soit une réussite, surtout les adolescents, à qui on rappelle constamment leurs faiblesses.

J'ai appris par ma propre expérience que chaque personne détient un potentiel illimité et une passion qui ne demandent qu'à être libérés. Je suis la preuve vivante qu'il est vraiment possible d'atteindre le but qu'on se fixe. En fait, tout est possible – quand on écoute son cœur. Il n'y a pas de limites.

Jason Dorsey

Un défi que j'ai relevé

Assis dans la salle d'attente de l'hôpital, j'étais nerveux et incertain de ce que le docteur Waites, le pionnier dans le diagnostic du trouble de l'acquisition de la lecture (dyslexie de croissance), disait à mes parents à propos des résultats des tests que j'avais passés.

Tout a commencé en quatrième année, quand j'ai déménagé à Dallas. J'avais remarqué que j'avais pris du retard en lecture à l'école Saint Michael. Quand je lisais à voix haute, je m'étais aperçu que j'avais de la difficulté avec la moitié des phrases. Mon institutrice, madame Agnew, avait déclaré que ma compréhension de la lecture et ma capacité de prononcer les mots étaient à un niveau moins élevé que celui des autres élèves de ma classe. J'avais un nœud à l'estomac chaque fois qu'elle me demandait de lire à voix haute. Malgré tous mes efforts, elle devait toujours m'aider à lire les mots. Madame Agnew a suggéré que je passe des tests pour voir si je n'étais pas dyslexique.

Tout d'abord, je n'ai pas bien compris pourquoi je devais passer des tests; après tout, j'avais été premier de classe à l'école publique que j'avais fréquentée auparavant. Le test me rendait mal à l'aise. J'avais peur de répondre aux questions et de me retrouver devant un autre échec.

Les résultats du test ont révélé que j'étais atteint de la dyslexie de croissance. Au début, le diagnostic m'avait découragé, mais j'étais déterminé à maîtriser mon handicap, avec le temps. J'ai travaillé avec des tuteurs et des orthophonistes. J'ai même essayé de vaincre mon handicap par moi-même. Je lisais des livres difficiles, en espérant que cela me donnerait davantage confiance en moi. J'ai commencé à mieux lire et à comprendre ce que je lisais. J'ai même commencé à aimer la lecture, ce qui est plutôt ironique puisque je détestais tant cela auparavant.

J'avais finalement vaincu mon trouble d'apprentissage, ce que le docteur Waites m'avait confirmé lorsque j'avais passé d'autres tests. Il m'avait dit que ma dyslexie était minime. J'étais fou de joie. Même si j'avais surmonté un des plus grands défis de ma vie, je sentais quand même que quelque chose me manquait.

J'ai comblé ce vide lorsque j'ai endossé pour la première fois mon uniforme à rayures rouges et blanches et marché, en tant que bénévole, le long des couloirs de l'hôpital. C'était le même hôpital où je m'étais assis un jour, nerveux et confus. Et parce que je me considérais si chanceux d'avoir eu accès à un endroit comme celui-là, où on m'avait tant aidé, j'avais décidé de faire ma part en devenant bénévole.

Un jour, une petite fille en fauteuil roulant m'a demandé de lui lire un livre. J'ai lu très lentement pour qu'elle soit capable de comprendre l'histoire et les mots. Quand ce fut le temps pour moi de partir, elle m'a remercié de lui avoir fait la lecture. Je suis sorti de sa chambre avec un large sourire au visage. Huit ans auparavant, j'aurais hésité à lire pour cette petite fille, mais maintenant j'avais confiance en moi. J'avais surmonté mon handicap et j'aidais les autres à surmonter le leur. Je suis déterminé à réussir dans la vie et, en même temps, à aider les autres à faire face et vaincre les défis que j'ai surmontés.

Arundel Hartman Bell

*Au bout
de ses rêves*

Il est minuit. Affalée dans le fossé mouillé sur le bord d'une autoroute sans fin, je regarde, étendue sur le dos, le clair de lune sinistre qui perce de temps à autre à travers les nuages sombres.

J'ai passé cent quatre-vingt-deux jours sur mes patins à roues alignées et je me demande si j'aurai assez d'énergie pour continuer. Je m'étais dit : *Je patinerai d'un bout à l'autre du Canada ou je mourrai en cours de route* – et de la façon dont les choses se déroulaient, il semblait bien que j'allais retourner à la maison dans un corbillard noir et étincelant.

C'était ma dernière journée sur la route. Quel voyage ! Au cours des cinq derniers mois, j'avais connu les muscles déchirés, les membres ankylosés, la tête qui tournait et la mononucléose. J'avais réussi à patiner cent soixante-dix kilomètres par jour, huit mille kilomètres au total. Je n'avais plus que cinquante kilomètres devant moi. J'ai appuyé ma tête sur le sol froid et humide et fermé les yeux. Je devais continuer. J'étais en mission pour trouver un moyen de guérir le cancer qui tuait ma mère.

Quand j'avais dix ans, ma mère avait appris qu'elle était atteinte de leucémie. Les médecins lui avaient dit qu'elle mourrait avant que je commence l'école secondaire et ils nous avaient conseillé d'apprécier chaque seconde passée avec elle.

Au moment de ma quête, j'avais dix-huit ans et elle était toujours en vie. Elle avait déjoué toutes les prédictions. Mais avant mon départ, elle était entrée dans une phase accélérée de la maladie et les médecins avaient annoncé qu'elle n'avait plus que six mois à vivre. Je devais donc recueillir assez d'argent, en six mois, pour tenter un traitement expérimental qui lui sauverait la vie. C'était risqué.

Chaque matin, je me demandais si j'allais la revoir. Je me sentais tellement impuissante à mesure que le temps passait – les feuilles des arbres changeaient de couleur, les saisons passaient.

Et pendant ce temps, ma mère était en train de mourir à des milliers de kilomètres de moi. Je pouvais entendre sa voix faible au bout du téléphone et je priais pour qu'elle trouve l'énergie de rester en vie un peu plus longtemps. J'aurais tant aimé rester à la maison avec elle!

Mais je n'avais pas le choix. Quand nous nous sommes dit nos adieux, il y a plusieurs mois, elle a murmuré: «Si tu y arrives, j'y arriverai.» Elle voulait continuer à se battre, elle voulait croire que les rêves sont réalisables. Je devais lui prouver qu'elle avait raison.

C'était la même routine tous les jours: je me levais, je patinais des heures sous la pluie glaciale et je m'endormais dans une tente installée sur le bord de la route gelée. Et chaque jour, je ressentais la même douleur atroce. Le revêtement était inégal et chaque glissement de patin me faisait très mal au dos. Durant les pauses, je changeais mes bas, imbibés de sang à cause des ampoules.

Quand j'ai enfin atteint le haut de la dernière côte, j'ai regardé en bas. Au loin, je pouvais apercevoir les reflets de la ville. Je me suis arrêtée, les larmes aux yeux et éblouie par ce paysage splendide.

C'était tellement beau ! J'avais retrouvé la notion du temps et recouvré mes esprits ainsi que mes sens. Je pouvais sentir à quel point j'étais épuisée, émotivement et physiquement.

C'était la fin de mon épreuve, après deux paires de patins, onze ensembles de roues, quatre tubes de crème pour les muscles, trois flacons d'Advil, soixante piles, quatre baladeurs, sept points de suture au coude, quatre prescriptions d'antibiotiques, des gâteaux de riz et cent cinquante litres de Gatorade.

À ce moment, j'ai réalisé que ça en avait valu la peine. Chaque ampoule, chaque larme, chaque montagne recouverte de neige que j'avais dû affronter avaient une raison. Et il y avait un message. Un message de courage et d'espoir. Un message imprégné de sang, de sueur et de larmes – qui disait clairement que tout est possible. Nous pouvons trouver un remède au cancer. Nous pouvons réaliser nos rêves.

J'ai passé le seuil de la porte de la maison. Ma mère m'a serrée très fort. Elle paraissait si fragile. Elle avait perdu ses cheveux à cause de la chimiothérapie. Je pouvais voir la fatigue et l'inquiétude dans ses yeux. Elle ne pouvait croire que j'étais revenue en un seul morceau.

J'avais réussi à recueillir soixante mille dollars, ce qui n'était pas suffisant pour payer un traitement expérimental. Depuis, une fondation a été créée pour recueillir des fonds et elle restera ouverte jusqu'à ce qu'on trouve un remède.

Ma mère est dans la phase accélérée du cancer depuis deux ans et elle est toujours en vie, malgré les prédictions du médecin. Je rêve d'un remède pour elle.

Et je crois que les rêves peuvent se réaliser.

Christine Ichim
blue jean magazine

[NOTE DE L'ÉDITEUR : Christine Ichim a terminé sa traversée du Canada en patins à roues alignées le 15 octobre 1996. Jusqu'à maintenant, elle a recueilli 70 000 $ et mis sur pied une fondation qui continuera à ramasser des fonds. L'argent recueilli jusqu'à présent a été remis aux scientifiques de l'Université Western Ontario pour faire de la recherche sur un composé prometteur non toxique pour les cellules normales et qui pourrait empêcher les cellules leucémiques de se multiplier.]

Le guide d'un enfant de la rue

Quand on m'a demandé si je voulais m'adresser aux élèves d'une école secondaire lors de la remise des diplômes, j'ai été très étonné.

«Moi!» ai-je dit, le souffle coupé. «Vous voulez que ce soit moi?»

Après qu'on m'eut assuré que c'était bien le cas, j'ai été très honoré. Pensez-y! Moi! On demandait à un gars comme moi, qui n'est jamais allé à l'école secondaire, de s'adresser à un groupe de jeunes lors d'une occasion aussi importante.

Mais qu'est-ce que j'allais leur dire? Quels mots profonds allais-je choisir dont ils se rappelleraient à jamais et qui, peut-être, les aideraient dans leurs choix de vie? Plus j'y pensais, plus je réalisais que, si je ne faisais pas attention, il y aurait de fortes chances que mon nom soit ajouté à une liste d'orateurs ennuyeux, dépassé et vieux jeu qui avaient prononcé un discours avant moi. Ce n'était pas ce dont ces jeunes avaient besoin. Ils ne voulaient pas d'un grand parleur qui leur dirait comment les choses se passaient dans son temps et encore moins entendre un déluge de platitudes inutiles.

J'ai tourné et retourné toutes sortes d'idées, mais rien ne me venait à l'esprit. Et, tout à coup, la soirée avant la cérémonie, j'ai eu une idée. *Ne dis pas à ces jeunes ce que tu as fait. Dis-leur ce que tu as appris pendant que tu vivais tes expériences.*

À mesure que j'organisais mes pensées, je me suis penché sur mon passé. J'ai grandi – ou plutôt, j'ai été élevé tant bien que mal – dans des douzaines de familles d'accueil et d'établissements. C'était difficile de savoir quand prenait fin un chez-soi et quand un autre commençait. Durant ces mêmes années, j'ai fait maladroitement mon chemin à travers sept écoles différentes. Je ne sais pas comment, mais j'ai même manqué la quatrième année au complet. Ce n'était pas un problème. Personne ne se préoccupait de moi, de toute façon. Je n'avais pas de livres, pas de crayons, pas de papiers. Et personne ne semblait y faire attention… je ne faisais que passer.

À l'âge de onze ans, j'étais en cinquième année et incapable de lire. Une religieuse a eu pitié de moi. Tous les jours, elle me gardait après l'école pour m'enseigner tout ce qu'elle pouvait. Durant la brève période où j'ai été avec elle, j'ai beaucoup appris. J'aurais aimé rester avec elle, mais je savais que c'était impossible. Je savais que je faisais partie du «système». On m'envoyait là où on voulait bien et j'y restais jusqu'à ce qu'on me dise d'aller ailleurs. J'ai appris très jeune à respecter tous et chacun des règlements et à ne jamais remettre en question l'autorité. Le système était conçu non seulement pour enseigner une discipline incontestée, mais aussi pour imposer une façon de penser et exercer un contrôle. Cela fonctionnait très bien.

À l'âge de quatorze ans, j'en avais fini de l'école – ou plutôt, l'école en avait fini de moi. D'une manière ou d'une autre, on me dit que je ne pouvais pas apprendre et on m'a donné un emploi.

Au début, c'était terrifiant. J'étais seul et livré à moi-même. Je n'avais personne à qui parler si j'avais des problèmes, personne pour me guider ou me montrer la voie. C'était très difficile. J'ai dû apprendre très rapidement à devenir un petit débrouillard de la rue. Je me suis rapidement endurci : j'ai appris à ne pas montrer que j'avais peur et à me taire. J'ai fait mes choix par tâtonnements. Quand je tombais, je me relevais et j'essayais de nouveau. J'étais déterminé à ne pas abandonner et à ne pas être vaincu. Je me suis bien débrouillé. J'ai réussi dans le système.

Il y a une douzaine d'années environ, un ami qui connaissait mon passé et mon enfance m'a encouragé à écrire mes expériences. Il m'a dit que c'était important pour les gens de savoir ce que c'est de grandir de la façon dont j'avais grandi. Alors, de peine et de misère, j'ai trouvé la force de revivre mes quarante années de souffrance et de larmes. J'ai revécu la peur et la solitude. J'ai écrit mon autobiographie *They Cage the Animals at Night*. C'est ce livre qui a incité les personnes qui l'avaient lu à m'inviter à prononcer un discours devant leurs enfants lors de la remise des diplômes.

Par une chaude matinée de juin, je suis monté sur le podium. Tous les yeux étaient fixés sur moi. Les élèves étaient revêtus de la toge et du chapeau des diplômés – la nervosité les faisait transpirer. De temps à autre, ils jetaient un coup d'œil aux sections réservées aux parents, à la famille et aux amis. Ils essayaient de repérer le visage fier et souriant de ceux qu'ils aimaient. Et quand ils y arrivaient, ils souriaient et le sang leur montait aux joues. Ils étaient aussi fiers que leurs parents.

J'ai commencé à parler. Je leur ai dit que j'étais fier qu'on m'ait demandé de prononcer un discours. Puisque je n'étais jamais allé à l'école secondaire et que je n'avais obtenu aucun diplôme, je ne me sentais pas bien qualifié pour leur parler. J'ai alors fait une demande inhabituelle. Je leur ai demandé s'il y avait quelque façon selon laquelle je pourrais prendre part à leur cérémonie, s'ils pourraient me laisser être un des leurs : un diplômé. Leurs applaudissements m'invitèrent dans leurs rangs, et leurs yeux m'invitèrent dans leur cœur.

J'ai refoulé mes larmes et leur ai dit : « Ceci est le guide… le guide d'un enfant de la rue. Il montre comment se rendre du point A au point B. » Il y a peut-être un mot ou une ligne qui vous aidera à affronter des moments difficiles. Je l'espère…

Le guide d'un enfant de la rue
Comment se rendre du point A au point B

C'est difficile de se rendre d'un point à un autre,
Si tu ne sors jamais du lit.
Tu mens beaucoup pour duper tes amis,
Mais c'est plutôt toi que tu dupes.

C'est encore plus difficile d'aller d'ici à là
Si tu te fixes des objectifs trop élevés.
Alors, rien ne fonctionne jamais bien
Et très vite, tu n'essaies plus.

Mais la façon la plus difficile de se rendre d'ici à là,
C'est quand tu ne fais que
Compter les années et les kilomètres à parcourir.
Alors, tu arrêtes avant même d'y être arrivé.

Alors comment te rendre d'un point à un autre ?
Tu dois d'abord croire que tu le peux.
Ne laisse personne te dire le contraire –
C'est ta vie et elle est entre tes mains.

Transforme tes rêves et fais-en tes objectifs,
Regarde ce dont tu as besoin maintenant
Pour satisfaire tes besoins :
Le pourquoi, le où et le comment.

Au début, tu es dépassé, bien sûr ;
Il y a tant de choses que tu ne sais pas.
Mais aie confiance, sois fort et sûr de toi,
Parce que tu as un chemin à suivre.

Agis avec prudence et agis bien,
Sois fier de chaque chose que tu fais.
Ne regarde pas trop loin en avant de toi,
Concentre-toi sur le prochain pas.

Sans t'en rendre compte, mon ami, tu y arriveras.
Ton rêve sera alors réel.
Et tu te retrouveras où je suis maintenant,
Pour dire aux autres à quel point c'est heureux.

Tu leur diras de ne pas se décourager,
D'avoir confiance, même si c'est difficile à porter.
Alors, ils sauront que c'est possible –
Qu'ils peuvent, eux aussi, se rendre d'ici à là-bas.

Jennings Michael Burch

Être ado aujourd'hui

Je ne peux compter le nombre de fois où j'ai vu des gens murmurer, en secouant la tête avec une déception évidente : « Je ne comprends vraiment pas ce qui se passe avec les ados d'aujourd'hui. »

L'autre jour, je me rendais en voiture au marché des producteurs. Mon amie Jan était avec moi. Sur le bord de la route, deux adolescents brandissaient une pancarte pour un lavothon. Ma voiture était répugnante et mon cœur plein de générosité, alors je m'y suis arrêtée. Il y avait des adolescents partout. Un groupe dirigeait les voitures et un autre groupe les aspergeait.

Pendant que les éponges frottaient chaque centimètre carré de ma voiture crasseuse, je prenais plaisir à observer les petites batailles d'eau et les nombreux scénarios silencieux qui se déroulaient de façon si évidente sous mes yeux. Je ne pouvais m'empêcher de me demander combien de nouveaux béguins, de nouvelles amitiés et de petites insécurités étaient dans l'air de ce beau samedi après-midi. J'étais stupéfaite de voir que quarante à cinquante adolescents consacraient leur samedi après-midi à laver des voitures. J'étais curieuse de connaître leur motivation.

Une fois ma voiture lavée, je leur tendis un billet de vingt dollars et leur demandai pourquoi ils recueillaient de l'argent. Ils m'expliquèrent qu'un de leurs amis, C. T., était mort récemment d'un cancer. Il n'avait que quinze ans et mesurait un mètre quatre-vingt-dix. Il était allé à l'école avec plusieurs des ados présents ce jour-là. Tous se souvenaient du garçon le plus gentil qu'ils avaient jamais connu.

Kevin avait décidé d'organiser ce lavothon pour rendre hommage à son ami et pour réunir ses amis de classe et sa troupe de scouts. Il m'expliqua qu'ils voulaient planter un arbre en face de leur école et, s'ils recueillaient assez d'argent, ils mettraient là aussi une plaque. Les deux seraient en souvenir de leur amitié pour C. T.

Ils me tendirent un sac de biscuits maison avec mon reçu et nous reprîmes la route. Je demandai à Jan de me lire ce qui était écrit sur l'étiquette attachée au sac. Ça disait simplement : « Merci de nous aider à planter un arbre pour C. T. »

Ouais ! Je ne comprends vraiment pas ce qui se passe avec les ados d'aujourd'hui !

Kimberly Kirberger

Un cœur accueillant

Nous devions prendre une pilule contre la malaria une fois par semaine, pendant huit semaines, et recevoir une injection de gammaglobulines. On nous avait dit d'apporter de vieux vêtements, des lampes de poche, un insectifuge et un cœur accueillant.

Je pense que le dernier article était le plus important : un cœur accueillant. C'était ce dont ces enfants avaient vraiment besoin.

Le Honduras est un petit pays d'Amérique Centrale. La majorité de la population y vit dans un état d'extrême pauvreté – affamée, sans logement, sans parents et dans le besoin. C'est dans ce pays où, avec dix-huit de mes camarades, je m'étais engagée à passer deux semaines de mes vacances d'été.

J'ai seize ans. Ce voyage n'était pas exactement le type de vacances dont la plupart des adolescents rêvent. Il était une initiative de madame Patricia King, qui avait adopté ses deux fils dans ce pays du tiers-monde. Grâce à son amour, nous pouvions aider des enfants qui en avaient besoin.

Nous avons passé ces deux semaines dans un orphelinat, en compagnie d'enfants qui avaient conquis nos cœurs dès l'instant où nous les avions vus. Comment ne pas adorer un enfant qui, pour ses quatorze ans, ne veut pour seul cadeau qu'un stylo à plusieurs couleurs ? Pendant deux semaines, nous avons partagé nos âmes avec ces enfants. Nous avons partagé leur monde où nous ne disposions que des biens de première nécessité.

La chaleur était souvent insupportable et l'odeur des eaux d'égouts non traitées était continuelle. Il y avait de la poussière partout, et nous devions fermer les yeux et retenir notre respiration pour nous doucher dans l'eau contaminée. Nous avions pour tâche de repeindre la chambre des garçons et les lourds lits superposés en acier. Nous lavions et tressions les cheveux des filles, et nous vernissions leurs ongles. Nous échangions des étreintes, des tapes dans la main, des bisous et, finalement, des adieux. Nous sommes revenus chez nous différents – meilleurs.

Nous avons appris que le plus grand des honneurs, c'est de pouvoir donner. Je me sens chanceuse d'avoir seize ans et de savoir que nous pouvons changer les choses. Ce ne sont pas seulement des paroles que disent des célébrités à la télévision. Chaque jour, je suis reconnaissante d'avoir appris qu'un cœur ouvert est un cœur heureux.

Sandy Pathe

8

À LA POURSUITE
DE SES RÊVES

Ma mère disait toujours :
« Plus tu vieillis, meilleur tu deviens…
sauf si tu es une banane. »

Rose Nylund

L'incertitude

Un matin, je me réveillai plus tard que d'habitude. La veille au soir avait été pénible. Ma fille aînée, Carla, et moi avions échangé des mots durs. À seize ans, elle remettait en question mes compétences parentales. Moi, j'ai dû la réprimander sur le genre d'amis qu'elle fréquentait, le choix de ses activités sociales, même les vêtements qu'elle portait.

En entrant dans la cuisine, je remarquai un morceau de papier inhabituel sur la table. Carla était déjà partie à l'école. Je crus d'abord que c'était un devoir qu'elle avait oublié. C'était plutôt un poème, écrit par ses soins.

L'incertitude, pour moi,
C'est le pire endroit où se trouver.
Les situations deviennent complexes,
Vous craignez ce qui va suivre.
Commencer quelque chose de tout nouveau,
Entrer dans d'autres souliers.
Se demander ce que vous allez devenir,
Avoir toutes sortes de doutes.
Tourner une nouvelle page,
Vouloir parfois partir... parfois le faire !

En lisant ses mots, j'eus le cœur déchiré par la souffrance que ressentait ma fille. Je me souvenais de ma propre jeunesse et de mes combats d'ado. J'avais l'impression de l'avoir abandonnée, d'une certaine façon. Mère seule, élevant cinq enfants et occupant deux emplois, j'avais ma part de problèmes. Mais Carla avait besoin de moi ! Comment allais-je rétablir le contact ?

Tout à coup, tous mes soucis disparurent. Je pris une feuille de papier et écrivis une réponse qui, je l'espérais, lui apporterait un peu de réconfort.

Cet après-midi-là, pendant que j'étais au travail, elle rentra à la maison et trouva le poème que j'avais laissé. Ce soir-là, nous nous sommes serrées dans les bras l'une de l'autre et avons pleuré. J'eus l'impression que peut-être j'avais fait quelques progrès pour réduire le fossé qui sépare les générations.

Les jours et les mois ont passé. Nous avons continué à avoir les désaccords propres aux relations mère-fille, mais avec une compréhension et un respect particuliers. Ce ne fut qu'une année plus tard que je réalisai pleinement l'importance de notre relation spéciale.

C'était le jour de la remise des diplômes de Carla. J'étais assise dans les gradins, en plein air, si fière de voir le nom de ma fille sur le programme. Elle allait parler au nom de sa classe. En la voyant approcher du podium, je ressentis une grande satisfaction. J'avais dû faire quelque chose de bien pour avoir une fille si vivante et si belle, qui donnait des conseils à ses camarades pour leur avenir.

Elle parla du fait de quitter la sécurité de l'école et de s'aventurer dans la vie par soi-même. Puis, je l'entendis parler de ses propres combats, de ses doutes et de ses peurs. Elle parla à toutes les personnes présentes de ce jour difficile où elle avait laissé le poème sur la table de la cuisine. Elle termina ses conseils par la réponse que je lui avais faite, plusieurs mois auparavant.

Carla chérie,

L'incertitude, pour moi,
C'est un bon endroit où se trouver.
Cela t'aide à penser, cela t'aide à voir.
La vie est remplie de zigzags
   et les virages sont nombreux,
Mais l'incertitude et l'intuition
   peuvent te guider.
Explore ce que tu peux et remplis ton esprit,
Conserve dans ton cœur les mystères
   que tu trouves.
L'incertitude est là pour te dire que tu aspires
À connaître et à choisir les choses
   que tu apprends,
Puis décide de la direction
   que tu veux emprunter.
Le chemin que tu prendras sera toujours
   le meilleur,
Parce que, si tu te trompes, tu PEUX toujours
   y remédier.
Chaque nouveau pas que tu entreprends
   quand tu écoutes et entends
Te donnera plus de courage et te libérera
   de la peur.
Alors questionne-toi, mon enfant, défais-toi
   de tes doutes,
Et tu te réjouiras de ce que tu es devenue.
Et même s'il arrive que tu tombes
   et que tu doives lutter,
Sache que j'ai passé par là et que je t'aimerai
   toujours.

J'étais assise, abasourdie. Il n'y avait pas un bruit dans l'auditoire. Tout le monde écoutait son message. Les larmes me montèrent aux yeux, tout était brouillé. Quand je clignai finalement des yeux, je vis toutes les personnes, debout, en train d'acclamer et d'applaudir. Puis elle termina son discours par une conclusion inspirante : « Tu peux transformer *ton* incertitude en quelque chose de merveilleux. »

Jill Thieme

Empreintes

Quand je comprends l'essence
De ce que je suis réellement,
Je me sens profondément unie
Avec tout ce qui est vivant.
Car ce qui m'imprègne le plus
Dans mon identité
Est aussi dans l'autre, d'une certaine façon.
Alors quand je regarde autour de moi,
Je vois mon reflet.
Cachée dans cette union
Se trouve la merveilleuse découverte
Que si les anges, effectivement,
Ont des ailes –
Alors, moi aussi, j'en ai.
Et si l'essence d'une fleur
Est portée par une douce brise –
Alors, je le suis, moi aussi.
Si le ciel de minuit
Est rayonnant de lumière –
Alors, je le suis, moi aussi.
Et si le mystère silencieux
Est révélé d'une façon ou d'une autre
En de minuscules gouttes de rosée –
Alors, je le serai, moi aussi.
Car chaque belle chose
Manifeste l'essence
Dont je fais partie.

Alors, prends garde, mon âme,
Et avance avec un cœur tendre
À travers ce voile mystique.
Car si l'amour a laissé son empreinte ici –
Alors, je l'ai fait, moi aussi.

Donna Miesbach

Combien cela coûte-t-il ?

Les six adolescents s'écroulèrent dans leurs fauteuils, dans la salle de psychopédagogie de groupe. Aujourd'hui, pas de coups de poing, pas de chahut et pas d'échanges d'insultes lancées sur le ton de la plaisanterie. Je savais que cette semaine ils n'avaient pas plus envie d'être à l'école que moi, leur conseillère.

Trois jours durant, on leur avait prodigué du réconfort, ils avaient reçu des conseils, de la sympathie et on leur avait fait des conférences. Des ministres du culte et des psychologues étaient venus à l'école à un moment où le monde des jeunes semblait avoir pris fin. Effectivement, le monde avait pris fin pour quatre de leurs camarades de classe qui avaient péri dans un accident de voiture en rentrant d'un *party de bière* organisé pour célébrer l'obtention de leur diplôme.

Qu'est-ce que je pouvais bien leur dire de plus ? Seulement que, tous les six, ils continueraient à vivre, en portant une tragédie comme celle-ci – une tragédie qui n'aurait pas dû se produire.

Je cherchais des mots pour rompre le silence. Je finis par dire : « Je me souviens d'un jour quand j'avais à peu près votre âge. J'avais vu une veste en jean très originale et des jodhpurs dans la vitrine d'un magasin. Étant donné que j'allais participer à la compétition de rodéo féminine le mois suivant, je pensais que je n'allais pas pouvoir vivre sans ce costume. J'entrai dans le magasin, trouvai les vêtements à ma taille et me rendis à la caisse pour les acheter, sans avoir demandé le prix. J'eus presque une crise cardiaque quand le caissier me dit le prix. C'était tout l'argent que j'avais économisé depuis toujours. En fait, je dus me rendre à la maison et vider ma tirelire, puis retourner chercher mes achats au magasin. »

À ce moment de mon histoire, je m'arrêtai suffisamment longtemps pour remarquer que les membres du groupe me regardaient avec des yeux interrogateurs. Après tout, qu'avait à voir une stupide histoire de costume de rodéo avec leur chagrin ?

Je continuai donc à débiter mon histoire. « Est-ce que ce costume valait vraiment la peine que je dépense toutes mes économies ? Absolument pas, ai-je conclu au cours des mois suivants, quand j'ai dû me passer de plusieurs choses dont j'avais besoin ou que je voulais, y compris une bague d'étudiant. »

Les jeunes dont je m'occupais continuèrent à me regarder avec l'air de demander : *Et alors ?*

« J'ai appris de cette expérience », finis-je par dire. « J'ai appris à demander "combien cela coûte-t-il ?" avant d'acheter quelque chose. Pendant les années qui suivirent, j'ai aussi appris que c'était une bonne idée de regarder les étiquettes quand le moment était venu d'agir. »

Je leur ai aussi parlé d'une fois où j'étais allée faire une randonnée avec des amis sans dire à nos parents où nous serions. Mes camarades de randonnée et moi nous étions perdus et avions vécu plusieurs heures terrifiantes avant de retourner en ville pour trouver nos parents dans tous leurs états et recevoir la punition draconienne qu'ils avaient jugée que nous méritions.

Maintenant, c'était au tour des jeunes de parler. Ils racontèrent des occasions où leur mauvais jugement avait entraîné des conséquences qui n'en valaient pas le coût.

C'est alors que je rappelai avec douceur aux étudiants que leur fête de finissants avait coûté trop cher. Je parlai des fréquentes tragédies qui arrivaient aux adolescents, souvent dues à l'alcool et à d'autres drogues. Puis, je leur lus un passage d'un article paru en première page d'un journal. Il y était question d'un accident qui s'était produit quelques mois plus tôt. L'article avait été rédigé par le chef de police de la ville.

> *Près de mille personnes y étaient ce jour-là, assises en face d'un cercueil sur lequel étaient déposés des fleurs et un blouson d'une école secondaire. Jason était président de la classe de dernière année, un athlète accompli, un ami populaire pour des centaines d'autres, le fils unique de parents qui avaient réussi. Mais, par un beau dimanche après-midi, il percuta un train de marchandises qui roulait à vive allure en ville et fut tué sur le coup. Il avait dix-huit ans et il avait bu.*
>
> *Jamais on ne s'habitue et jamais on oublie l'horreur sur le visage des parents à qui on vient annoncer que leur enfant a quitté à jamais cette terre.*
>
> *Nous savons qu'il y aura à la fois des jeunes et des parents qui n'aiment pas notre rôle consistant à appliquer la loi. Il y aura des abus verbaux, voire même physiques envers*

les officiers de police. Certains parents se plaindront de notre application des lois concernant la consommation d'alcool chez les mineurs. Mais il nous est beaucoup plus facile d'accepter ces abus que de devoir annoncer à des parents que leur fille ou leur fils a été tué.

Quand j'eus terminé de lire l'article, quatre des six étudiants pleuraient. Ils pleuraient pour Jason, pour leurs camarades de classe décédés et leurs familles, ils pleuraient pour leur propre perte qu'ils venaient de subir.

Puis, nous avons parlé des quatre amis qu'ils venaient de perdre.

« Que peut nous apporter de positif cette tragédie ? » demandai-je. « Ou bien, terminons-nous ce récit comme s'il s'agissait d'un film triste ? »

C'est Mindy, le plus timide du groupe, qui proposa d'une petite voix : « Peut-être pourrions-nous faire un serment ou quelque chose du genre. »

Normalement, les trois garçons du groupe auraient probablement tourné cette idée en dérision. Mais ce jour-là, c'était différent.

« Ouais ! Ce n'est pas une mauvaise idée », dit Jonathan.

« Par exemple, supposons qu'il y a une étiquette de prix sur les choses que les adultes pensent que nous ne devrions pas faire. Et à nous de décider si nous voulons courir le risque », ajouta Laurel.

Paul dit : « Le problème, c'est que nous ne pouvons pas être certains de ce que serait ce prix. Peut-être que rien de mauvais n'arrivera, même si nous prenons le risque.»

«C'est un point», approuvai-je. «Supposons qu'au lieu de dire "combien cela *coûtera*-t-il?" nous nous demandions plutôt "combien cela *pourrait-il* coûter?" Alors, nous examinerions au moins les conséquences possibles.»

«Ça me convient», dit Kent.

Il y a une semaine, ces ados auraient rejeté d'un haussement d'épaules de telles suggestions, mais aujourd'hui – eh bien, aujourd'hui, ils n'étaient plus exactement les mêmes ados qu'ils étaient la semaine dernière.

Margaret Hill

Salut, le laid !

Ce n'était pas facile de me concentrer pendant le cours de français. Les annuaires venaient d'être distribués et, pendant que le professeur parlait de façon monotone, nous signions silencieusement les annuaires et les faisions circuler dans la classe.

Le mien était quelque part au fond de la classe. Je bouillais d'impatience de le récupérer. Qu'allaient dire mes amis de moi ? Me feraient-ils des compliments ? Manifesteraient-ils de l'admiration ? Quand le cours fut terminé, je me dépêchai de récupérer mon annuaire et je le feuilletai avec impatience. À la dernière page, quelqu'un avait écrit en gros : SALUT, LE LAID !

Je ne m'étais jamais vraiment demandé si j'avais ou non une belle apparence, mais maintenant je le savais. Je n'étais pas beau. Si quelqu'un, au fond de cette classe de secondaire, pensait que j'étais laid, il y en avait probablement beaucoup d'autres qui étaient d'accord. Je m'examinai dans le miroir : un gros nez, des boutons, quelques kilos en trop, pas de muscles. Oui, cela doit être vrai, pensai-je, je ne suis pas beau. Je n'en parlai à personne. Cela ne semblait pas nécessaire. C'était un fait : j'étais laid.

Les années passèrent. J'épousai une femme qui est très belle – à l'intérieur et à l'extérieur. Je lui disais souvent : «Tu es la plus belle fille au monde !», et je le pensais. Elle répondait : «Tu es si séduisant.» Je ne la regardais jamais dans les yeux quand elle me disait cela. Je pensais que cela faisait partie des choses que les femmes « doivent dire » à leur mari. Je me contentais de baisser les yeux et me rappelais que le vrai verdict sur mon physique était inscrit dans mon annuaire de secondaire un.

Un jour, ma femme me demanda : « Pourquoi tu ne me regardes jamais quand je te dis que tu es séduisant ? » Je décidai de lui parler de l'annuaire et de ma conclusion. « Tu ne peux pas croire ça ! C'est faux ! Tu ne peux pas prendre au sérieux quelqu'un en secondaire un qui ne te connaissait même pas ! » Je te connais, je t'aime et j'ai choisi de me marier avec toi. Je crois que tu es séduisant et je pense l'avoir prouvé. » Qui allais-je croire ? Ma femme... ou ce vieux graffiti ?

Je réfléchis longtemps à cette question et au fait que Dieu ne fait pas de bêtises. Qui allais-je croire ? J'ai choisi de croire ma femme et Dieu.

J'ai toujours un gros nez. À trente-quatre ans, j'ai même encore des boutons ! Je commence à perdre mes cheveux et vous pourrez probablement trouver des personnes qui diront que je ne suis pas beau ! Mais je ne suis pas de ces personnes ! Avec le temps et en écoutant de plus en plus ceux qui m'aiment, je sais que je suis beau... ou, devrais-je dire, séduisant.

Greg Barker

L'image n'est pas tout

Le premier jour d'école, après être descendue de la voiture de ma mère et lui avoir marmonné un au revoir, j'examinai avec admiration et crainte les énormes immeubles qui semblaient me dominer. Cette école secondaire était définitivement plus grande que celle où j'allais auparavant. Pendant l'été, j'avais déménagé de Midland, au Texas, à Saint-Louis, au Missouri. J'avais toujours vécu à Midland avant de déménager.

J'étais en deuxième secondaire, mais c'était ma première année d'école à Saint-Louis. J'étais très nerveuse à l'idée d'entrer dans une nouvelle école et je voulais que les gens m'aiment. La veille au soir, alors que j'étais couchée et que j'essayais de dormir, j'avais décidé que je serais beaucoup plus heureuse dans une nouvelle école si je me faisais des amis «populaires». Entrer dans le bon groupe de personnes me faciliterait beaucoup la vie. Je devais projeter la bonne image aux gens de cette école. Je me moquais de ce que cela allait me coûter, mais j'étais décidée à m'acheter des vêtements qui feraient envie à tout le monde.

J'achetai de nouveaux vêtements, du nouveau maquillage, je me fis faire les ongles et j'allai chez le coiffeur. Je serais parfaite pour mon premier jour de classe. J'avais la chance de recommencer dans une nouvelle école, de me faire de nouveaux amis et de construire une image de moi. Je n'allais pas gâcher cette occasion.

À la fois effrayée et anxieuse de commencer ma nouvelle vie, je montai les marches de la porte d'entrée. Les couloirs étaient bondés de jeunes criant, riant et se racontant leurs aventures d'été. Je trouvai le chemin jusqu'au bureau principal où on devait me remettre mon horaire et où je devais remplir des formulaires. C'était le début de ma nouvelle vie. *Mon premier cours était un cours de géométrie, mais où était le local?*

J'étais debout dans le couloir, l'air perdu, quand une petite blonde avec des lunettes se dirigea vers moi et me demanda : « Tu es nouvelle ? Tu sembles perdue. Tu veux que je t'aide à trouver ta classe ? Je m'appelle Diane. Et toi ? » Même si elle avait l'air un peu bizarre, pas du tout le genre de personne à qui je voulais qu'on m'associe, je décidai quand même de lui répondre. Après tout, j'étais perdue.

Après avoir échangé nos noms, je la suivis. Nous avons monté les escaliers, puis pris un couloir à droite. Nous avons parlé poliment pendant tout ce temps.

Une fois arrivées à la classe, elle dit : « Eh bien, c'est ici. J'ai été contente de te rencontrer. J'espère te revoir. Bienvenue à JFK. Passe une bonne journée. »

Je la remerciai et lui fis au revoir de la main. Une fois dans la salle de classe, je vis un attroupement autour de quelqu'un qui semblait raconter une histoire. Je m'approchai suffisamment pour saisir des passages. Tous les yeux étaient fixés sur le gars au milieu du cercle. Il portait un blouson couvert de pièces. Je décidai sur-le-champ que ce gars était populaire. Il racontait comment lui et quelques amis étaient allés dans le ranch de quelqu'un à l'extérieur de Saint-Louis et qu'ils avaient fait toutes sortes de choses plutôt abracadabrantes.

Quelques minutes plus tard, le professeur dit à tout le monde d'arrêter de parler et de s'asseoir. Je m'arrangeai pour trouver une place juste à côté du gars qui portait le blouson et dit: «Salut, je m'appelle April et je suis nouvelle.»

«Salut, je m'appelle Johnny.»

Le cours s'écoula avec lenteur. Enfin, la cloche sonna. Je me tournai vers lui et demandai: «Je ne sais pas où est mon prochain cours. Peux-tu m'aider?» Il me regarda, répondit un non bref, se dirigea vers ses amis et sortit de la classe. Alors qu'ils sortaient, je l'entendis dire:

«Vous avez vu cette nouvelle qui essayait d'entrer dans notre groupe? Son accoutrement était vraiment bizarre.» Tous se mirent à rire et certains se retournèrent pour me regarder. Je rangeai lentement mes affaires, n'arrivant pas à croire ce qui venait de se passer. Je sortis de la classe et trouvai la salle de mon cours suivant, déconcertée que j'aie pu me préoccuper à ce point.

Le même genre de chose arriva pendant toute la journée, dans tous mes cours. À midi, je me retrouvai seule parce que j'avais snobé les gens qui avaient essayé d'être gentils avec moi et j'avais été snobée par les personnes avec lesquelles j'avais essayé d'être gentille. Je ne l'ai pas compris sur le moment, mais j'avais vraiment manqué de jugement en ne voulant être amie qu'avec des élèves populaires.

Vint enfin l'heure de la sixième période et j'étais prête à rentrer à la maison et à ne plus jamais revenir. Avant que la classe commence, quelqu'un vint derrière moi et dit: «Salut. Comment s'est passée ta première journée?» C'était la même fille qui m'avait montré le chemin le matin.

Je lui dis que ma journée n'avait pas été vraiment bonne. Elle se dit désolée et m'offrit de m'accompagner jusqu'à la sortie. C'est alors que je compris combien j'avais eu tort de ne vouloir être amie qu'avec des élèves populaires. Ils ne songeraient même pas une seconde être éventuellement amis avec moi, mais il y en avait d'autres que j'avais rencontrés ce jour-là, que j'avais trouvés sympathiques et qui m'avaient trouvée sympathique. Peut-être que je ne devrais pas décider si une personne mérite d'être une de mes amis ou non selon sa réputation, mais plutôt selon ce qu'elle est. Je dis: «Merci, j'aimerais bien. Je suis désolée d'avoir été un peu impolie ce matin.» Elle répondit que ce n'était pas grave, qu'elle aussi avait déjà été nouvelle à l'école.

En marchant avec Diane, je me rendis compte à quel point ce serait agréable d'avoir une amie comme elle. En chemin, elle me demanda si je voulais sortir avec elle et quelques-uns de ses amis après l'école pour mieux faire leur connaissance. Je suis sortie avec Diane et je me suis beaucoup amusée.

Avec le temps, je suis devenue amie avec beaucoup de personnes différentes, certaines étant «populaires», d'autres non. Mes critères avaient cependant changé. Les gens avec lesquels je cherchais à être amie étaient des personnes sympathiques – point.

Jamie Shockley

Je ne resterai pas derrière

Je cours le plus rapidement possible
Mais je suis quand même vaincue.
J'atterris sur la tête
Quand je devrais être sur mes pieds
J'essaie d'aller de l'avant,
Mais je suis contrainte de faire marche arrière.
Pourquoi je m'entête ?
Je ne resterai pas derrière.

Plus fort on me jette
Plus haut je rebondis.
Je donne tout ce que je peux
Et c'est ce qui compte.
En première place,
Je me retrouve rarement.
Alors je fonce jusqu'à ma limite
Je ne resterai pas derrière.

Certaines personnes me disent :
Tu ne peux pas.
D'autres, *ne le fais pas.*
D'autres se contentent d'abandonner.
Je réponds : *pas moi.*
Le pouvoir est là,
Enfermé dans mon esprit.
Ma persévérance est mon excellence,
Je ne resterai pas derrière.

Fais le meilleur de chaque instant,
Le futur devient vite le passé.
Plus je me dis cela,
Moins j'arrive en dernier.
Tout au long de mes compétitions,
J'ai appris ce que gagner veut dire.
Une leçon simple et claire –
Abandonner est le moyen le plus facile.

Tous les soirs avant d'aller au lit,
J'espère avoir brillé, ne serait-ce qu'un peu.
Demain sera un nouveau jour
Et je ne resterai pas derrière.

Sara Nachtman

Prière d'un athlète

C'était juste avant le grand match et le joueur dit:
« Excusez-moi une seconde, les gars. »

Et dans le silence de cette pièce,
Le joueur de football pria:
« Mon Dieu, si tu ne m'entends pas maintenant,
Je sais que les dés sont jetés. »

« Mon Dieu, aide-nous à gagner cette partie,
C'est le grand match, tu sais.
Si nous le perdons, c'est fini pour nous.
Je t'en prie, mon Dieu, fais-le pour moi. »

Et alors qu'il était agenouillé en train de prier,
Il leva les yeux au ciel:
« Pendant que je suis ici et que j'ai du temps,
Je dois te demander pourquoi? »

« On dit que tu n'aides jamais les équipes à gagner.
Pour une fois, fais-le.
Nous te le rendrons en bonnes actions
Ou d'une autre manière. »

« La raison pour laquelle je ne peux pas vous aider »,
Répondit alors Dieu,
« C'est que, si tu me demandes de gagner,
L'équipe adverse le fait aussi. »

« Je suis le père de tous et
Je ne dois pas prendre parti.
C'est pourquoi vous jouez seuls vos parties,
Sinon elles seraient toujours à égalité. »

« Mais cela ne signifie pas que tu ne dois pas prier »,
S'empressa-t-il d'ajouter.
« Tu peux prier pour que les joueurs ne soient pas blessés
Et pour que tous les arrêts soient équitables. »

« Je ne me contenterai pas de regarder la partie,
Je la bénirai avec soin.
Car, mon cher fils, tu dois apprendre
Que la vie n'est pas toujours juste. »

En entendant cette voix,
Le joueur baissa la tête pour prier :
« Je prie pour l'équité », dit le garçon,
« Et pour ton attention affectueuse. »

« Tu seras béni », répondit Dieu
« Ainsi que ton équipe.
Maintenant, excuse-moi, mon garçon,
Je ne veux pas manquer cette partie. »

Sandy Dow Mapula

À propos des auteurs

Jack Canfield

Jack Canfield est un auteur à succès et un des experts américains dans le développement du potentiel humain. Conférencier dynamique et coloré, il est également un conseiller très en demande pour son extraordinaire capacité d'instruire et d'inspirer ses auditoires et de les amener à ouvrir leurs cœurs, à aimer davantage et à poursuivre avec confiance leurs rêves.

Jack a passé son adolescence à Martins Ferry, en Ohio, et à Wheeling, en Virginie-Occidentale, avec sa sœur, Kimberly (Kirberger), et ses frères, Rick et Taylor. Tous ont consacré une grande partie de leur carrière à travailler auprès des adolescents, à les sensibiliser, à les conseiller et à les aider à se prendre en main. Jack raconte qu'il était un adolescent timide et manquait de confiance en lui. Grâce à son travail acharné, toutefois, il a pu réussir aussi bien dans les sports que dans ses études.

Une fois son diplôme en poche, Jack a enseigné dans des écoles secondaires de quartiers défavorisés à Chicago et dans l'Iowa. Récemment, Jack a étendu son champ d'action en s'adressant à une clientèle adulte qui travaille aussi bien dans le secteur de l'éducation que dans celui des affaires.

Auteur et narrateur de plusieurs programmes sur audiocassettes et vidéocassettes, les stations de radio et de télévision ont souvent recours à ses services. En outre, il a publié vingt-cinq livres – tous des best-sellers dans leurs catégories – dont la série *Bouillon de poulet pour l'âme*, *Le facteur Aladin*, *Heart at Work*, *100 Ways to Build Self-Concept in the Classroom*, *Dare to Win* et *La force du focus*.

Jack prononce régulièrement des conférences. Son public comprend des associations professionnelles, des conseils scolaires, des organismes gouvernementaux, des églises et des entreprises partout aux États-Unis.

Tous les ans, Jack organise un programme de formation de huit jours qui s'adresse à ceux qui œuvrent dans le domaine du développement de l'estime de soi et du rendement maximal. Ce programme attire des éducateurs, des conseillers, des formateurs sur l'art d'être parents, des formateurs en entreprise, des conférenciers professionnels, des ministres du culte et des gens qui désirent améliorer leurs talents d'orateur et d'animateur.

Mark Victor Hansen

Mark Victor Hansen est un conférencier professionnel qui, au cours des 20 dernières années, s'est adressé à plus de deux millions de personnes dans 33 pays. Il a prononcé plus de 4 000 conférences sur l'excellence et les stratégies dans le domaine de la vente, sur l'appropriation et le développement personnel, et sur les moyens de tripler ses revenus tout en disposant de plus de temps libre.

Mark a consacré toute sa vie à une mission : déclencher des changements profonds et positifs dans la vie des gens. Tout au long de sa carrière, non seulement a-t-il su inciter des centaines de milliers de gens à se bâtir un avenir meilleur et à donner un sens à leur vie, mais il les a aidés à vendre des milliards de dollars de produits et services.

Mark a écrit de nombreux livres – dont *Future Diary, How to Achieve Total Prosperity* et *The Miracle of Tithing*. Il est coauteur de *Dare to Win*, de la série *Bouillon de poulet pour l'âme*, de *Le facteur Aladin* (tous avec Jack Canfield), et de *Devenir maître motivateur* (avec Joe Batten).

En plus d'écrire et de donner des conférences, Mark a également réalisé une collection complète d'audiocassettes et de vidéocassettes sur l'appropriation de soi, ce qui a permis à un grand nombre de personnes de découvrir et d'utiliser toutes leurs ressources dans leur vie personnelle et professionnelle. Le message qu'il transmet a fait de lui une personnalité de la radio et de la télévision. On a notamment pu le voir sur les réseaux ABC, NBC, CBS, CNN, PBS, HBO et QVC. Mark a également fait la page couverture de nombreux magazines, dont *Success*, *Entrepreneur* et *Changes*.

C'est un grand homme au grand cœur et aux grandes idées, un modèle inspirant pour tous ceux et celles qui cherchent à s'améliorer.

Kimberly Kirberger

Kimberly Kirberger est présidente et fondatrice de I.A.M. for Teens, Inc. (*Inspiration and Motivation for Teens, Inc.*), une société créée exclusivement dans le but de travailler *pour* les adolescents. Son objectif est que les adolescents soient représentés sous un jour plus positif. Elle croit profondément que les adolescents méritent d'être mieux traités.

Elle passe son temps à lire les milliers d'histoires et de lettres que lui envoient les adolescents et à voyager partout aux États-Unis pour parler à des élèves du secondaire et à des parents d'adolescents. Elle a été invitée comme experte sur l'adolescence dans de nombreuses émissions de télévision et de radio, dont *Geraldo*, *MSNBC* et *The Terry Bradshaw Show*.

Kimberly est coauteure de *Bouillon de poulet pour l'âme des ados*, *Journal de Bouillon de poulet pour l'âme des ados*, *Chicken Soup for the College Soul*, *Chicken Soup for the Parent's Soul*, *Chicken Soup for the Teenage Soul III* et *IV*. Elle a travaillé en étroite collaboration avec des adolescents pour ces projets. Elle pense que sa capacité à écouter leurs besoins et leurs désirs a conduit au succès des *Bouillon de poulet pour l'âme des ados*.

Elle a lancé le *Teen Letter Project* avec Jack Canfield, Mark Victor Hansen et Health Communications, Inc. Cet organisme a pour mandat de répondre aux lettres envoyées par les ados et d'atteindre ceux qui ont des problèmes pour les encourager à aller chercher de l'aide professionnelle. Le *Teen Letter Project* s'occupe actuellement de mettre en place une page Web qui permettra aux adolescents de s'aider les uns les autres en se donnant et en recevant de l'aide.

Kimberly est aussi auteure de *Relations amoureuses chez les ados*.

Autorisations

Nous aimerions remercier les éditeurs et tous ceux et celles qui nous ont donné l'autorisation de reproduire leur texte. Les histoires de source anonyme, celles qui appartiennent au domaine public et celles écrites par Jack Canfield, Mark Victor Hansen ou Kimberly Kirberger ne figurent pas dans cette liste.

Un vœu sous les étoiles et *Exactement ce qu'il fallait faire.* Reproduit avec l'autorisation de Kelly Garnett. © 1998 Kelly Garnett.

Application pratique et *Écoutez-moi !* Reproduit avec l'autorisation de Dan Clark. © 1998 Dan Clark.

Une nullité, une pauvre fille, un rat de bibliothèque. Reproduit avec l'autorisation de Kimberly Russell. © 1998 Kimberly Russell.

Mon ange. Reproduit avec l'autorisation de Amanda Johnson. © 1998 Amanda Johnson.

Une gorgée d'eau fraîche. Reproduit avec l'autorisation de Camden Watts. © 1998 Camden Watts.

Un amour non partagé. Reproduit avec l'autorisation de Rachel Rosenberg. © 1998 Rachel Rosenberg.

Perdue. Reproduit avec autorisation. L'auteur désire garder l'anonymat.

Recommencer ailleurs. Reproduit avec l'autorisation de Jessie Braun. © 1998 Jessie Braun.

Une marelle et des larmes. Reproduit avec l'autorisation de Becca Woolf. © 1996 Becca Woolf.

Découverte. Reproduit avec l'autorisation de Eugene E. Beasley. © 1998 Eugene E. Beasley.

Amour perdu et *Amour et appartenance.* Reproduit avec l'autorisation de Theresa Jensen Lacey. © 1998 Theresa Jensen Lacey.

Enfouis en moi. Reproduit avec l'autorisation de Melissa Collette. © 1998 Melissa Collette.

L'amour n'est jamais perdu. Reproduit avec l'autorisation de David J. Murcott. © 1998 David J. Murcott.

Le sourire de David. Reproduit avec l'autorisation de Cambra J. Cameron. © 1998 Cambra J. Cameron.

L'éloignement. Reproduit avec l'autorisation de Erica Thoits. © 1998 Erica Thoits.

Donna et Claudia. Reproduit avec l'autorisation de Carol Gallivan. © 1998 Carol Gallivan.

Sans un mot. Reproduit avec l'autorisation de Shawna Singh. © 1998 Shawna Singh.

J'ai besoin de toi maintenant. Reproduit avec l'autorisation de Becky Tucker. © 1998 Becky Tucker.

Des choix. Reproduit avec l'autorisation de Alicia M. Boxler. © 1997 Alicia M. Boxler.

Amies pour toujours. Reproduit avec l'autorisation de Phyllis Lin. © 1997 Phyllis Lin.

Je me souviens de Gilbert. Reproduit avec l'autorisation de April Joy Gazmen. © 1998 April Joy Gazmen.

La réunion tragique. Reproduit avec l'autorisation de Amy Muscato. © 1998 Amy Muscato.

Bobby, je souris. Reproduit avec l'autorisation de E. Keenan. © 1998 E. Keenan.

Un A pour madame B. Reproduit avec l'autorisation de Karina Snow. © 1998 Karina Snow.

Des enfants différents. Reproduit avec l'autorisation de Digby Wolfe. © 1996 Digby Wolfe.

Un valentin pour Laura. Reproduit avec l'autorisation de Donald Caskey. © 1998 Donald Caskey.

La monnaie. Reproduit avec l'autorisation de Bonnie Maloney. © 1998 Bonnie Maloney.

Mon ami Charley. Reproduit avec l'autorisation de Robin Hyatt. © 1998 Robin Hyatt.

Comment stimuler l'ego de quelqu'un ? et *Combien cela coûte-t-il ?* Reproduit avec l'autorisation de Margaret Hill. © 1998 Margaret Hill.

McDonald's. Reproduit avec l'autorisation de Shelly Miller. © 1998 Shelly Miller.

Perdre un ennemi. Reproduit avec l'autorisation de Patty Anne Sluys. © 1998 Patty Anne Sluys.

Un simple bonjour. Reproduit avec l'autorisation de Katie E. Houston. © 1998 Katie E. Houston.

Essayez de poser des gestes de bonté, ici et là ! Reproduit avec l'autorisation de Melissa Broeckelman. © 1998 Melissa Broeckelman.

Perdre espoir. Reproduit avec l'autorisation de Heather Klassen. © 1998 Heather Klassen.

Un appel au secours. Reproduit avec l'autorisation de Jill Maxbauer. © 1998 Jill Maxbauer.

Les lendemains qui chantent. Reproduit avec l'autorisation de Ashley Hiser. © 1998 Ashley Hiser.

Ça m'est arrivé. Reproduit avec l'autorisation de Joanie Twersky. © 1998 Joanie Twersky.

Dis-moi pourquoi tu pleures. Reproduit avec l'autorisation de Nicole Rose Patridge. © 1998 Nicole Rose Patridge.

Génie du Nintendo. Reproduit avec l'autorisation de Katie Gill. © 1995 Katie Gill.

Ma décision la plus difficile. Reproduit avec l'autorisation de Kristina Dulcey. © 1998 Kristina Dulcey.

Déjà parfaits. Reproduit avec l'autorisation de Elisa Donovan. © 1998 Elisa Donovan.

Rien à voir avec le bal de finissants de mes rêves. Reproduit avec l'autorisation de Stacy Bennett. © 1998 Stacy Bennett.

C'est difficile d'être un ado. Reproduit avec l'autorisation de Tony Overman. © 1998 Tony Overman.

Peu importe ce qui arrivera. Reproduit avec l'autorisation de Alison Mary Forbes. © 1998 Alison Mary Forbes.

La maman que je n'ai jamais eue. Reproduit avec l'autorisation de Becka Allen. © 1998 Becka Allen.

Bonne nuit, papa. Reproduit avec l'autorisation de Luken Grace. © 1998 Luken Grace.

Tu es belle. Reproduit avec l'autorisation de Jessica Gardner. © 1998 Jessica Gardner.

Il y a un Oz. Reproduit avec l'autorisation de Terri Cecil. © 1998 Terri Cecil.

Le vœu d'un père. Reproduit avec l'autorisation de Kent Nerburn. Extrait de *Letters to My Son* par Kent Nerburn. © 1996 Kent Nerburn.

Imprégné de sens. Reproduit avec l'autorisation de Daphna Renan. © 1998 Daphna Renan.

Le cœur du bois. Reproduit avec l'autorisation de Walter W. Meade. © 1998 Walter W. Meade. Paru à l'origine dans *Reader's Digest.*

La meneuse de claque, La bague de mariage et *La poupée de porcelaine.* Reproduit avec l'autorisation de Marsha Arons. © 1998 Marsha Arons.

Un pont entre moi et mon frère. Reproduit avec l'autorisation de Shashi Bhat. © 1998 Shashi Bhat.

Les personnes en face de moi. Reproduit avec l'autorisation de Lia Gay. © 1998 Lia Gay.

Renversement de rôle. Reproduit avec l'autorisation de Adi Amar. © 1998 Adi Amar.

Les perce-neige. Reproduit avec l'autorisation de Sarah McCann. © 1998 Sarah McCann.

Mon plus beau Noël. Reproduit avec l'autorisation de Pasteur Robert Schuller. © 1998 Pasteur Robert Schuller.

Mon vrai père. Reproduit avec autorisation. L'auteur désire garder l'anonymat.

La famille parfaite. Reproduit avec l'autorisation de Marc St. Pierre. © 1998 Marc St. Pierre.

Faire pleurer Sarah. Reproduit avec l'autorisation de Cheryl L. Costello-Forshey. © 1998 Cheryl L. Costello-Forshey.

Une leçon pour la vie. Reproduit avec l'autorisation de Medard Laz. Extrait de *Love Adds a Little Chocolate : 100 Stories to Brighten Your Day and Sweeten Your Life.* © 1997 Medard Laz.

Le nouveau départ d'Andrea. Reproduit avec l'autorisation de Peg Verone. Extrait de *Woman's World Magazine.* © 1998 Peg Verone.

La chauve-souris. Reproduit avec l'autorisation de Bryony Blackwood. © 1998 Bryony Blackwood.

Bien plus qu'une salle de classe. Reproduit avec l'autorisation de Kate McMahon. © 1998 Kate McMahon.

Moi. Reproduit avec l'autorisation de *Peer Counsellor Workbook.* © 1988 *Peer Counsellor Workbook.*

Un terrain plus sûr. Reproduit avec l'autorisation de Diana Chapman. © 1998 Diana Chapman.

Ce que j'aurais aimé savoir plus tôt... Reproduit avec l'autorisation de Meredith Rowe. © 1998 Meredith Rowe.

Le moment le plus gênant de ma vie. Reproduit avec l'autorisation de Rochelle M. Pennington. © 1998 Rochelle M. Pennington.

Appelle-moi. Reproduit avec l'autorisation de Cindy Hamond. © 1998 Cindy Hamond.

Pour toi, papa. Reproduit avec l'autorisation de Bill Holton. Extrait de *Woman's World Magazine.* © 1998 Bill Holton.

Le pouvoir d'un sourire. Reproduit avec l'autorisation de Susan Record. © 1998 Susan Record.

Joe Camel. Reproduit avec l'autorisation de Meladee McCarty. © 1998 Meladee McCarty.

Tout est possible. Reproduit avec l'autorisation de Jason Dorsey. © 1998 Jason Dorsey.

Un défi que j'ai relevé. Reproduit avec l'autorisation de Arundel Hartman Bell. © 1998 Arundel Hartman Bell.

Au bout de ses rêves. Reproduit avec l'autorisation de *blue jean magazine.* © 1998 *blue jean magazine.*

Le guide d'un enfant de la rue. Reproduit avec l'autorisation de Jennings Michael Burch. © 1998 Jennings Michael Burch.

Un cœur accueillant. Reproduit avec l'autorisation de Sandy Pathe. © 1998 Sandy Pathe.

L'incertitude. Reproduit avec l'autorisation de Jill Thieme. © 1998 Jill Thieme.

Empreintes. Reproduit avec l'autorisation de Donna Miesbach. © 1986 Donna Miesbach.

Salut, le laid ! Reproduit avec l'autorisation de Greg Barker. © 1998 Greg Barker.

L'image n'est pas tout. Reproduit avec l'autorisation de Jamie Shockley. © 1998 Jamie Shockley.

Je ne resterai pas derrière. Reproduit avec l'autorisation de Sara Nachtman. © 1997 Sara Nachtman.

Prière d'un athlète. Reproduit avec l'autorisation de Sandy Dow Mapula. © 1997 Sandy Dow Mapula.